U0511491

国家社科基金后期资助项目
出版说明

后期资助项目是国家社科基金设立的一类重要项目,旨在鼓励广大社科研究者潜心治学,支持基础研究多出优秀成果。它是经过严格评审,从接近完成的科研成果中遴选立项的。为扩大后期资助项目的影响,更好地推动学术发展,促进成果转化,全国哲学社会科学工作办公室按照"统一设计、统一标识、统一版式、形成系列"的总体要求,组织出版国家社科基金后期资助项目成果。

全国哲学社会科学工作办公室

国家社科基金
GUOJIA SHEKE JIJIN HOUQI ZIZHU XIANGMU
后期资助项目

中国经济周期波动的基本态势、收敛特征与经济政策调控机制研究

A Study on the Basic Status, Convergence Character of China's Business Cycle Fluctuations and the Regulation Mechanism of Economic Policy

刘达禹　著

上海三联书店

目　　录

第1章 绪 论

1.1 导 言

这是一本研究中国经济增长运行表象、发展趋向与经济政策调控机制的书,也是笔者对中国经济增长研究的一个阶段性总结。在现代宏观经济理论中,增长是一个亘古不变的主题,我们始终无法绕开增长去认知宏观经济问题,而趋势与周期则是增长的两个重要组成部分,二者相互依存,共同决定着增长的最终表象。因此,某种意义上又可以说,这是一本描述中国经济增长长期趋势和短期波动的书。从全书的写作构建来看,这里既包含对中国经济增长典型化事实的系统描述,又包含对相关经济指标的计量测度,同时也包括对经典主流宏观经济理论的改进与反思,当然,最后也镌刻了一些笔者浅显的思考与判断。

我们经常讲,一个好的经济学作品有三个重要的评价维度,即数据、逻辑和历史。首先从数据的维度来看,随着全球数据统计和计量技术的迅速发展,它已不再是桎梏经济学研究的瓶颈,全球经济研究已经逐渐跨越了那个为模型而模型的时代,而如何准确地使用系统的数理方法来刻画经济变量间的依存机理则成了数据描述的关键。从这个维度上讲,本书能够为经济增长研究提供标准化范式,它较为全面地囊括了动态宏观经济研究的主流方法,既包含动态理论模型,又包含纯时间序列方法,同时还涉及了混频数据、因果推断、因子模型和贝叶斯估计等多种计量手段。在逻辑层面,任何一个问题的研究都存在着一个逻辑起点,而串联本书的逻辑可以归纳为八个字:总结历史,展望未来。我们希望通过严谨的计量研究和通俗的语言阐释最大可能地还原中国改革开放四十余年波澜壮阔的增长奇迹,我们也希望在这全球金融、经济危机和自然灾害频发的历史时点,为中国经济的长期稳定向好发展寻觅可行路径。最后,从历史维度来看,跨越历史维度越长的著作,越是能够得到通识性结论,因此,本着尽可能反映一般规律的初衷,我们将尽可能地把研究追溯至改革开放之初,纵使我们无法实现像《21 世纪资本论》那样跨越百年的恢宏,但 40 多年的历史亦足够反映一些本质变化。总之,这本书既会有严谨的理论证明和定量计算,也会有通俗的语言表达和观点渗透。它可能并不完全是一本通俗读物,但它一定不是一本晦涩的计量论文合集,合理的定量描述只是我们探索中国经济增长本质的必要手段,而笔者最终亦是希望通过本书传递一些有关中国经济周期演化的独到思考,这即是全书写作的初衷。

1.2　问题的提出

诚然,任何一个问题的提出都要有一个逻辑起点。正如我们之前所述,本书写作的最大目的就是总结历史,展望未来。首先,从历史的维度来看,中国改革开放四十余年创造了人类历史上举世瞩目的增长奇迹,而为什么选择在这个时点去总结历史,笔者想主要有如下两个原因:第一,从理论角度来讲,40 多年的增长奇迹已经可以近似视为一轮技术型长周期,因此我们完全可以总结历史,归纳经验,基于中国增长模式提出新的高增长长波理论。这一总结不仅是中国传奇的传记,更可以为后发国家实现快速追赶提供重要借鉴。第二,从时间角度上讲,选择在这个时点进行总结亦是相对客观,因为中国经济增速自 2012 年开始回落至 8％以下,但是人们最初对经济增速换挡的认知却并不深刻,直到用了近 10 年时间,经济增速从 8％缓慢地下移至6％,形成了显著的拖平尾部平面,这时人们才真正形成了中国经济增长已由高速转向中高速的主体认知。尽管这一观点在新常态初期就被很多学者提及,但毕竟那时中国经济首轮增长型长波的尾部平面还没有完全形成。从当下形势来看,中美贸易摩擦、新冠疫情等外生冲击的出现基本可以宣告首轮增长型长波的结束,而中国经济也将以此为起点,破旧立新,开启新的增长篇章。因此,选择这个时点总结改革开放以来中国首轮增长型长波的经验具有理论科学性、逻辑顺畅性和历史客观性。

当然,经济学研究总归还是要回归问题导向,这就意味着对未来的展望同样重要,有时更胜于历史经验。这就自然地谈到了本书写作的第二个出发点——展望未来。从这个角度上讲,本书主要对以下两个问题进行论证,反思抑或是求解一种可行的方案。第一个主要问题是我们关注的最终目标,即经济收敛,这也是摆在中国经济面前最重要的问题,事实上,无论改革开放取得了多么伟大的成就,我们仍不得不承认两个事实:一是中国正处于并将长期处于社会主义初级阶段的事实没有改变,二是中国仍是典型的中等收入国家的事实没有改变。只要这两个事实没有改变,我们就不能说中国的增长取得了最终成功。可以说改革开放 40 多年的增长奇迹使伟大的中华民族走出了贫困,为我们展望共同富裕的美好愿景奠定了重要基础,这使得我们有资格也完全有能力向增长收敛展望。因此,有关中国第二轮增长长波的研究必然围绕着如何实现增长收敛展开,从小的角度来讲,本书首先要论证国家内部增长收敛的存在性,我们要论证全国经济高速增长拉动的是全国共同繁荣,缔造的是区域间的协调发展,而不是造成日趋增大的贫富差距。从大的角度上来讲,我们最终还要将中国置于全球,论证中国这一全球最典型、最庞大的发展中国家是否具备向发达国家收敛的经济基础,这是对全人类生息、繁衍中体现出的重要历史规律的总结,亦是对平等的希冀与渴望。

而第二点可以说是我们关注的中间目标,毕竟无论展望多么遥远的未来,中间都需要历史实现,中国若想加速增长收敛的过程,那么就必须要尽可能长时间地在中高速水平上维持增长型周期,因此我们研究的第二个主要问题就是中高速增长型长波的存在性,而这最终将回归到对中国长期潜在增长率的估量。本书试图寻求的是一个超越自然增长率的中高速阶段稳态,而倘若后发追赶国家真的能在中高速水平上保持几十年跨度的增长型波动,那么这势必会对丰富后发增长理论以及人们对增长的认知作出重要贡献。

以上两个问题即构成了本书写作的逻辑主线,可以说本书的写作也将始终围绕总结中国改革开放 40 多年增长奇迹的成因,刻画中国经济增长收敛的存在性,以及寻求中长期的潜在增长率展开。而在这一过程中,对经济政策的探讨又会贯穿始终,因为它是修正增长路径的重要手段。

1.3　文献综述

现有关于经济周期波动态势、经济收敛和经济政策调控机制的研究已经十分丰富,这三个问题看似割裂,实则高度相关。它们层层递进、环环相扣,共同铸就了增长与周期研究体系的核心框架。本节试图尽可能精简地刻画出经济增长与周期研究的总体发展脉络。具体而言,本节将按照全书研究的三个主体要素(经济周期波动、经济收敛与经济政策调控)将整个综述划分为三个部分,而在每个部分之中,我们将分三点进行深入探讨。首先,对经济周期波动,我们试图通过相关文献梳理回答三个最基本的问题:(1)经济周期研究的起源在哪里,它有几种基本定义方式,它们的差别又在哪里?(2)经济周期研究有哪些主流范式和测度方法?(3)世界主流经济体以及中国经济运行过程中出现过哪些典型的经济周期波动形态？其次，对经济收敛，本节主要致力于回答如下三个问题：(1)什么是经济收敛，经典的经济收敛理论有哪些？(2)目前主流的经济收敛测度方式有哪些，全球增长是否已初具收敛特征，倘若是，那么是以何种方式收敛？(3)中国经济在全球增长集团中处于何种位置，若想向世界前沿增长面收敛，需满足何种条件，遵循何种路径？最后，对于经济政策调控，本节主要是以经典的财政和货币政策为依托，试图理清宏观治理的基本框架。为此，我们将主要梳理如下几个问题：(1)从凯恩斯主义(Keynesianism)到货币学派再到新古典、新凯恩斯主义和现代衰退时期，财政政策与货币政策缘何是一个统一政策框架？(2)货币政策和财政政策是否具有周期特征，到底是顺风而动还是逆风而行？(3)随着宏观审慎政策的逐步提出，经济政策调控步入新纪元，经济政策越发强调精准性、有效性、定点定向、成本节约和危机管理，那么，目前宏观治理体系的新目标、新思路和新方向又是什么？总之，本节将围绕上述问题对相关的研究进行梳理、总结与评述，以期简明地向读者介绍经济周期相关研究的基本框架、发展脉络与前沿动态。

1.3.1　经济周期研究简史述评

1. 经济周期概念界定与差异辨析

经济周期理论始现于 20 世纪初，彼时基钦(Kitchin，1923)最早通过观察英国 1890～1922 年间的经济数据发现，经济发展每隔 40 个月左右就会出现一轮典型的上下波动，而这些波动主要是由生产过程中库存的形成和消耗所引致，这即是著名的基钦周期(Kichen Cycle)。基钦周期的发现使人们意识到，经济的增长和衰退并不仅仅是一种趋势现象，还可能是一种循环往复的周期波动行为。随后，经济"大萧条"的出现使人们更加坚信，经济并非稳定增长的，在增长过程中亦会出现繁荣、收缩、衰退和复苏等典型化过程。围绕着这些"典型事实"，熊彼特(Schumpeter，1939)系统地给出了经济周期的定义，他将经济周期定义为实际产出围绕着其长期趋势水平的周期性相对偏离，同时还指出典型的经济周期有三类：第一类是短周期，即基钦(Kitchin，1923)描述的经济周期，平均时长在 40 个月，这类周期主要由库存波动和生产摩擦引起；第二类是中等长度周期，亦称为朱格拉周期(Juglar Cycle)，通常持续 8～10 年(也有称 30～40 个季度)，这类周期主要是由投资行为驱使；第三类是长周期，即著名的康德拉季耶夫周期(Kondratieff，1935)，平均时长在48～60 年，主要由技术进步推动。

在明晰了经济周期的概念内涵、基本框架及其驱动因素后，大量研究开始聚焦于测度经济周期。围绕如何刻画经济周期,相关研究主要延伸出两个分支:第一个分支主要着眼于描述经济由"繁荣到衰退再到萧条和复苏"的过程,此类研究所采用的核心方法即是刻画经济增长率的周期性波动,其中又以"谷—谷"分割法最为著名(Burns & Mitchell,1946)。"谷—谷"分割就是将经济增长率每两个相邻极小值之间的时间跨度定义为一个经济周期。这一方法下出现了许多经典研究,如刘易斯(Lewis,1978)、卢建(1987)、刘树成(2000)和刘达禹(2017)等。增长型周期理论、经济长波理论、经济稳态理论和经济"软着陆"均来自这一研究框架(刘树成,2009;刘金全等,2015;刘金全和周欣,2022;刘达禹等,2022)。第二类研究则着眼于概念还原,即围绕"实际产出较潜在产出的相对偏离"这一概念来测算经济周期。事实上,这也是计量研究中应用更广泛的经济周期概念。

2. 经济周期主流测度方法相关文献述评

事实上,根据熊彼特(Schumpeter,1939)最初对经济周期的定义,经济周期的本质即是现下最广为使用的产出缺口。然而,在实际产出、潜在产出和产出缺口(经济周期)这三个变量中,只有实际产出是既定的发布数据,这也就意味着经济周期实际上是与潜在产出相伴而生的,若想要获取经济周期成分,便离不开对潜在产出的测算和探讨。

关于潜在产出,主流的定义有两类。第一类是新古典学派的定义,该学派认为潜在产出是实际产出的趋势项,它是在没有任何非预期政策冲击下的产出水平,而产出的周期性波动则是由外生的供给冲击引起的。进一步地,倘若经济周期成分主要来自供给侧,那么对经济周期的测定也势必要围绕供给侧展开,由于生产函数是总供给的最直接刻画,因此,这一理论框架下最著名的产出缺口测算方法即是生产函数法。第二类定义源自凯恩斯学派,该学派将潜在产出定义为一个经济体在供求均衡和非加速通货膨胀条件下,充分利用各种生产要素所能实现的最大化产出。凯恩斯学派在对潜在产出进行定义时充分考虑了经济均衡这一概念。因此,从凯恩斯学派对潜在产出的定义来看,对周期成分的测度主要依赖于稳态偏离计算,而不再是刻意地去区分供给和需求,其中,滤波法和结构化模型等经典方法都源自这一范畴。

纵览现有文献,有关潜在产出和产出缺口的测度亦基本上围绕着生产函数法、滤波法和结构化模型展开。生产函数法方面,最常见的测度是索洛分解(刘伟和范欣,2019),同时也有部分研究使用了 CES 和超越生产函数进行生产余项测算(Samuelson,1979)。而在退势法层面,线性退势法(Taylor,1993)、B-N 分解(Beveridge & Nelson,1981)、UC 模型(Clark,1987;Harvey,1989)、H-P 滤波(Hodrick & Prescott,1997)、B-K 滤波(Baxter &

King，1999）、C-F 滤波（Christiano & Fitzgerald，2003）以及小波降噪法（Scacciavillani & Swagel，2002）都是最常见的模型。最后，对于结构化模型，最常用的方法有 S-VAR 法和 DSGE 模型，例如黄梅波等（2010）将奥肯定律（Okun's Law）和菲利普斯曲线（Phillips Curve）带入 S-VAR 中，通过对模型施加约束来求解经济周期成分；而米什金（Mishkin，2011）则构建了一个动态随机一般均衡框架来测度实际产出较稳态值的偏离，进而测定了经济周期波动。

3. 典型经济周期形态研究述评

自经济周期研究盛行以来，全球出现过许多典型经济周期形态，其中，又以"大萧条"（The Great Depression）、"滞胀危机"（Stagflation Crisis）、"大缓和"（Great Moderation）和"现代衰退"（Modern Recession）最为著名。

"大萧条"主要是指 1929～1933 年美国股市崩盘后的经济持续低迷期。彼时美国实际 GDP 增长率由正转负，发生断崖式下跌，由 1929 年的增长 6.79％骤降至 1930 年的－8.5％，并于 1932 年探底－12.9％；与此同时，失业率则由 1929 年的 3.2％迅速攀升至 1933 年的 24.9％，年实际收入也于 1933 年跌至谷底，直到 1941 年才恢复至 1929 年危机爆发前的水平。对于"大萧条"的成因，学术界进行了大量探讨，逐渐形成了三种主流观点：第一种观点认为"大萧条"产生的根源在于有效需求不足，其间资本收益率下降和资本外流是导致国内有效需求降低的直接原因（Keynes，1936），此外，政府为平衡预算而实施紧缩的财政政策则进一步加剧了经济下行；第二种观点将"大萧条"归咎于错误的货币政策，他们认为名义变量在短期内具有实际效应，而在"大萧条"爆发前期，美联储曾持续性地紧缩货币供给，使有效需求迅速锐减，从而诱发了经济"大萧条"（Friedman & Schwartz，2008）；第三种观点着重强调技术长波对经济周期波动的影响，认为技术长周期由繁荣转向衰退才是"大萧条"产生的根源（管汉晖，2007）。总的来看，"大萧条"是全球公认的一次古典经济危机，它的核心特征是产出增长的持续低迷和失业率的长期高企。同时"大萧条"这一重要形态能够给我们一个重要启示，即经济周期未必会自发重复"复苏—繁荣—收缩—衰退"这一典型循环，有时在极端状态下，经济亦会陷入长期停滞，而此时经济周期的修复则需依赖于经济政策。

"滞胀"危机主要是指 20 世纪 70 年代，受中东战争、能源危机等因素影响，在美国等西方发达国家内出现的典型经济衰退。与"大萧条"不同的是，"滞胀"危机还有另一个核心表象特征，即通货膨胀率持续高企。"滞胀危机"的出现破坏了几十年间古典宏观学派奉行的菲利普斯曲线定律，经济运行中出现了通货膨胀与失业率并行高企的现象。这意味着传统 AS 曲线形态被彻底破坏,同时也彻底揭露了凯恩斯主义仅强调需求管理而忽视供给侧矛盾的弊病。后来,随着货币主义(Friedman,1969)和新古典学派的全面复兴,西方发达国家通过采取令货币供给严格盯住通货膨胀(Inflation Targeting)的方法逐渐化解了"滞胀危机"。"滞胀危机"的经验表明,古典危机的爆发并不一定来自需求端,供给侧矛盾的持续累积也可能是危机爆发的前兆和根源。

　　20 世纪 80 年代中期以来,得益于第三次科技革命的蓬勃发展和新自由主义思潮的兴起,美国经济逐渐从"滞胀"危机中复苏,并开始步入经济周期平稳化运行阶段,即著名的经济"大缓和"时期(Kim & Nelson,1999；Stock & Watson,2002)。这是一次典型的良性增长长波,其间美国经历了长达 20 余年的经济适速增长,同时 GDP 增长率、通货膨胀率以及失业率等核心指标的波动性大幅度降低。"大缓和"的出现得到了经济学界的高度重视,许多学者均针对这一现象展开了深入探讨,例如,布兰查德和西蒙(Blanchard & Simon,2001)通过测算七国集团成员国产出增长率的 5 年滚动标准差后发现,20 世纪 90 年代后,除日本外的其余 6 国均存在经济波动率下降的现象,其中以美国最为典型；施托克和沃森(Stock & Watson,2005)的进一步研究发现,20 世纪 80 年代和 90 年代国际冲击的稳定是这一经济现象出现的主要原因；切凯蒂等(Cecchetti et al.,2006)选取 25 个国家作为样本,通过考察各国经济波动率的变动趋势后发现,金融深化是经济波动降低的核心原因,而经济开放程度对经济稳定性的影响则不显著。此外,金和纳尔逊(Kim & Nelson,1999)发现,得益于良好的库存管理,美国经济周期波动才出现了大幅度下降；而梅耶尔和夏勒(Mayer & Scharler,2011)则认为严格地执行通货膨胀目标制才是经济能平稳发展的根源。总的来看,现有研究主要认为,"大缓和"的出现主要得益于如下四个原因:(1)宏观经济的好运气；(2)有效的库存管理；(3)技术进步和金融创新；(4)严格地执行规则型货币政策。然而,"大缓和"的经济态势却未得到长期延续,突如其来的美国"次贷危机"使世界经济再度陷入长期低迷状态,以霍尔(Hall,2007,2011)为代表的大量文献将这一轮经济衰退命名为"现代衰退"。"现代衰退"的出现不仅彻底宣告了经济"大缓和"时期的终结,同时也表明,人们对如何促成增长型经济长波的认知还远远不够。

　　目前,全球最为典型的经济周期现象即是后"次贷危机"时期的"现代衰退"。这场经济停滞与"大萧条"和经济"滞胀"呈现出截然不同的特点。根据霍尔(Hall,2007,2011),"现代衰退"有三个典型的特征:(1)它是一种长期的非典型经济衰退,也即难以在增长率、通胀率和失业率上找到古典经济衰退的共性特征,但若是从增长率或者是失业率单边审视,经济的表现的确非常挣扎;(2)"现代衰退"是一种超长期的衰退,事实上,尽管美国"次贷危机"已过去十余年之久,但全球经济却一直未能远离衰退的阴霾;(3)在"现代衰退"过程中,实际经济行为对经济政策刺激的反应大幅度弱化,纵使是长达十余年的量化宽松依然没有使经济从衰退中复苏过来。截至目前,人们尚未对这种全球性的经济长期停滞形成完整认知,也有学者认为这一轮衰退很可能是全球新一轮技术周期更迭的先兆(刘金全和刘子玉,2019),而随着长期停滞的持续,全球经济发展也在朝着多元化和分裂化的方向嬗变。

最后一种典型的经济周期形态来自中国,这即是改革开放以来,中国经济增长形成的长达 40 多年的超长期增长型长波(刘金全和周欣,2022)。它的成功经验至少为经济周期研究提供了如下三点宝贵素材:(1)高位增长型周期可以连续出现;(2)高增长可以与低波动并存;(3)"基钦周期"的期限结构可以大幅度延伸。

1.3.2　经济收敛相关研究述评

关于经济收敛的研究主要集中在三个方面:(1)用何种假说与理论对经济收敛进行判断和描述;(2)经济体收敛存在哪些典型事实,用何种计量方法进行区分和测度;(3)放眼全球,中国经济增长是否具备向世界某一"增长集团"收敛的特征? 本节将围绕上述三方面问题对相关研究进行述评。

1. 经济收敛假说与收敛理论述评

目前经典的经济收敛判决条件有两种,分别是 β 收敛与 σ 收敛。巴罗和萨拉马丁(Barro & Sala-I-Martin,1992)基于索洛模型提出了 β 收敛假说,该假说认为实现经济收敛的必要条件是经济体的人均实际 GDP 增速与初始的人均实际 GDP 成反比,这意味着具有较低初始禀赋的欠发达国家能够以更高的经济增速发展,从而形成后发追赶。进一步地,β 收敛又可分为三种情形:(1)绝对收敛,即所有经济体无论初始禀赋、经济结构如何,最终都将收敛至同一稳态;(2)条件收敛,它对绝对收敛施加了一个约束条件,认为只有初始经济结构相似的经济体才会收敛至同一稳态;(3)俱乐部收敛,这一假说认为除了结构特征外,初始禀赋之间的差距也可能造成无法逾越的鸿沟,它在条件收敛的基础上进一步强调了初始禀赋对经济体增长路径和最终经济发展状态的影响,根据俱乐部收敛理论,经济体之间必须同时满足结构相似和禀赋相近的初始条件,才具备向统一稳态收敛的可能,否则它们必将走向不同的收敛集团。

对比上述三种收敛假说可以发现,经济结构要素(诸如各个产业占总产出的比例、对能源的依赖性等)在长期内通常可以实现灵活转变,这意味着条件收敛存在向绝对收敛转化的可能。然而,经济体的初始禀赋是既定事实,无法进行事后调整,因此,即使后发国家的经济结构与发达国家相同,但初始禀赋之间的天然差距也将导致后发国家无法向发达国家的发展水平收敛,也即是说俱乐部收敛假说强调的是一种多种稳态,而各种稳态之间很难实现归并和转换。

与 β 收敛不同,σ 收敛指的是不同经济体人均收入水平的方差随时间不断缩小的现象。具体而言,如果在 $t+T$ 时期各经济体人均收入水平方差较 t 期有所减小,则说明在 T 时期内各经济体符合 σ 收敛;而如果在任意时间段内,各经济体均满足后期较前期人均收入方差减小,那么则说明各经济体符合一致的 σ 收敛。可以发现 σ 收敛主要强调了人均收入水平的绝对趋同,而 β 收敛则侧重描述后发国家的发展速度快于发达国家,这表明二者描述的收敛现象仍存在着本质差距,其中 σ 收敛描述的是人均经济发展状况的二阶矩动态,而 β 收敛描述的则是经济整体发展水平的一阶导数特征。

在对经济收敛的基本类型进行区分后,本节将对经典的经济收敛理论进行梳理。早期,人们率先在新古典增长理论框架下对经济稳态展开探讨,索洛(Solow,1959)基于技术进步外生假设提出了索洛模型,该模型认为任何经济体的产出增长最终都会达到同一稳态,即符合绝对收敛特征。巴罗和萨拉马丁(Barro & Sala-I-Martin,2004)进一步将稳态定义为各核心经济指标(经济增长率、资本存量增长率等)均以不变速率增长的状态。

新古典学派则是率先对如何检验经济收敛进行了研究,他们提出了后发优势这一概念。然而,后发优势未能阐释现实中发展中国家的经济水平为何长期与发达国家分异。为此,罗默(Romer,1986)与卢卡斯(Lucas,1988)提出了内生增长理论,该理论摒弃了新古典增长理论中的技术进步外生假定,并指出长期内的经济增长主要依赖于内生要素。根据内生要素设定,内生增长模型可分为三种:(1)知识外溢模型,这一模型下的代表文献是罗默(Romer,1986)的研究,他认为一国的经济增速与知识存量成正比关系,即一国的知识存量越高,该国的经济增速就越快。(2)人力资本模型,这一体系下的代表性研究是卢卡斯(Lucas,1988),该研究认为资本要素不应只包含物质资本,人力资本亦是必须要考虑的资本要素。因此,人力资本模型假定人力资本具有正外部性,即劳动者的人力资本上升不仅会增加自身的生产率,同时还会提高其他劳动者的生产率。在这一假定下,规模报酬递增使得更多的资本由欠发达国家流入发达国家,使发达国家的生产效率进一步提高,产生发达集聚效应,而其最终结果与罗默描述的一致,即欠发达国家和发达国家的经济发展将呈两极分化态势。(3)R&D模型,该模型认为知识生产函数决定了知识以及资本等内生要素的生产效率,若知识生产函数满足规模报酬递减,那么较为落后的欠发达国家就能够以更高的经济增速发展;如果知识生产函数具有规模报酬递增的特征,那么资本受趋利性影响将会从欠发达国家流向发达国家,其最终结果即是经济发散(Romer,1987,1990)。

除内生增长理论外,还有一些经典理论试图对经济收敛进行阐释。例如分布动态模型认为经济体可能存在多个短时均衡状态。比如在 t_0 时期各经济体的收入分布可能近似服从正态分布,而在 t_1 时期则可能呈"双峰分布",这意味着此前的中等收入集团出现了分化,其中一部分进入了高收入集团,而另一部分则发生了向下转移,倘若将每一个相对稳定的集群称作"俱乐部",那么这种多集团相对稳态即可称为"俱乐部收敛"(Galor,1996)。俱乐部收敛强调了一种短期静态观和长期动态观,是与现下全球经济发展状况较为吻合的描述。

通过梳理经济收敛理论不难发现,经济收敛的主要方式包括 β 收敛与 σ 收敛。除早期的新古典增长理论认为各经济体将实现绝对收敛外,其余理论多是认为严格的经济收敛很难出现,纵使存在,那么也是以较为宽泛的俱乐部收敛形式出现。

2. 经济收敛特征实证研究述评

随着研究的不断深入,有关经济收敛的探讨开始步入计量时代,而由于 β 收敛通常先于 σ 收敛出现,多数研究都是从检验 β 收敛性入手。巴罗和萨拉马丁(Barro & Sala-I-Martin,1992)运用回归方程对美国 48 个州的州级经济增长收敛性进行测度,结果发现各州经济增长具有较强的协同趋向,呈现出绝对收敛趋势,并基于此提出了著名的 β 收敛假说,即对于经济结构相似的国家(省、州),人均 GDP 同比增速与人均 GDP 初始值具有显著的负相关关系。曼基等(Mankiw et al.,1992)进一步在索洛模型的基础上引入了物质和人力资本,经推导获得了与现实经济增长状况更加接近的 MRW 收敛模型,并运用该模型检验世界各典型经济体的经济增长是否具有趋同属性,结果证实国际的经济增长满足条件收敛假说。伊斯兰(Islam,1995)运用动态面板模型对经典收敛理论进行实证检验,结果发现世界各国人均 GDP 的条件收敛速度正在显著加快。伯纳德和杜劳夫(Bernard & Durlauf,1995)以 15 个 OECD 成员国的数据作为研究样本,将协整方法与收敛模型相结合进行分析,发现不同国家的增长趋势存在分异,但总体上满足协整关系。

奎亚(Quah,1996)通过概率极限分布对各经济体的收入长期趋势进行估计,结果表明全球收入水平呈典型的"双峰分布",这说明全球经济增长已初现俱乐部收敛特征。而为刻画不同时点下经济体人均收入的概率分布,塞尔梅诺(Cermeño，2002)运用马尔可夫链方法对全球范围的经济体组别以及美国内部各区域的动态收敛路径进行划分，结果表明不同经济体组以及美国各区域内均具有显著的俱乐部收敛特征，并且人均收入较高的组具有更高的稳定性。

而从近期研究来看，孙亚男等(2018)运用非线性时变因子模型对"一带一路"合作伙伴的 TFP 收敛性进行检验，结果发现各经济体的 TFP 将分别收敛至高、中、低三种均衡状态，并且不同状态间较难实现跃迁和转换。桑百川等(2018)运用 LSDV 模型对欧盟内部各经济体进行 β 收敛检验，结果显示欧盟各经济体并不具有显著的集团收敛特征。佩雷斯-特鲁希略和拉卡尔-卡尔德隆(Perez-Trujillo & Lacalle-Calderon，2020)则使用 Solow-Swan 增长收敛模型对全球 138 个国家的经济增长收敛性进行全面测算，结果发现技术创新不仅能够拉动经济增长，并且还能加快全球经济的俱乐部收敛进程。

除 β 收敛检验外，更为严苛的 σ 收敛也是经济收敛实证领域内的重要分支。巴罗和萨拉马丁(Barro & Sala-I-Martin，1991)测算了 1880～1988 年美国各州的人均收入水平的均方差，结果发现 1880～1920 年与 1980～1988 年两个时段内，人均收入均方差都呈下降趋势，各州的人均收入差距亦明显减小，符合 σ 收敛特征。林毅夫和刘明兴(2003)估算了中国省级人均产出、人均消费、人均工业产出等关键变量的对数标准差，并指出各变量并不具备 σ 收敛特性。雷伊和德夫(Rey & Dev，2006)指出地区间的空间相关性将对 σ 收敛产生较大影响，所以在测度 σ 收敛时应综合考虑经济体的离散程度以及经济体之间的空间溢出效应。拉姆(Ram，2018)同时采用变异系数以及对数标准差两个统计指标对 1960～2010 年间全球各典型经济体的人均实际收入的离散程度进行测算，研究表明对数标准差的变动幅度明显高于变异系数，这说明在判断 σ 收敛特征时应综合考虑多种指标以增强结果的稳健性与可靠性。

3. 中国经济收敛中的"溢出效应"与"中等收入陷阱"研究述评

中国经济增长能否向世界前沿增长面收敛是当下发展经济学研究中的核心议题。事实上，这个问题又可以拆解为两个问题：一是中国省际经济增长是否会呈现出收敛特征，二是中国经济增长会向世界哪一增长集团归并。

关于经济增长省域收敛，应龙根(Ying，2000)使用 ESDA 方法证实了中国省级经济增长之间存在"溢出效应"，但该溢出效应并不具有全局一致性，它仅存在于东南沿海地区。张青和费尔明翰(Zhang & Felmingham，2002)将中国划分为东、中、西三大区域以探究经济增长的区域外溢性，研究表明三大地理分区间的增长溢出具有定向特征，主要表现为由东部向中西部地区溢出。吴玉鸣(2006)指出随时间推移,中国各省的空间外溢效应逐步增强,呈现出集群协同现象,这有助于各省实现 β 收敛。刘生龙和张婕(2009)的研究发现,无论在长期还是短期,中国省域经济增长均符合 β 收敛特征。田磊等(Tian et al.,2010)将研究对象进一步细化至城市,发现城市经济增长之间也存在溢出效应,并且将空间相关项纳入收敛模型后,条件收敛依然成立。赫雷里亚斯等(Herrerias et al.,2011)、孙才志等(Sun et al.,2015)等近期研究发现,中国省际间的经济溢出具有明显的强省牵拉弱省的特征,这是区域经济具有一致收敛特性的本质原因。孙向伟和陈斐(2017)进一步指出,倘若在建模时忽略了技术的溢出效应,那么对中国省级经济增长收敛速度的测算也将出现偏误,而在考虑技术溢出的条件下,中国五大经济区域均能实现经济收敛。

在肯定了溢出效应对经济收敛的作用后,部分研究进一步聚焦于对溢出方向和溢出强度的测算。格罗涅沃尔德等(Groenewold et al.,2007a,2007b)运用无约束的 VAR 模型探究中国各大区域间的经济"溢出效应",结果发现东部地区的经济外溢强度显著高于其他地区。李敬等(2014)认为中国省际经济增长存在显著的区域网络关联性,并将中国各省划分至四个功能区域,经进一步检验发现,东部发达地区作为"第一板块"是全国经济增长的主要动力来源。覃成林和杨霞(2017)则指出富裕地区对欠发达地区的增长溢出作用存在一定的地理局限性,即辐射效应的强弱将受制于地理距离。

至于中国会向全球哪个增长俱乐部收敛,世界银行于 2022 年 7 月发布了最新的经济体收入水平划分标准,将高收入国家人均收入门槛设定为 13 205 美元。中国 2021 年的人均国民总收入(GNI)已达到 12 440 美元,已经无限逼近这一门槛,距离跨越"中等收入陷阱"仅一步之遥。这使得有关中国能否成功跨越"中等收入陷阱"的探讨再度甚嚣尘上。总的来看,跨越"中等收入陷阱"的必要条件主要包含三个方面:(1)技术进步。科技创新能力是上中等收入国家跨过高收入门槛的核心动力。林毅夫和蒙加(Lin & Monga,2011)指出不断地探索先进技术能够为产业结构的转型升级提供动力,从而促进经济体的经济增长向更高水平收敛。张德荣(2013)对中国的经济增长动力基础进行分析,研究认为改革与自主创新是摆脱"中等收入陷阱"的关键。刘金全等(2021)运用非线性时变因子模型对 1980～2017 年典型经济体的经济收敛特征进行检验,结果发现全要素生产率是跨越高收入门槛的决定要素。(2)金融发展。莱文(Levine,2005)、霍尔和勒纳(Hall & Lerner,2010)等诸多研究已证实金融发展能够有效推动发展中国家向世界前沿国家收敛。阿吉翁等(Aghion et al.,2005)指出为规避前沿技术的研发风险,金融发展水平较低的经济体往往采用低成本的模仿技术进行生产,这意味着低金融发展水平将对技术进步产生阻滞效应,从而抑制金融发展水平较低的经济体向世界前沿增长面收敛。毛盛志和张一林(2020)指出一国的产业结构转型将受到最低金融发展水平的制约,若金融发展低于最低要求,则经济体将难以获得充足融资来进行自主创新和产业升级,进而失去向前沿水平归并的动力基础。(3)人力资本积累。内生增长理论中的人力资本模型以及技术差距模型均认为人力资本均是推动技术进步进而促进经济发展的关键,高人力资本水平是技术研发以及将创新转为实践的必要前提(邹薇和代谦,2003)。张欢等(2018)运用面板分位数模型对全球经济的核心驱动要素进行减压,结果表明在城镇化不断推进的背景下,人力资本的不断积累、高质量教育体系的逐渐完善是决定经济可持续增长的关键,而人口红利逐渐褪去并不会长期制约经济增长。

以史为鉴能够有效降低试错成本,"拉美涡旋"的出现为世界各国的经济发展提供了重要警示。围绕"拉美涡旋"的成因,现有研究主要形成了三种观点:(1)忽视技术创新与产业转型,拉美国家过度专注于模仿排浪式生产,但是随着低端工业逐渐饱和,这种生产模式的收益开始呈现出边际回报递减特征,难以为高增长提供持续动力(周绍东和钱书法,2014);(2)供需失衡,在脱离"贫困陷阱"后,工资率水平的提升使得工业生产成本陡然增高,这使得失去成本优势的劳动密集型产品在国际市场中难以立足,进而令拉美国家的出口贸易受到重创(马晓河,2010);(3)"进口替代工业化战略",自 20 世纪 30年代起的 50 年,拉美国家多是在实施这一战略,通过自行生产来替代国外引进(马岩,2009),这一发展思路曾一度使拉美集团走向繁荣,然而,长期的内部发展使得拉美国家无法充分利用全球价值链,进而无法发挥比较优势,这使资源错配、低效率生产等问题逐渐累积(林毅夫等,1994),并成为"拉美涡旋"的又一重要诱因。

总的来看,多数文献认为在溢出效应的推动下,中国内部省级增长已步入一致收敛进程,这意味着中国已初步具备了向世界前沿增长面收敛的必要条件。目前,中国正处于跨越高收入门槛的关键阶段,相关文献认为一国的技术水平、金融体系的完善程度以及人力资本的积累均会对这一过程产生至关重要的作用。为此,本书的后续实证章节也将集中围绕这些要素展开探讨。

1.3.3　经济政策调控相关研究述评

在系统地梳理了有关经济周期波动定义、形态特征和经济收敛方式的研究后,本节综述将围绕如何平抑经济周期波动,即采取何种政策来调控经济周期而展开。事实上,说起经济政策调控,我们始终无法回避财政政策与货币政策这两套基本框架。自凯恩斯主义诞生以来,二者就相伴而生,共同铸就了宏观调控的主线。纵使在某些特殊历史时期,某种调控体系占据了主导地位,政策当局也从未彻底放弃过另一套调控框架。那么,这也就构成了本节综述的逻辑起点:在宏观调控过程中,财政政策与货币政策缘何不可分割?具体地,本节综述共分为三个小节:第一小节将从传统的凯恩斯学派说起,详细梳理财政政策与货币政策缘何密不可分;第二小节则是着眼当下,系统梳理现行财政货币调控的新工具和新思路;第三小节将放眼未来,以宏观经济治理体系的搭建为依托,系统地梳理现代经济政策调控理论的本质内涵,以及未来经济政策调控的延伸方向。

1. 财政政策与货币政策协调搭配的理论基础

1929～1933 年的美国经济"大萧条"使得崇尚"自由放任"的古典主义遭到巨大打击,凯恩斯主义推崇的宏观调控也正式走上了历史舞台,拉开了现代宏观经济治理的帷幕。凯恩斯学派主张国家采取财政政策和货币政策进行逆周期调控,进而通过需求单边管理来平抑经济周期波动。自此,宏观调控理论如雨后春笋般层出迭现,而财政政策和货币政策作为宏观调控的主要抓手,它们之间的联动关系、协调机制亦成了这一研究体系下最为重要的议题。

凯恩斯在《就业、利息与货币通论》一书中正式提出了政府干预经济行为的理论基础和基本框架。文章强调,当经济处于萧条期时,政府应采取以积极的财政政策为主和以宽松的货币政策为辅的方式进行逆周期调控。此时,货币扩张主要是为了配合财政政策的乘数效应,从而通过刺激总需求的方式来引导经济走出衰退陷阱。这一主张曾使美国经济成功走出"大萧条"的泥淖,亦是罗斯福新政的核心经济主张。米德(Meade,2022)从资本账户、流动性和对外贸易等多重角度重新审视了凯恩斯理论,认为财政政策与货币政策的协调搭配是凯恩斯主义成功实现救市的关键,而单边的政策管理则会使宏观调控陷入困境。布林德(Blinder,1982)也认为财政政策与货币政策的配合是宏观调控能够发挥预期效果的关键,否则政府债务的单边无序扩张会使系统性风险上升,进而使一国陷入失信困境;而单边的货币宽松则易于诱发流动性陷阱。此外,近几十年来的政策实践表明,财政政策与货币政策的搭配最好是受制于统一政策当局管辖,倘若货币政策独立于财政政策,那么则难以实现协调配合,这也是后凯恩斯时期著名的财政货币依附论的核心观点(Beetsma & Bovenberg,1998)。

然而,"滞胀危机"的爆发使传统凯恩斯主义迅速陷入了失效困境,滞胀带来的沉痛代价使人们开始意识到,宽松的货币政策并非"免费的午餐",它终将要由高企的通胀来买单。为使经济摆脱滞胀的泥淖,里根政府放弃了凯恩斯主义的相机抉择策略,转而综合供给学派和货币主义的主张重新制定了宏观调控方略。20 世纪 70 年代,美国宏观调控的一个最大转变在于,不再将货币政策视为财政政策的附属品,而是高度强调二者的协调配合和合理分工。其中,一个最重要的标志即是:将"长期政府债券利率"确立为货币政策的新中介目标,并实施"通货膨胀盯住"制度。"通货膨胀盯住"使美国等西方发达国家迅速退出了滞胀状态,此后,货币政策在宏观调控中的主体地位被正式确立,时至今日,它依然是各国中央银行监测和管理通货膨胀的核心工具。

提起里根经济学和通货膨胀目标制,就不得不说到货币主义。"滞胀危机"初现端倪之后,以弗里德曼为代表的货币学派开始强调货币政策在宏观调控中的重要性,并提出了著名的"单边财政无效理论"。货币学派认为,货币政策能在中长期内将通货膨胀控制在合理范围是财政政策有效的必要前提。因此,他们反对货币政策根据赤字规模的变化相机而动。货币学派主张货币政策规则化,即中央银行应按一定规律提供货币供给。这一观点早在弗里德曼对美国经济"大萧条"的解释中就可见一斑。弗里德曼(Friedman,1948)认为"大萧条"产生的原因在于美联储并未采取规则型货币政策,导致货币供给大幅异动,这在极大程度上影响了央行信誉并诱发了公众的避险情绪,从而使需求大幅萎缩,直至经济萧条。弗里德曼(Friedman,1969)进一步将凯恩斯主义成功救市的本质归因于宏观经济的"好运气",因为在"大萧条"时期,美国并未出现严重的通货膨胀现象。倘若高通胀与增长低迷同时出现,单边的财政主义必将面临失败。

传统的货币主义更加强调货币政策在宏观调控中的主导地位,他们认为财政政策可以分为两种:一种是可以引起货币供应量反向变化的财政政策,这种政策的效果可能会被货币供给变动抵消,通常被认为是无效的财政政策;另一种是不会引起货币供应量变化的政策,如政府转移支付,这类政策会改善社会福利水平,但不会优化经济总量,因此,财政政策的作用远低于货币政策(Friedman,1948)。然而,正是因为这种过度强调货币政策调控的思维,为后续布雷顿森体系的瓦解、美元信用的无序扩张以及后"次贷危机"时期的"现代衰退"埋下了伏笔。事实证明,债务与政府信誉事关国家风险,它们同样是宏观调控中不可忽视的元素。只有将财政与货币置于统一的动态框架下,才能完整地分析宏观调控的效用和效能。

卢卡斯(Lucas,1976)在对凯恩斯主义和货币主义进行深刻反思后提出了著名的"卢卡斯批判"。卢卡斯批判的核心观点在于不应使用静态模型来分析处于动态变迁过程中的经济系统。此后,理性预期学派逐渐兴起,该学派认为预期对经济行为有着举足轻重的作用,并正式将传统的经济学研究延伸至动态框架。基德兰和普雷斯科特(Kydland & Prescott,1977)率先提出了货币政策的预期传导机制,文章认为宽松的货币政策会产生"实际效应"的根源在于:现实中的经济个体并非完全服从理性预期,而预期的不一致导致仅有一部分名义冲击会进入价格端,而未进入价格端的冲击则会激发"实际效应"。利珀(Leeper,1991)将经济政策分为主动型和被动型,并通过经济波动产生的原因来识别政策操作的类型。倘若宏观调控的核心目标是规避通货膨胀,那么货币政策就是主动型政策而财政政策则是被动型政策;而宏观调控的核心目标若是在于刺激需求,那么财政政策就是主动型政策,货币供给变动则是被动型政策。利珀(Leeper,1991)的最大贡献在于,针对不同类型的经济周期波动提出了不同的经济政策组合范式,这一观点也得到了后续大量文献的认可(Fund,1998;Woodford,2011)。

"滞胀危机"过后,美国经济曾出现过两次轻微衰退,分别是1990～1991年的战后危机和2001年的互联网金融泡沫。事实上,这两次危机产生的根源并非战争抑或是互联网金融,至少从当下审视,上述因素并没有那么重要。相反,长期以货币政策为主导的宏观调控理念为经济的非均衡发展埋下了隐患,政府债务的无序扩张和财政赤字居高不下才是两次危机爆发的根源,同时也为后续的"次贷危机"埋下了深刻伏笔。在克林顿继任美国总统后,美联储虽未放弃通货膨胀盯住,但亦开始逐渐注重财政空间管理,克林顿政府实施了结构性紧缩型财政政策,即定向减少国防、社会福利改革等方面的财政支出,并适度增加基础设施建设等刺激需求的财政支出。对于税收,克林顿亦是采用结构性税改政策,一方面增加对高收入和大型企业的税收,另一方面降低中低收入群体和小微企业的税负。这一系列的财税改革使得美国在1998年成功地实现了财政盈余,并缔造了著名的经济"大缓和"。

在系统地反思了传统凯恩斯主义的不足后,基德兰和普雷斯科特(Kydland & Prescott,1982)提出了实际经济周期模型(RBC),这一模型体系的核心贡献有二:一是充分吸纳了理性预期学派的观点,重视预期管理和系统动态特征;二是为宏观经济模型提供了微观经济基础,时至今日,它依然是宏观经济学的主流研究范式,亦是DSGE模型的前身。早期受萨金特和华莱士(Sargent & Wallace,1975)"政策无效"论的影响,RBC模型中并未加入货币要素,这使得模型对现实经济的解释能力严重不足。后来,新凯恩斯主义在经济系统中引入了名义摩擦,并将RBC模型拓展为现今最广为使用的

DSGE 模型。目前,财政当局和货币当局已成为 DSGE 模型中最基本的设定(Muscatelli *et al.*,2004),同时,大量研究亦在这一框架展开了最优财政货币政策组合范式的探讨(李戎和刘力菲,2021)。纵览历史,单边主导的政策管理体系终将面临特有的失效困境,而财政政策和货币政策正是宏观调控的左右手,二者从来就不可分割。事实上,只有它们保持高效协同和分工合理,才能有效地平抑不同类型的经济周期波动,这一观点也逐渐成为现代宏观治理体系的本质内涵和基本共识。

2. 财政政策与货币政策的工具创新及其与经济周期的关联性

财政政策层面,传统的政策工具包括政府支出、税收和转移支付,这也是常说的财政政策"三大法宝"。而随着中国财政空间的不断收窄,很多传统财政政策工具的使用严重受限,例如当下的政府债务存量和经济增量已经无法支持大规模的政府债务扩张(薛涧坡和张网,2018);"营改增"降低全民税负使得财政税收总量亦有所下降(范子英和彭飞,2017);此外,转移支付亦只有结构优化功能,它并不足以支持经济逆周期扩张(张岩,2019)。为此,财政政策必须要进行工具创新。

目前,财政政策工具创新主要集中在以下几个方面:(1)财政开源。"营改增"政策使得企业纳税更加规范。事实上,对于正常纳税的企业,"营改增"并没有增加企业税负,相反,企业能够享受更多抵免税政策,税负呈明显下降态势(高培勇,2013);但对于众多在缴纳营业税时存在低估收入、偷税漏税等行为的非法经营企业,"营改增"政策则能大幅提高税收规范性和税收效率。童锦治等(2015)研究测算发现"营改增"政策使中国全要素生产率上升7.9%,中央税收增加 8.2%~10.9%,该政策在不损害正常纳税群体利益的前提下实现了财政空间扩容。(2)结构性税收政策。这部分政策的核心是定向减税扶植,主要包括自贸区税收保护政策(彭海阳等,2015),高新技术产业税收两免三减半政策(张同斌和高铁梅,2012)以及出口退税和印花税改革等(于洪霞和龚六堂,2011),这些政策在极大程度上维稳了经济发展,并对长期内的经济增长产生了贡献。(3)地方政府债务重组和债务置换。这一类财政政策是国家风险管理的重要环节,也是近年来地方政府财政体制改革的重要部分,受 2016 年后 PPP 业务飞速发展影响,PPP 和城投债大规模扩张,触及债务风险红线。这使得地方政府开始迅速收紧和规范财政使用权,以更具信用保障的地方政府债务置换 PPP 和城投债,维持了地方债务市场安全,在最大限度上抑制了"灰犀牛"事件的蔓延(梁琪和郝毅,2019)。(4)应急性消费刺激政策。2020 年疫情后各级地方政策相继出台了消费券政策,林毅夫等(2020)发现,消费券政策在极大程度上刺激了经济复苏,并且使用消费券的群体多为中低收入群体,这在有效促进消费拉动增长的同时还兼顾了经济公平。总的来看,当下财政政策改革和创新具有如下特征:一是直击问题,坚决不走大水漫灌的老路;二是成本节约,坚持用好存量、审慎使用增量;三是注重增长效应和分配效应的均衡;四是全面着力化解各种类型的系统性风险和危机,强化政策的危机管理能力。

货币政策层面,从基本的调控手段来看,货币政策可以分为价格型和数量型两种。数量型工具就是以调整货币供应量为手段的货币政策调控,常见的货币数量工具有法定存款准备金政策、公开市场操作、再贴现政策和信贷政策四种。而价格型货币政策工具则更好理解,其本质就是各种类型的利率工具,包括各种期限的存贷款利率,同业拆借利率等(汪川,2015)。目前,中国正处于货币政策调控框架由数量型向价格型转型的过程之中,原本这个转型会较快完成,但受制于经济下行、疫情冲击和债务率高企等长期结构性因素,这个过程被大幅放缓。中国货币政策调控所面临的核心问题是政策空间收窄和传统工具失效。其中,解决政策空间收窄的核心是创新货币政策工具,这里包括启动监测 DR007(刘达禹等,2021)、提出定向贷款、定向降准等结构性货币政策(周凯和刘达禹,2021),创新性提出 PSL、SLF、MLF、LPR 并推进利率走廊制度和利率市场化改革(徐宁等,2020)。这些政策的核心特征是,用好政策存量空间,解决货币政策大水漫灌问题,使货币政策直接作用到问题根部,从而提高政策的效率和效能(卞志村和胡恒,2015;刘达禹等,2016;刘尧成和庄雅淳,2017;刘向丽,2021)。而面对传统政策工具失效的问题,货币政策监测体系改革的最大创新是提出社会融资规模中介,它在很大程度上缓解了广义货币监测失效困境(刘金全等,2019)。

总的来看,现有关于财政政策和货币政策研究的几个共识在于:目前中国财政政策和货币政策空间正在迅速收窄,而新型结构性政策出台的目标就是在节约政策空间的基础上持续强化政策效率。关于财政政策,一个核心的问题在于现有的结构性政策(如定向的产业政策等)到底具有何种效果,在产生效果的同时还会不会诱发"双刃剑"效应;而关于货币政策,一个最为重要的问题是,在总量空间严重受限的情况下,货币政策盯住产出和通胀的功能还是否有效,现阶段中央银行的偏好到底是什么,是千方百计保增长,还是着力强化危机管理,坚决预防大规模通胀的发生? 而这也是本书要着力阐明的问题。

3. 现代宏观经济治理理念转型:由宏观调控转向建立高效协同分工合理的现代宏观经济治理体系

2021 年中央经济工作会议对后疫情时期的宏观经济形势进行审慎研判

后,正式提出了"三重压力"的新表述,即"需求收缩、供给冲击和预期转弱";同时党的十九届六中全会和党的二十大接连提到建设高效协同、分工合理的现代化宏观经济治理体系。这是一个全新的宏观经济调控理念,同时也必将对财政政策、货币政策以及新型结构性调整政策的协调使用提出更高要求。总的来看,宏观治理体系中的几个必然要求是:多重矛盾协调管理、多重工具配合使用、多重风险事前预警和政策成本大幅下降(楚尔鸣和曹策,2018)。本节将对宏观治理的新理念、新要求和新方向进行概览述评。

面对需求不足问题,最有效的政策工具是财政政策,但从现实情况来看,中国自步入"新常态"以来,始终面临着税源收缩和赤字风险上升的困境,这使得财政空间严重受限(严成樑和龚六堂,2012)。同时由于中国的杠杆率已处于高位,中央难以通过大规模公开市场操作来释放财政空间,这意味着财政政策在需求管理中必须要强调精准性。例如李明等(2020)认为,未来的财税体制改革应该高度注重税改的宏观经济效应,只针对经济效应强的税种进行结构性减税以达到刺激需求的目的,相反对于经济效应不强的税种,盲目减税不但无法激发有效需求,还会徒增财政赤字风险。此外,在经济收缩期时,财政政策还将面临债务累加和顺周期问题,它们会导致赤字风险上升和财政支出乘数下降(林桐和王文甫,2017),而解决这些问题则需要推行财税体制预算支出改革,构建跨年度预算平衡和跨执政周期预算调控机制(孙琳和王姝黛,2019)。由此可见,现代宏观治理体系对财政政策提出了精准性、持续性和做好跨周期预算平衡的新要求和新约束。

货币政策方面,货币调控的主体基调依然应该保持稳健中性,这是因为当下不仅存在较大的经济下行风险,通胀隐患也开始浮现苗头,这种多重矛盾相交织的约束从根本上决定,货币政策不应轻易变动(费兆奇和刘康,2019)。这意味着货币政策改革应该高度重视效率和结构调整,这主要包括如下几方面:第一,纠正资金"脱实向虚",引导资金直达实体经济着力点,强化定向着力(楚尔鸣和曹策,2018);第二,加强利率市场化改革,强化利率的传导效率,特别是要注重 DR007 等具有重要市场化导向作用的基准利率培育(易纲,2021);第三,要高度注重建立预期管理制度,如建立利率走廊机制、加强央行沟通和窗口指导等(刘达禹等,2021);第四,要注重创新型货币政策工具的培育,如建立社会融资规模监测体系,培育 LPR 利率等(徐宁等,2020);第五,提出双支柱调控理念,即货币政策主抓实体经济,用宏观审慎政策来强化金融风险管理(许光建等,2019);第六,加强非常规货币政策储备,全面应对危机管理(何剑等,2019)。总的来看,现代宏观治理体系对货币政策提出的新要求是:加强政策工具的创新,高度重视成本节约和成本管理,高度注重强化政策空间,不排除为危机管理提供常态化储备工具。

针对供给冲击,传统的货币政策在供给调控中难以大幅度发力,因此,供给侧结构性改革的核心将落实在结构性财政政策和产业政策上。首先,在结构性财政政策方面,国家应该通过财税体制改革引导产业结构转型,例如通过税改鼓励火电向风电和光伏发电转型(柳光强,2016);其次,在产业政策方面,政府应合理引导企业并购重组,加快化解过剩产能,提升市场竞争效率和资源配置效率(刘世锦,2016);最后,在发展方略上,要全面升级供给渠道,增强自主供给产品种类的齐全性,降低供给外部依赖,畅通国内大循环(石胜民,2021)。

针对预期转弱,除了利用传统财政货币政策引导预期修复外,还应辅之以适度的行政干预和行政沟通,并以新的评价体系引导预期转化。如:降低制度性成本,对地方政府官员绩效考评给予新的评价体系,不仅仅以 GDP 作为地方官员政绩考核的唯一标准,从而弱化过度举债问题(刘志彪和孔令池,2021);再如适度改变发展方式,加快建设全国统一大市场、消除市场分割,加快畅通国内经济大循环等(刘志彪,2022)。

1.3.4 文献述评小结

纵览现有文献,目前有关中国经济周期波动的基本态势、收敛特征和经济政策调控机制的研究已经十分丰富。但相关研究对一些核心问题的研判尚未形成一致认知,主要包括:(1)中国缘何会形成长达 40 多年的增长型长波,这轮经济长波是否已经结束?(2)无论在省域还是国家层面,中国经济增长是否已经出现收敛迹象,若尚未形成,那需要满足哪些条件? 若已经形成,那中国是否已具备向世界前沿增长面收敛的趋向? (3)中国新一轮经济长波将在何种区位展开,发展中国家在向发达国家追赶的过程中,能否出现一段中高速阶段稳态? 想要实现这种稳态的核心条件是什么? (4)中等收入到底是一种陷阱还是一种阶段,如何实现由陷阱到阶段的转换? (5)在未来经济政策空间严重受限的客观条件下,如何合理用好经济政策增量,以确保经济在相对客观的速度和相对合理的结构下增长? 以上问题不仅事关中国经济发展的未来,同时也关乎发展中国家如何顺利地向世界前沿增长面归并,这是 21 世纪,乃至未来若干个百年内发展经济学和增长研究不变的核心议题,它不仅关乎效率,同时关乎公平,更寄托着全世界人们对美好生活的追求和向往,亦构成了本书的核心研究内容。

1.4　全书结构安排

　　本书共有 12 个章节,大致分为 4 篇。其中,第 1 章是全书的绪论,主要用于刻画问题的提出和全书的逻辑架构,而第 2～12 章这 11 章内容将构成全书的主体研究部分,我们将其归纳为周期认知篇、增长收敛篇、政策调控篇与长期潜在增长率测算篇。

　　具体而言,本书的周期认知篇将包含 3 个章节,即第 2～4 章,第 2 章将系统地给出经济周期的定义,回答经济周期是什么,这可以使读者全面厘清经济周期的概念框架,解决当下经济周期研究中概念偷换和概念混淆的现象。第 3 章将采用最经典的经济增长率"谷—谷"分割法来刻画改革开放以来中国的经济周期波动,以事实描述为主,直观展现中国经济周期的运行表象,为读者理解中国改革开放 40 多年经济增长率的动态变化提供一个普适性、客观性的认知。第 4 章将研究经济周期的区域传递效应,探讨中国的经济周期波动如何在区域间传递,从而完整地识别经济周期波动的外在表象和内在动因。在系统地明确了经济周期概念、经济周期波动表象和传递特征后,全书研究进入增长收敛篇。这一篇章主要包括第 5 和第 6 两个章节,该篇章致力于探讨和回答中国经济增长是否已走上了收敛之路。本着先内后外的原则,第 5 章将率先探讨中国省域之内是否存在着增长收敛现象,随后,第 6 章将进一步探讨,把中国置于全球框架之下,中国经济增长是否已步入收敛路径。倘若没有,需要什么条件;倘若已经在收敛路径之上,那么中国到底是在向着世界前沿增长面归并,还是仍在中等收入集团中徘徊。

　　在明晰了中国经济的增长收敛特征后,一个不容忽视的问题即是经济政策调控,因为它在促进增长收敛的过程中起到了至关重要的作用。若是经济增长在正确的收敛路径之上,那么经济政策就要对经济收敛进行保驾护航,若是经济增长已偏离了收敛轨道,那么经济政策应该对增长进行及时的纠正。为此,本书的政策调控篇,即第 7～10 章将着力探讨这一内容。其中第 7 章将采用最经典的无约束 TVP-VAR 模型验证财政政策和货币政策在不同历史时点下对中国经济增长的调控效应,从数据本身出发,反映经济政策调控的本貌。随后,考虑到平抑产出波动和调节通货膨胀是宏观调控的主体职能,因此第 8 章将分别以通货膨胀和实际产出为目标,研究货币政策对二者的具体调控机制。而在第 9 章中,考虑到中美贸易摩擦、英国脱欧和新冠疫情等重大随机事件在世界范围内频发,引起了极大的经济波动,本书又进一步引入了不确定性因素,继而考察不确定性冲击对中国三次产业产出的影响,并全方位地对比各种常用的政策调控手段在平抑不同类型产出波动中的适用性。这一总结性工作使得我们能够更加全面地认知经济政策的时变调控机制,可以为后续不同类型的经济波动调控提供参照依据。第 10 章则是本篇的总结性章节,在明确了财政政策和货币政策的调控成本和特征后,我们将构建一个与中国经济现实较为接近的大型 DSGE 系统,全面刻画中国改革开放以来形成增长型长波和经济回归中高速的主体诱因。

在长期潜在增长率测算篇,即全书的第 11～12 章,我们将系统地描述中国长期潜在增长率发生区位下移的动态机理,并为中国如何跨越中等收入陷阱寻求路径突破。具体地,本书的第 11 章将全面测算中国经济的长期潜在增长率,这一工作主要是为了探索中国经济是否会在未来很长一段时间内形成一段超越自然率水平的中高速阶段性增长收敛,它将对两个一百年目标的实现起到重要的推理支持作用。第 12 章将围绕《21 世纪资本论》提出的问题进行中国式回答,我们要回答中国经济是否能够跨越中等收入陷阱,进而成功进入全球前沿增长面,这是人类增长史上一个重要的话题和思辨,是后发追赶和大国崛起的最终目标,它不仅仅是对增长奇迹的探讨,更是全人类对平等、自由和共同富裕的美好追求与向往,亦是本书写作的最终目的。根据上述章节安排,全书的逻辑架构可由图 1-1 表述。

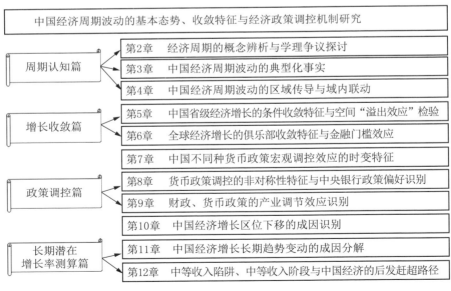

图 1-1　全书逻辑架构

第 2 章　经济周期的概念辨析与学理争议探讨

谈起经济周期这个并不陌生的词汇,似乎每个从事宏观经济研究的人都不会陌生。从表面释义来看,它指的是实际产出围绕潜在产出的周期性波动。如果用更加学术的方式去定义,最耳熟能详的定义有两种:一是对经济增长率进行"谷—谷"分割,进而划分经济周期;二是使用 H-P 滤波等技术对实际产出进行分离,进而得出趋势性成分和周期性成分。从学术通例来讲,似乎只要是从这两个角度来研究经济周期,我们就默认这都是传统的经济周期研究,也不再去作进一步的概念辨析。然而,作为一本系统研究经济周期的专著,对这一最基本问题的认知却不应该是似是而非的,至少我们要回答这两类经济周期有什么异同,二者缘何都是经济周期,它们有什么系统性差异,以及它们为何都适用于描述经济周期波动? 以上问题是最基本的问题,也是现有研究未曾回答的问题,而回答这些最基本的问题,统一一些最基本的概念,也是本书写作的初衷。

2.1　基本概念的提出与研究争议的产生

谈起经济周期,我们最容易想到的就是两个基本概念,一是经济增长率的周期性波动,也即经济增长率的"起承转合"过程(Burns & Mitchell,1946);二是实际产出序列剔除趋势性成分后余下的围绕原始序列呈周期性波动的部分(Schumpeter,1939)。其中,第一种定义侧重于描述经济增长率的起伏变化,它更加直接,易于被公众感知(Lewis,1978;刘树成,2000);而第二种定义是一种更加学术和严谨的定义,因为它通常还与潜在产出的估计相关,它的本质是对产出序列的分解(Hodrick & Prescott,1997;Ravn & Uhlig,2002)。事实上,二者之间的差异十分明显,为此早期的一些文献也曾试图对二者进行简单区分,例如称经济增长率的起伏波动为经济周期波动,而把实际产出与潜在产出之差定义为经济周期成分(郑挺国和王霞,2013),

但这仍未能对二者进行有效区分,即没有阐释二者的差异和同源性分别体现在哪里。

如果仅是粗略判断,二者是明显不同的,因为前者是一个比例指标,以中国近些年的数据为例,经济增长率无非是一个处于 0%~15% 之间的数据,经济增长率周期也只不过是在这一范围内波动的时间序列;但后者要复杂得多,实际产出围绕潜在产出的偏离,这听起来是一件很复杂的事情,因为二者之差似乎存在实际单位,总之这个概念听起来像是一个很大的且有单位的数据,并不是很好驾驭。可当我们真的在 Eviews 中测算一下经济周期就会发现,这种字面上的理解是明显有误的,因为分离出的经济周期成分会非常规则,它就是围绕"0"波动的一个时间序列,并且绝对不会随着时间的推移而被放大,亦不存在量纲过大的问题,甚至与经济增长率的量纲几近相同。这种直观现象似乎告诉我们,这两类概念可能暗中耦合,或者说是本质同源的。事实上,一些实证研究也曾发现过这一事实,例如董进(2006)、黄赜琳和朱保华(2009)经测算后均发现:经济增长率的周期性波动与滤波法测出的经济周期成分具有极为相近的量纲,若是同时将二者进行作差,亦能得到一个相对稳定的序列。但遗憾的是,这些早期的研究并没有进一步深入阐释和辨析这些概念的异同。

其次,在周期划分方面,研究争论主要聚焦于经典的"谷—谷"分割法(Blinder & Maccini, 1991)。"谷—谷"分割的初始定义如下:把经济增长率两个相邻极小值之间的时间区段定义为一轮经济周期(Lewis,1978;刘树成等,2005)。这一方法因易于理解和操作方便而得到了十分广泛的应用,国际上,巴克斯和基欧(Backus & Kehoe, 1992)、欧阳(Ouyang, 2011)等利用这一方法对世界许多典型经济体的经济周期进行过划分,据此总结出了"大萧条""滞胀危机"和西方经济"大缓和"等诸多典型经济增长形态。然而,自 20 世纪 90 年代"谷—谷"分割法被引入中国后,学者们在应用这一方法时却产生了诸多争议。例如:刘树成等(2005)依据"谷—谷"分割法对中国经济周期进行划分时得出的结论是:1978~2001 年间中国一共出现 4 轮典型经济周期,各轮周期的划分依次为 1978~1981 年、1982~1986 年、1987~1990 年与1991~2001 年;黄赜琳(2008)使用"谷—谷"分割法对同一时期数据的划分则与刘树成等(2005)不同,它的周期轮次划分结果为 1978~1982 年、1983~1986 年、1987~1991 年和 1992~2001 年;而张连城(2008)的划分结果甚至在周期轮次上都与前两者存在区别,为 1978~1981 年、1982~1991 年和1992~2001 年。可见,尽管三个经典研究均应用了"谷—谷"分割法,但它们对中国经济周期的判断却存在很大区别。倘若三个文献都是严格遵循"把经济增长率两个相邻极小值之间的时间区段定义为一轮经济周期"这一定义，那么划分结果不应该存在差异。而之所以产生差异，则很可能是在进行"谷—谷"分割时，三篇研究都放宽了基本定义并融入了自身的思考。也就是说，实际应用中的"谷—谷"分割法并没有那么严格，学者们通常会基于经济判断而融入一些宽限条件。后续魏加宁和杨坤（2016）、刘达禹等（2017）、刘尚希和武靖州（2018）、刘伟和蔡志洲（2019）等在经济周期划分上也或多或少存在差异，这也进一步验证了上述观点。通过对"谷—谷"分割法的应用进行回顾不难发现，经济周期划分上的研究争议主要体现在两个方面：（1）研究者通常不会严格执行"谷—谷"分割，这是因为严格执行这一定义可能无法准确划分经济增长率周期，那么现实应用中的"谷—谷"分割到底还隐含着什么样的经济条件？（2）纵使是充分考虑"谷—谷"分割背后所隐含的经济条件，当使用不同频率的数据进行研究时，经济周期划分仍然会出现不一致的现象，那么其背后的机制又是什么？

最后，关于经济周期测算方面，首先当需肯定的是，经济周期成分的测算方法十分丰富，绝不是唯一的。可是很多方法的应用都要受制于样本长度，即过短的样本长度下，部分滤波技术是不适用的（比较典型的几个不适用的技术有 B-K 滤波、C-F 滤波、小波变换），相比而言，H-P 滤波在低频数据和短时间序列的测算上，表现最为稳定。既然年度数据的测定更多地集中于 H-P 滤波，这也就引发了著名的"Uhlig 争议"。"Uhlig 争议"的本质就是 H-P 滤波的权重参数之争，两个学派的代表分别是霍德里克和普雷斯科特（Hodrick & Prescott，1997）及拉文和乌利希（Ravn & Uhlig，2002），其中前者在估算经济周期成分时，倾向于把参数 λ 设定在 100，而后者则认为参数 λ 取 6.25 更加稳健。霍德里克和普雷斯科特（Hodrick & Prescott，1997）的核心论断在于：权重参数 λ 的最优一阶条件服从 $\sqrt{\lambda} = c_t / \Delta^2 g_t$，这意味着 λ 的取值应该根据 c_t 和 Δg_t 来确定。霍德里克和普雷斯科特（Hodrick & Prescott，1997）通过对美国经济数据进行观察后发现，季度频率下经济波动 c_t 的平均水平为 5%，而相邻两个季度间经济增长率 Δg_t 约为 0.125，那么根据 $\sqrt{\lambda} = c_t / \Delta^2 g_t$ 可知，季度频率下参数 λ 的取值应该为 1 600。同理，由于一年包括 4 个季度，那么将 Δg_t 等比例放大就能得到年度频率下的经济增长率变化，于是根据公式易知，在年度频率下参数 λ 的最优解应该是 100。

然而，拉文和乌利希（Ravn & Uhlig，2002）却不这样认为，其所持的观点是：数据等比例缩放没有科学依据，因为这里暗含的假设是 4 个季度内经济波动呈一致方向。真正的优化思想应该是：令年度数据下的谱函数与季度数据下的谱函数一致,因为这能最大地保持季度数据信息,因此拉文和乌利希(Ravn & Uhlig,2002)的优化思想可概括为信息还原。后续大量研究也对这两个参数进行了测试,这些研究主要有黄晶(2013)、郑挺国和夏凯(2017)、王俏茹等(2019)、郭婧和马光荣(2019)以及刘达禹等(2022)。研究显示,权重参数 λ 的选择对经济周期成分测算至关重要,当分别将 λ 设定在6.25 和 100 时,经济周期成分测算的偏差率极高,有时甚至高达 2~3 个百分点。这表明"Uhlig 争议"已经不单单是一个研究争议,它是经济周期研究所必须要事前明确的问题,否则一定会对计量精准性产生影响。

总的来讲,上述遗留问题可以被总结为一个概念辨析和两个研究争议,其中一个概念辨析是指经济增长率的周期波动和经济周期成分二者到底谁才是经济周期,它们有何异同? 而两个研究争议则分别是指经济周期划分争议和"Uhlig 争议"。本章正是要系统阐释这些基本问题。

2.2 两类经济周期的概念辨析

对经济增长率周期和经济周期成分的辨析是本章乃至是全书研究的逻辑起点。这个问题也曾困扰笔者良久,为深入明晰二者的异同,我们首先从两个定义式谈起。

2.2.1 两个概念定义式比较

首先给出经济增长率的表达:

$$g_t = \frac{Y_t - Y_{t-1}}{Y_{t-1}} \ (t = 2, \cdots, T) \tag{2.1}$$

如式(2.1)所示,Y_t 是 t 时期下的实际产出,Y_{t-1} 则是相应的 $t-1$ 期下的实际产出,g_t 则代表着 t 时期的经济增长率。经济增长率是一个比例指标,它的基本释义是本期产出相较于上期产出的相对偏离,这里要明确相对偏离这个概念,因为后期对比时,这个形式很重要。

再来说经济周期成分,它的定义最早可以追溯到熊彼特(Schumpeter,1939)的研究,他将经济周期定义为实际产出相对其潜在运行趋势的周期性偏离。从最初的定义来看,它与经济增长率是不同的,因为经济增长率描述的是相对变化,是一个比例指标,并没有单位;而经济周期成分似乎是一种有单位的绝对量变化。但事实上,这是一个误区,因为现实研究中,后续实证处理对这一概念进行了修正,特别是在各种滤波技术研究中,它们刻画的是实际产出相对于潜在产出的周期性相对偏离。这也是为何在实际测算中,经济周期成分通常没有单位,并且数据不会随时间推移而放大的本质原因。为了尽可能明确地展示这种经济表达,我们从 H-P 滤波的基本定义式说起:

$$y_t = y_t^* + c_t \tag{2.2}$$

式(2.2)是经济周期成分的基本定义式。其中,$y_t = \ln Y_t$,$y_t^* = \ln Y_t^*$,分别代表 t 时期下实际产出和潜在产出的自然对数,c_t 即是经济周期成分。随后,通过几个简单的对数变换对式(2.2)进行改写,可以得到式(2.3)的形式:

$$c_t = y_t - y_t^* = \ln Y_t - \ln Y_t^* = \ln\left(\frac{Y_t}{Y_t^*}\right) = \ln\left(1 + \frac{Y_t - Y_t^*}{Y_t^*}\right) \tag{2.3}$$

这里需要注意到,Y_t^* 与 Y_t 之间的差距通常是较小的,因为潜在产出是充分考虑当前要素水平所能实现的最优产出,它本身就源自现实约束。那么在这一约束下,式(2.3)中$(Y_t - Y_t^*)/Y_t^*$ 的取值就将是一个接近于 0 的数,根据无穷小原理,我们又可以把式(2.3)近似改写成式(2.4):

$$c_t \approx \frac{Y_t - Y_t^*}{Y_t^*} \tag{2.4}$$

这样,一个直观的对比便展现在了我们的眼前,观察式(2.1)与(2.4)容易看出,这两个经济周期定义本质描述的都是一种相对偏离,它们具有较强的学理同源性,只不过是基准变量有所不同。这从根本上决定了二者的量纲、释义都极为接近,并且均不具有实际单位。那么,另一个问题是,二者毕竟参照系不同,它们的差异到底在哪里? 这就要从式(2.1)与(2.4)的差异点说起,联立二者,可得到式(2.5):

$$(1 + g_t)Y_{t-1} \approx (1 + c_t)Y_t^* \tag{2.5}$$

为了简化分析,我们用 g_t^* 表示潜在增长率,它表示充分利用 t 时期下各种要素所能实现的最优产出,于是有:

$$Y_t^* = (1 + g_t^*)Y_{t-1} \tag{2.6}$$

把式(2.5)中的 Y_t^* 用式(2.6)进行替换可得:

$$\frac{1 + g_t}{1 + g_t^*} \approx 1 + c_t \tag{2.7}$$

对式(2.7)左右两端取自然对数可得：

$$\ln(1+g_t)-\ln(1+g_t^*)\approx\ln(1+c_t) \qquad (2.8)$$

这里考虑到 g_t、g_t^* 和 c_t 都是接近于 0 的常数，于是再次利用近似的等价无穷小原理处理式(2.8)便可以得到一个非常精美的近似表达：

$$c_t\approx g_t-g_t^* \qquad (2.9)$$

式(2.9)意味着经济增长率与经济周期成分之差可以近似表征潜在经济增长率，这一重要发现至少有四方面意义：(1)它肯定了经济增长率与经济周期成分的学理同源性，证明了二者均是没有实际单位的比例指标，描述的都是实际产出相对于参照系的相对偏离，所以二者均可以表征经济周期，传统研究不存在错误，只是没有辨析二者的概念差异；(2)常用的"谷—谷"分割法不仅适用于刻画经济增长率周期，也可以用于对经济周期成分进行划分；(3)由于二者之差近似地等于潜在增长率，这意味着倘若经济系统处于相对稳态(即潜在增长率几乎保持不变)，由经济增长率和经济周期成分划分的经济周期将近似趋于一致；(4)经济增长率周期包含的信息更多，既有趋势性变动，也有纯周期性变动，是经济景气综合变化的客观描述，而经济周期成分周期更倾向于描述纯经济周期层面的变化，它不含有任何有关趋势的信息。

2.2.2 两类指标运行特征的直观对比

为尽可能直观地展现两类指标的走势情况，对比二者的异同，本章选取 1992 年 1 季度至 2021 年 4 季度的数据刻画了两类经济周期的走势，实际产出的基础数据来源于中经网统计数据库和国家统计局官网。

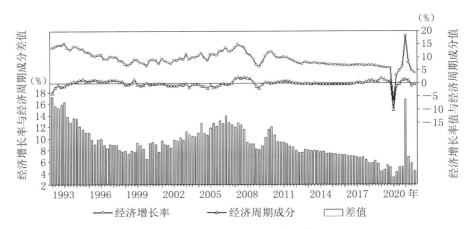

图 2-1 两类经济周期的形态比较

如图 2-1 所示,两类经济周期指标的走势明显具有趋同特征,其中两个最为明显的特征是:(1)二者量纲分布极为接近,均能用图 2-1 右轴的坐标刻画,基本稳定分布在 -10% ~ 20% 之间,这不仅与事实高度耦合,同时也从经验数据层面证明了前文学理分析的正确性;(2)观察图 2-1 左轴经济增长率与经济周期成分之差不难发现,这一差值恒为正数,并且取值稳定在 6% ~ 15% 之间,这一取值的确近似等于潜在经济增长率,进一步证明了学理分析的正确性。沿着时间线来梳理两类指标的结构性变化不难发现,在市场经济体制改革初期(1992 ~ 1994 年),中国潜在需求得到大幅度释放,经济呈快速增长态势,年化实际增长率始终处于 10% 之上,但经济周期成分却处于负值区间,这说明经济发展还是受到了人为控制,没有释放全部活力,这与彼时的实际经济情况高度耦合,因为 1992 ~ 1994 年不仅是中国经济体制改革的重要时期,同时也是改革开放以来,中国通货膨胀最为严重的时段,其间居民消费价格指数 CPI 曾一度触及 25%,形成了典型的恶性通货膨胀。为积极应对通胀高企并事前防范可能出现的滞胀问题,中国经济开始主动性步入“软着陆”过程,其间财政政策和货币政策开始有序收紧,一系列重要的宏观经济举措取得了实际性效果,顺利地使通胀回归至理性范围。通过经济周期成分的估测结果可以看到,经济“软着陆”无疑是成功的,因为彼时经济周期成分的最大负向取值尚不足 5%,但是却换来了通胀超过 10 个百分点的下降。可以说“软着陆”的经济收益要远远大于经济成本。

然而,尽管“软着陆”在短期内取得了积极成效,但是它却引发了后续的结构性调整成本,其中最具代表性的就是国企改革,它在为后续经济持续健康发展保驾护航的同时,也引来了短期内的经济结构性阵痛,可以看出这轮调整直到 2002 年才宣告结束。其直观表象即是:经济增长率不断下降,而经济周期成分开始回升,考虑到二者之差近似地等于潜在增长率,因此其直观后果即是长期潜在增长率进入持续性下行通道,在 1999 年左右降低至阶段性谷值 8%。总的来看,经济“软着陆”是一个持续性过程,但它并未使潜在增长率脱离高速增长区间,这无疑是一次成功的政策实践。

步入 21 世纪后,受内外部利好因素影响(内部因素是经济已进行充分调整,通胀回归至合理水平,具有政策空间和增长弹性;外部是加入 WTO、成功申办奥运会等),中国经济运行进入一段黄金发展时期,其间经济增长率始终波动上行,而经济周期成分则围绕 0 线呈正常的周期性往复波动,其间纵使经历了美国“次贷危机”,但经济增长依旧展现出较大的反弹张力。真正的关键性节点出现在 2012 年,此时中国经济体量已十分庞大,传统依赖投资拉动的粗犷式增长模式难以为继,中国经济开始步入增速换挡、结构阵痛和前期政策刺激消化的三期叠加阶段。可以看到,此时经济增长率稳定下行,经济周期成分几乎归零,这无疑又是一种成功的经济运行形态,它在化解系统性风险的同时,最大限度地保持了经济平稳运转,甚至要比经济"软着陆"更加缓和,而这一时期即是著名的新常态主体阶段。

最值得注意的是新冠疫情暴发后的时段,可以看出疫情暴发当季经济增长率下降至-6.9%,而经济周期成分更是下降到-10%,但在疫情暴发之后,中国经济展现出了无与伦比的强大韧性,可以发现,尽管短期内经济增长率呈现出不规则变动,但是经济增长率与经济周期成分之差的表现却十分坚挺,它从未跌破4%,这意味着中国经济仍具有强大的增长潜能,中高速增长趋势尚未遭到系统性破坏。

2.3　对经济周期划分困境的探讨

在明确了经济周期的基本概念辨析后,本章研究进入第二个环节,即解决经济周期的划分困境。目前,最常用的方法就是"谷—谷"分割划分,也就是将经济增长率序列两个相邻极小值之间的时间区段定义为一轮经济周期。正如文献综述所述,严格地执行"谷—谷"分割定义并不难,但是核心问题在于如果严格执行这个准则,经济周期将会被切割得过于细碎,导致根本无法准确识别真正意义上的经济周期。另外,纵使"谷—谷"分割法能够勉强地划分年度数据,但是当采用季度数据进行划分时,由于季度的经济波动更加频繁,这种方法也明显不再适用,而且基于季度数据划分的周期也会与基于年度数据划分的周期存在本质区别(刘树成,2009;刘伟和蔡志洲,2019)。为了系统地阐释并解决上述研究困境,本节研究拟按照如下步骤进行:(1)根据经典文献对经济周期的划分,找出现实应用中的"谷—谷"分割法所暗含的宽限条件;(2)根据图像差异、周期理论与数据表象阐释不同频率数据下经济周期划分不一致的根源;(3)聚焦于不同数据频度下经济周期划分的差别,给出经济周期错峰现象所释放的含义。

2.3.1　广义"谷—谷"分割法

刘易斯(Lewis,1978)、巴克斯和基欧(Backus & Kehoe,1992)等曾在古典周期框架下对经济周期的运行给出了文字性和图形描述(见图 2-2),认为一轮完整的经济周期应该具备如下几个过程,即"复苏、繁荣、衰退和萧条"四个阶段。其间,经济增长率的走势也必将经过由一个阶段性低谷到另一个阶段性低谷的变化。这种最初的定义可以描述经济在自然状态下的周期性波动。但它的缺点在于忽视了经济运行的复杂性,因为经济在运行过程中往往会遭遇外部冲击、体制变迁或者是一些突发性事件,这些事件的统一后果就是会引发经济的超短频异动,抑或可以称之为经济噪声。那么,倘若严格执行"谷—谷"分割法,就可能把经济噪声识别成周期波动,下面进行简单举例说明。

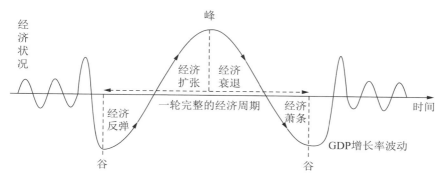

图 2-2　"谷—谷"分割法示意图

　　图 2-3(a)~(b)分别给出了严格遵循"谷—谷"分割定义和刘树成(2009)结合具体经济情况作出的经济周期划分。若是严格执行"谷—谷"分割法,周期划分会出现一些显然不合理的状况:1972~1980 年这短短的 9 年将被划分成 4 轮周期,其直观结果就是每轮周期平均历时不足 3 年,根据一些基本定义,纵使是按照最短的"基钦周期"来判断("基钦周期"的历时在 30~40 个月),短短的 8 年时间亦不足以被分割成 4 轮周期。这表明期间一定是有短频噪声被识别成了周期变动。相比而言,图 2-3(b)中刘树成(2009)的划分结果则要合理很多,他将这一时段分成两轮周期,前一轮是 1972~1976 年,后

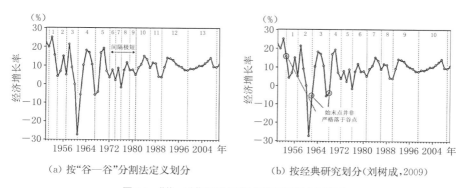

(a) 按"谷—谷"分割法定义划分　　　　(b) 按经典研究划分(刘树成,2009)

图 2-3　"谷—谷"分割法下的经济周期划分示意图

一轮为1977~1982年。这种划分不但更加合理,且与经济周期的概念较为吻合,同时更与彼时中国经济的实际运行态势相称。由此可见,一味地执行"谷—谷"分割定义是不能准确划分经济周期的,在现实应用"谷—谷"分割法时,一定要结合具体释义进行灵活妙用。但遗憾的是,刘树成(2009)也仅是给出了科学的经济周期划分,却没有详细给出它所采用的宽限条件。本节试图根据一些经典的经济周期理论和事实,对这种广义"谷—谷"分割法进行概念界定。

总结而言,广义"谷—谷"分割暗含着如下几个宽限条件:(1)"基钦约束",即分割出的经济周期至少应该满足最短的周期界定,历时要达到3年以上,否则这种变动更应该被确认为短频异动而不是周期;(2)每一轮经济周期都应该符合刘易斯描述,也即有"复苏、繁荣、衰退和萧条"四个典型化过程;(3)周期分割点未必在经济增长率极小值点,还可以根据具体经济事件,令其出现在极小值相邻点。举例看,倘若按照"谷—谷"分割定义进行划分,图2-3(b)中第1轮周期的起始点应该在1954年,但结合具体事例来看,1952年底明显是更具意义的节点,因为中国自1953年正式开启"社会主义三大改造",故刘树成(2009)也把中国建制以来的首轮经济周期起点确认在1953年。

总的来看,上述三个宽限条件的引入不仅科学,同时也具备扎实的理论基础。具体而言,条件(1)实则是"基钦约束",条件(2)则还原了古典周期中的刘易斯描述,而条件(3)能令经济周期的划分更具现实意义。广义"谷—谷"分割法才是真实的经济周期划分准则,它令经济周期的划分更加科学、合理,同时还在极大程度上规避了短期经济异动对周期划分的干扰。

2.3.2 经济周期划分的频度分异:兼论季度周期与年度周期的经济内涵

本节将继续探讨经济周期划分中的另一个难题,即由数据频度差异引发的周期划分分异。这种分异是指当基于季度和年度频率数据划分周期时,经常会出现划分结果不一致的现象。图2-4(a)~(b)依次刻画了季度和年度频率下,依照广义"谷—谷"分割法得到的经济周期。对比二者易知,纵使是使用同样的方法对同时段的经济周期进行划分,二者的划分结果依旧截然不同。其中,根据季度数据进行划分,1992~2019年将被划分为8轮短周期波动,但若是对年度数据进行划分,这38年将被划分成3轮中等长度周期。

进一步对比图2-4(a)和(b)不难发现,二者的区别主要在于,季度周期中存在更多的短频波动,而年度周期中很多年内波动都被年化增长率内化,产生数据自平滑现象。那么,这种表现差异所导致的直观结果即是季度周期通常历时较短,大多在3~4年,而年度周期通常历时较长,平均在8~10年。

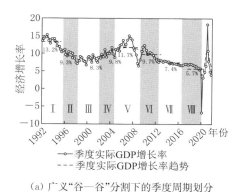

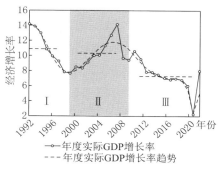

(a) 广义"谷—谷"分割下的季度周期划分　　(b) 广义"谷—谷"分割下的年度周期划分

图 2-4　不同数据频度下的经济周期划分异象

二者的差异还是较大的。那么,对这种差异的理解就不应该聚焦于强行让二者趋同,而是应该反思差异背后的经济原理。

这里,一个最重要的概念框架就是熊彼特(Schumpeter,1939)对短、中、长三类周期的论述。其中最短的经济周期是"基钦周期",历时 3～4 年,主要用于描述库存变动;中等长度周期是"朱格拉周期",历时在 10 年上下,主要用于描述投资的周期变化;最长的经济周期是"康德拉季耶夫周期",历时可达 40～60 年,主要用于描述技术周期更迭。若是根据上述理论对接,季度频率下的周期划分似乎与"基钦周期"更加吻合,而年度经济周期则与朱格拉周期的描述高度一致。

深入思索这种数据表象,其实背后也不乏经济道理。(1)季度数据打破了自然年统计,因此,它更易于反映非完整的年内库存变动。图 2-4(a)也清晰地印证了这一事实,以图 2-4(a)中第 3 轮周期的尾部形态为例:彼时正是中国遭遇"非典冲击"的时段,季度周期准确地识别出了那一时期经济的阶段性下降。(2)生产销售通常以自然年为单位,这从根本上决定着与生产销售相关的库存变动会在年度数据中内化,因此,年度周期很难反映库存的季节性变动。还是以"非典冲击"为例,这轮冲击基本在 2003 年 6 月结束,在 2003年下半年,受疫情散去等利好因素影响,中国出现了短期的季节性投资热潮,为缓解这种非理性过热和通胀抬头趋势,2004 年曾出现过短暂的去化库存期,从图 2-4(a)中可以清晰地发现,季度周期在 2004 年 3 季度明显陷入阶段谷位,但这种变化在年度周期中完全没有体现。(3)从本质来看,年度数据也更适合于反映投资变动,这是因为国家的投资计划通常是以年度为周期的,这种现象在图 2-4(b)中表现得比较明显。图 2-4(b)中的第一轮周期是 1992～2000 年,这段时期是中国经济"软着陆"的主体阶段,其间经济工作的核心要务就是缓解由体制改革带来的投资过热问题;图中的第二轮周期是 2000～

2008 年,这是中国经济增长黄金十年的主体阶段,亦是国家固定资产投资加速扩张时期;第三轮周期始于 2008 年"次贷危机"过后的经济复苏期,止于新冠疫情暴发,此轮经济周期的核心特点是化解前期经济高速增长和投资大规模扩张所累积的结构性矛盾。可以看出,三轮周期的划分都与投资的系统性变化密切相关。这表明我们应该正视数据频率差异下的经济周期划分差异,因为它们具有不同的经济释义。那么一个自然的问题是,"基钦周期"节点与"朱格拉周期"节点通常是不一致的,二者一旦出现了错位,会产生何种经济信号?

2.3.3　经济周期错峰异象:论假性击穿和中周期转换

由于季度周期与年度周期的节点通常是不同的,这表明二者通常会出现错峰现象。而就经济周期错峰而言,它又会分为几个不同类型:(1)季度短周期下行出现在年度中周期上行阶段,其结果是经济周期总体运行出现假性向下击穿现象;(2)季度短周期上行出现在年度中周期下行阶段,其综合结果是出现经济周期假性向上击穿。这两个经济现象是最具迷惑性的经济周期现象,极易引发事实误判,同时也是跨周期经济周期调节所必须要关注的典型事实形态。

下面以图 2-5 进行说明。首先,关注假性向上击穿,即季度短周期出现上扬,而投资中周期趋势向下。这种现象在 1992～1998 年间比较常见。彼时正值中国经济"软着陆"的主体阶段,其中经济发展的中长期基调是缓解经济过热,因此经济的中长期趋势是从紧的。进一步地,这一时期又可分为两个阶段,第一个阶段是 1992～1995 年的经济急速冷却期,其间中国经济增长率急速下降,宏观经济治理的核心是不惜一切代价缓解通胀过高;但在 1996 年后,随着通胀水平渐趋回归正常,经济工作的重心又开始逐步转移,由全面控通胀向一边控通胀一边稳增长过渡。那么,其间一个比较值得关注的时间节点即是"急速冷却期"与"缓慢调和期"的交会点(1995 年 3 季度)。结合数据来看,在此轮周期初期,经济增长率由 15.3% 迅速下降至 10.4%,CPI 也从 1994 年 3 季度的制高点 27.7% 降至 1995 年 3 季度的 11.2%,即是说在交会点处中国经济运行正处于"通胀问题仍需缓解和经济下行风险渐趋显现"相交织的状态。因此,经济增长率于 1995 年 4 季度至 1996 年 1 季度出现了典型的阶段性上扬,形成了连续两个季度的小幅度回升,并达到了 10.9%。但后续经济事实显示,实际 GDP 增长率再度一路下行,直到 2000 年降至 8% 左右,经济才算实现充分调整。那么一个值得思辨的问题是,倘若错误地把交会点识别成转折点,将带来何种后果? 显然,若是认为经济从此将开始反弹,经济政策势必进一步收紧,事实上,在 1996 年,宏观经济增长经历了持续多年的政策收紧,已经开始显得有些乏力,彼时失业率同样处于高位,如果错误地认为经济运行已进入扩张周期,继续采取高度从紧的方式控制通货膨胀,那么中国经济就不会实现"软着陆",而是极有可能陷入"大萧条"状态。事实上,从后续的宏观经济治理来看,国家也并未对经济发展持盲目乐观态度,而是认为经济下行风险很大,政策层面也不再以一味紧缩为主,而是变得松紧适度,这在极大程度上保证了经济增长的平稳着陆。

总结而言,经济"软着陆"是中国宏观总量层面的一次成功跨周期调节,它带给我们的启示是要深刻认知经济周期假性向上击穿这种信号,这种信号会释放三方面信息:(1)它是一个迷惑信号而不是利好信号;(2)当这种信号出现时不应对经济的短期复苏持盲目乐观态度,而是要重点关注经济运行的中长周期特征,持续关注经济下行风险;(3)假性向上击穿时,宏观经济治理的焦点不应随着短期的经济复苏转变,而是仍应重点关注中长期内的经济下行风险。

再来看经济周期假性向下击穿,这种现象比较集中地出现在第二段中周期当中,即 21 世纪初中国经济增长的黄金十年。如图 2-5 所示,从 21 世纪初到美国"次贷危机"爆发之前,经济增长率至少出现过 9 个极小值,其中一个比较明显的节点出现在 2001 年 4 季度,该时点下经济增长率达到极小值,若是从季度数据判断,这是短周期转换的信号。但事实上,这轮短收缩根本不是实质意义上的收缩,因为中等长度周期的扩展才刚刚开始,可以看到从 2001 年到 2007 年,中国的经济增长都十分强劲,属于典型的波动上行,其他 8 个极小值的出现也是同样的道理,这并不能构成收缩更谈不上是上升趋势的终结。

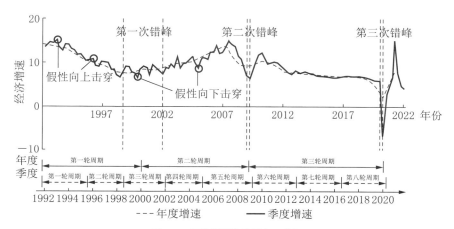

图 2-5　经济周期错峰异象示意图

倘若对这一短收缩状态进行了错误识别,认为经济有可能再度陷入紧缩,并采取积极的财政政策和宽松的货币政策进行逆周期刺激,那么经济就可能出现报复性反弹,甚至迅速陷入过热状态,其结果就是经济的非理性繁荣将会迅速缩短扩张周期,中国经济也便不会出现黄金增长的十年。由此可见,经济周期假性向下击穿同样是一个颇具迷惑性的现象,这种现象的出现也能给我们三方面重要启示:(1)它并非一种经济紧缩信号,而是为防止经济迅速进入过热状态进行的良性调整,它在增长型中周期内频繁出现反而有利于增长型周期的延长;(2)当假性向下击穿出现时,对未来经济形势的判断一定要着眼长线,这样能够在最大程度上避免事实误判;(3)就假性向下击穿时期的宏观治理而言,政策当局要尽可能顺应经济的自身发展规律,避免采取逆周期刺激性政策,这不仅能使经济保持理想的波动上行态势,同时还有利于中等长度增长型周期的延长。

最后关注一个最重要的现象,即中周期转换。中周期转换之所以重要,是因为它出现的频率较低,并且一旦出现,就会决定未来相对较长的一段时间内经济周期走势的趋向,因此判断中周期转折无疑是重要的。但是中周期的转折通常是较为模糊的,这是因为在很多情况下,短周期和中周期转折的时间节点并不一致。图2-5中第一轮和第二轮中周期转换的过程就很好地诠释了这一现象,可以看到,周期混沌主要出现在1998~2002年,其间季度经济增长率一直在低位波动盘桓,至少出现了3次假性向下击穿。这使得根据季度数据判别中周期转换的难度大幅度上升。尽管我们可以根据年度数据准确地识别中周期,但这样做的问题在于,年度数据毕竟频率太低,并且滞后太多,若是在季度节点上出现了逆中周期的误判,那么必将产生极为高昂的经济成本。那么,如何在季度图谱中尽可能准确地识别中周期过渡便成为一个关键问题。这里还是以图2-5中3轮中周期的转换来说明,它们分别出现在1999年2季度、2009年1季度和2020年1季度,其中,后两个节点没有太大的分析价值,因为彼时均出现了短周期与中周期协同结束的现象。最具迷惑性的转换是1999年2季度这次中周期转换,结合彼时的宏观经济条件来看,本章认为可以通过以下几方面特征进行联合识别:(1)季度增长率进入低位水平震荡期,经济周期出现模糊化;(2)通货膨胀率处于低位,经济具备反弹条件;(3)经济政策空间得到充分累积,具备实施扩张型政策的基础。这三个条件实际是彼此相连、交叉互渗的,条件(1)释放了经济企稳信号,而条件(2)与(3)则是经济反弹的动力基础。

最后,结合假性击穿、经济周期转换等重要判别条件来审视2020年这一轮经济周期尾部形态不难发现,它释放了明显的中周期转换信号:第一,疫情暴发之后,中国经济周期在 2021~2022 年出现了明显的混沌和反复,短周期严重模糊化。第二,目前中国的通货膨胀一直在合理区间,从未超过 3%,整体运行受需求收缩影响,持续处于低位;中国的货币政策已经连续多年保持稳健中性,从未启用非常规政策操作,货币政策存在合理充裕空间。另外,考虑到 2022 年岁末疫情管控已平稳转段,这势必会为经济反弹释放重要利好,种种迹象表明,经过三年的深刻调整,中国经济将大概率以疫情冲击为转折点,破旧立新,步入新一轮增长型中等长度周期。

2.4　"Uhlig 争议"辨析与计量评价空间构建

解决了经济周期划分困境后,本节将对经济周期测定争议进行探讨,即"Uhlig 争议"所述的参数 λ 取值之争。为解决这个问题,我们自然需要关注两个问题:(1)为 λ 赋值 100 和 6.25 到底会产生多大的测量误差? (2)对于中国的经济周期成分测定而言,参数 λ 到底应该选取 100、6.25,抑或是其他数值? 为此,本节研究设计如下:(1)从数学原理角度阐释"Uhlig 争议"的根源,找出分歧的本质;(2)跳出这个争议的思维困境,构建一种全新的计量评价思想,重新对参数 λ 进行遴选。

2.4.1　"Uhlig 争议"的数学本质与思维困境

这里以实际产出的分解进行说明,其中 y_t 是实际产出,g_t 与 c_t 分别表示相应的趋势和周期成分,于是有式(2.10):

$$y_t = g_t + c_t \quad (t = 1, 2, \cdots, T) \tag{2.10}$$

其实,H-P 滤波的本质就是求解 g_t 与 c_t 的动态最优解。其中好的趋势序列 g_t 应当具有下述属性:(1)趋势要与原始序列具有较好的贴合度,否则过度偏离原始数据,趋势就失去了反映原始数据运动方向的职能;(2)趋势要尽可能平滑变换,否则如果波动过多,那就失去了趋势的本意。基于上述目标,霍德里克和普雷斯科特(Hodrick & Prescott,1997)给出了 H-P 滤波的优化基函数:

$$\min_{g_t, \, t=1, 2, \cdots, T} \left\{ \sum_{t=1}^{T} (y_t - g_t)^2 + \lambda \sum_{t=2}^{T-1} \left[(g_{t+1} - g_t) - (g_t - g_{t-1}) \right]^2 \right\}$$

$$\tag{2.11}$$

式(2.11)中的第一项 $\sum(y_t-g_t)^2$ 刻画了第一种属性,这一项取值越小,表明趋势与原始序列越接近。式中的第二项 $[\sum(g_{t+1}-g_t)-\sum(g_t-g_{t-1})]^2$ 则描述了第二种属性,它的取值越小代表相邻两期之间变化的差距越小。举一个特例,倘若 A 在每一个时间 t 下都有 $g_{t+1}-g_t$ 与 g_t-g_{t-1} 相等,那么趋势曲线就会绝对光滑,即变成了水平直线。仔细分析属性 1 与属性 2 易知,它们之间存在较强的互斥性,若想尽可能保持数据拟合,那么趋势中的波动就势必会增加,若想尽可能保持趋势平滑,那么必然会造成与原始数据的偏离放大。可见,H-P 滤波的最优是一种权衡最优,那么什么是最优,就应该看研究对趋势和平滑的重视程度。换言之参数 λ 刻画了平滑性相对于拟合度的重要性。进一步地,霍德里克和普雷斯科特(Hodrick & Prescott,1997)通过计算说明,倘若 c_t 与 $\Delta^2 g_t$ 服从独立同分布,那么当 $\sqrt{\lambda}=c_t/\Delta^2 g_t$ 时,式(2.10)就能获取最小值。此时求解一阶条件有:

$$g_t=[1+\lambda(1-L^2)^2(1-L^{-1})^2]^{-1}y_t \tag{2.12}$$

$$c_t=\frac{\lambda(1-L^2)^2(1-L^{-1})^2}{1+\lambda(1-L^2)^2(1-L^{-1})^2}y_t \tag{2.13}$$

通过式(2.12)和(2.13)可以看出,λ 取值的大小将直接影响趋势和周期成分最优值的计算,它取值越小,证明设定者越加重视趋势的精准性,那么周期成分的估计可能会比较粗糙。相反,如果 λ 取值较大,易知参数设定者更加重视趋势的平滑性,此时过度平滑可能弱化了趋势的转换,从而放大了周期估计。由此可见,只有合理地选择参数 λ 才能实现精准的趋势和周期估计。

霍德里克和普雷斯科特(Hodrick & Prescott,1997)对美国数据进行研究后提出了如下方案:首先对标准的季度经济数据进行观察,发现美国经济波动平均在 5%,而相邻两期之间经济增长率之差平均约为 0.125%,其中前者可以近似代替 c_t,后者可以用来表征 g_t,那么根据公式 $\sqrt{\lambda}=c_t/\Delta^2 g_t$ 可得 λ 的最优值是 1 600,这一季度值得到了广泛支持。此外,霍德里克和普雷斯科特(Hodrick & Prescott,1997)认为,由于每年有 4 个季度,这意味着对年度 Δg_t 的处理可以进行等比例放缩,即将 Δg_t 设定为 0.5%,那么再根据 $\sqrt{\lambda}=c_t/\Delta^2 g_t$ 可以得到年度频率下 λ 的最优解应为 100。

然而,拉文和乌利希(Ravn & Uhlig,2002)对此却持反对态度,他们认为尽管年度数据和季度数据的频率差异稳定,但是经济周期波动却并非沿着同向变动的。拉文和乌利希(Ravn & Uhlig,2002)从谱还原的角度出发,对参数 λ 进行了重新求解。他们的求解思想是最大化保持年度数据与季度数

据的一致性。具体而言,首先对 H-P 滤波中的时域序列进行转换,得到三角函数形式的频域表达,见式(2.14):

$$h(\omega;\lambda)=\frac{4\lambda[1-\cos(\omega)]^2}{1+4\lambda[1-\cos(\omega)]^2} \qquad (2.14)$$

其中,ω 代表弧度制下的转换频率($\omega\in[-\pi,\pi]$)。根据式(2.14)便可建立起季度和年度谱函数之间的关系:

$$h(\omega;\lambda_q)\approx h(\omega/s;\lambda_y) \qquad (2.15)$$

$$\lambda_y=s^n\lambda_q \qquad (2.16)$$

在式(2.15)中,λ_q 是季度频率下的权重参数,而 λ_y 则是年度数据下的权重参数,s 是相应的转换参数,在上述分析中取 1/4,代表一年有 4 个季度。式(2.16)则描述了 λ_q 与 λ_y 之间的转换关系,不难看出 λ_y 的确定依赖于幂指数参数 n。拉文和乌利希(Ravn & Uhlig,2002)通过 grid 搜索完成了参数 n 的模拟,结果发现当 n 取 4 时得到的年度谱与季度谱的重合度最高,故根据式(2.16)将 λ 的取值设定在 6.25。尽管“Uhlig 争议”从数学优化的角度上对 λ 进行了重新求解,但不少研究者仍对这一取值持怀疑态度,其中核心的论点主要有二:(1)根据计算发现,将 λ 设定在 6.25 将使趋势成分变得十分粗糙,这可能会低估经济周期波动的影响(Hamilton,2018);(2)6.25 同样是基于美国经济数据的求解,这可能并不适用于其他国家(张连城和韩蓓,2009)。

事实上,无论是霍德里克和普雷斯科特(Hodrick & Prescott,1997)还是拉文和乌利希(Ravn & Uhlig,2002),他们的优化思想都存在一定的不足。霍德里克和普雷斯科特(Hodrick & Prescott,1997)的不足在于:(1)它仅考虑了美国一定时段的历史数据,这可能并不适用于其他时期,更不要说其他国家;(2)它的计算过度聚焦于趋势的平滑性和拟合度,完全忽略了周期成分,同时也缺乏对经济意义的考虑。至于拉文和乌利希(Ravn & Uhlig,2002),它的根本问题在于:令年度数据谱尽可能还原季度数据谱这种思维可能本质上就存在缺陷。一个最直接的原因就是年度周期和季度周期在经济释义上存在本质差别。正如前文所述,年度周期更倾向于反映投资周期变动,而季度周期则更重在反映库存的短期波动,这意味着倘若从年度视角考察,有些季度上的短频异动本来就是不需要确认的,因此也就无从谈起还原。

这样看来,关于 λ 最优取值的探讨还是要回到经济周期的定义上来。根据熊彼特(Schumpeter,1939)的研究,经济周期是指实际产出相较于其潜在趋势的周期性相对偏离。首先,它具有两层含义:第一,既然经济周期是一种周期性的往复偏离,这表明滤出的经济周期成分应该是一个不具有任何趋势的平稳时间序列;第二,既然它描述了经济相对于潜在状态的往复性偏离,那么合理的周期成分就应该能准确刻画经济的周期性起落。其次,它在经济意义层面应该具有两种性质:(1)服从基本的经济学理关系,例如菲利普斯曲线,从数据上讲,就是测定的经济周期成分应该可以有效预测实际通胀水平;(2)能够反映典型的经济事件,例如像美国"次贷危机"和新冠疫情这种典型的负向冲击,合理的周期成分在相应的事件点应该表现为负。最后,考虑到计量研究对稳定性高度重视,即当更换样本区间后,对相同时点的测定要尽可能保持不变。为此,本节要提出一套全新的评价系统,它兼顾了经济周期成分的平稳性、理论合意性、经济事件反馈能力、预测能力和计算稳定性五个方面,这为参数 λ 的科学测定提供了更加全面的考量。

2.4.2 "Uhlig 争议"的计量评价

本部分研究按三个步骤展开:(1)首先给出不同参数 λ 取值下,经济周期成分的图形表象,为参数选择初步锚定值域空间;(2)在相对合理的参数空间内对 λ 的取值进行计量评价;(3)设定一个赋权系统,完成对参数 λ 最优值的遴选。

1. 不同参数 λ 取值下经济周期成分的图形描述

本节借鉴霍德里克和普雷斯科特(Hodrick & Prescott,1997)、拉文和乌利希(Ravn & Uhlig,2002)等的研究,并根据式(2.16)和 $grid$ 搜索来确定参数 λ 的最优解,其中搜索的值域空间为 $6.25 \leqslant \lambda \leqslant 100$[①],得到的 λ 备选值见表 2-1。

表 2-1　基于年度数据的 H-P 滤波参数选择

幂指数	$n=2$	$n=2.25$	$n=2.5$	$n=2.75$	$n=3$	$n=3.25$	$n=3.5$	$n=3.75$	$n=4$
λ_y	100.00	70.71	50.00	35.36	25.00	17.68	12.50	8.84	6.25

随后,进行如下两步工作:(1)以 1952 年为基期,利用名义 GDP 数据和实际 GDP 增长指数计算年度实际 GDP 序列;(2)采用表 2-1 中列示的参数逐一对实际 GDP 序列进行分解,获取经济周期成分(分解结果见图 2-6)。此外,为考虑极端异常值的影响,本节还考察了参数 λ 取值接近于 0 和无穷大的情形。

---

① $grid$ 搜索根据幂指数 n 展开,这是因为对幂指数使用 $grid$ 搜索易于取整;而若是直接在 6.25~100 间进行等间隔搜索,获取的 λ 将错过整数节点,不便于使用。这里仅列示以 0.25 为间隔的参数搜索结果。其余更密集的搜索结果与此结果几乎一致,结果备索。

表 2-2　不同参数选择下经济周期成分的统计特征

	$\lambda=100.00$	$\lambda=70.71$	$\lambda=50.00$	$\lambda=35.36$	$\lambda=25.00$	$\lambda=17.68$	$\lambda=12.50$	$\lambda=8.84$	$\lambda=6.25$
平均值	$-4.09E{-}14$	$2.32E{-}13$	$3.62E{-}14$	$8.02E{-}15$	$7.37E{-}15$	$-2.54E{-}16$	$1.50E{-}14$	$2.88E{-}15$	$1.57E{-}15$
标准差	0.071	0.069	0.066	0.063	0.061	0.058	0.055	0.052	0.049
最小值	-0.245	-0.240	-0.235	-0.227	-0.219	-0.209	-0.197	-0.185	-0.171
最大值	0.229	0.221	0.211	0.201	0.190	0.178	0.166	0.159	0.153

图 2-6 依次给出了 λ 分别取 0.01、6.25、8.84、12.5、25、50、100 和 10 000 时,中国经济周期成分的走势特征。根据图 2-6 可以看出,当 λ 取极小值时(令 $\lambda=0.01$),经济周期成分几乎与 0 线重合,这是因为在此权重下,趋势成分极度注重对原始序列的拟合,基本等于原始序列,从而使周期波动消失;而当 λ 取极大值时(令 $\lambda=10\,000$),周期成分大起大落,运行极不规则,峰值甚至在 0.3 以上,造成这种现象的原因在于,λ 取值过大意味着参数设定过度注重趋势的平滑性,导致很多真实的趋势要素被平滑掉,从而放大了周期波动的作用。基于上述情况,我们能够初步形成两个判断:(1)经济周期成分的波动幅度会随着 λ 取值的变大而变大;(2)λ 取值过大或者过小均不合理,这意味着它的取值的确应该处于某一特殊值域。

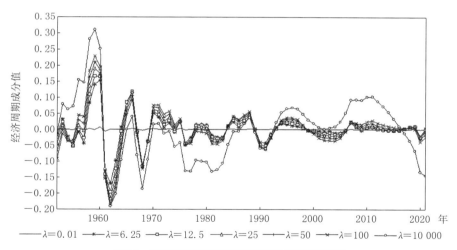

图 2-6　不同参数选择下经济周期成分的形态示意图

那么,剩下的问题便是:6.25~100 是否已涵盖了合理区间。这里我们结合谱原理和一些典型事实来说明。从谱函数的角度看,拉文和乌利希(Ravn & Uhlig, 2002)已经发现,当 n 由 2 上升到 4 后,年度谱和季度谱的重合度会明显上升,此时拟合基本就达到了最佳状态,而从数学原理来讲,谱函数的周期与 n 之间呈明显的指数型反比关系,这意味着倘若继续提高 n 的取值,年度谱中的超频短期波动将会更多,甚至要比季度谱的波动频率还大,这显然是不合适的。这样看来,把 6.25 确认为搜索的左端点较为合理。再来讨论右端点,表 2-2 中的计算结果显示,当 λ 取 100 时,周期成分的波幅明显放大,最小值已达到 −24.5%。结合经济周期成分的释义来看,它代表着经济增长率与潜在增长率之差,它通常是较小的数值,纵使在极端情况下也不应该超过 20%。这表明将 100 确认为右端点同样已经足够宽限。综上,本节沿用 6.25≤λ≤100 的经典设定。

2. 不同参数 λ 取值的计量评价

依前文所述,计量评价共五个环节:(1)平稳性检验,主要考察测定的经济周期成分是否是平稳的时间序列;(2)格兰杰因果关系检验(Granger causality test),根据产出通胀型菲利普斯曲线描述的学理关系,这里主要检验拟合的经济周期成分与真实通胀之间是否满足经典学理关系;(3)典型事实检验,以样本期间内具有典型方向的事件为依托,构建反事实 T 检验,考察不同参数取值下的经济周期成分能否正确捕捉经济事件信息;(4)预测检验,综合拟合优度、均方根误差(RMSE)、TIC 指数考察经济周期成分对真实经济变量的预测精度;(5)稳健性测评,考察更换样本始末点和样本长度后测量结果是否稳定。

(1)平稳性检验

考虑到单种检验方法可能存有误差,本节将综合使用 ADF 检验、PP 检验、KPSS 检验以及 VP 检验四种方法来考察不同参数 λ 取值下的序列平稳性。检验结果如表 2-3 所示,可以发现无论对参数 λ 赋何种取值(在 6.25～100 之间),获取的经济周期成分都是平稳的,这表明参数空间内的取值均能体现经济周期成分的定义。

表 2-3 平稳性检验

	$\lambda=100.00$	$\lambda=70.71$	$\lambda=50.00$	$\lambda=35.36$	$\lambda=25.00$	$\lambda=17.68$	$\lambda=12.50$	$\lambda=8.84$	$\lambda=6.25$
ADF 检验	−7.073***	−7.295***	−7.549***	−7.829***	−8.120***	−8.402***	−8.648***	−8.432***	−7.003***
PP 检验	−3.532**	−3.748***	−4.304***	−5.374***	−6.006***	−5.920***	−5.870***	−6.399***	−6.294***
KPSS 检验	0.026***	0.038***	0.052***	0.096***	0.122***	0.166***	0.376**	0.500*	0.293***
VP 检验	−7.137***	−7.359***	−7.610***	−7.883***	−8.167***	−8.438***	−8.684***	−8.557***	−7.404***

说明:* 、** 、*** 分别表示在 10%、5%、1%的显著性水平上显著。本书后续表格对统计显著性水平的标记规则与此相同,不再重复说明。

(2)格兰杰因果关系检验

在此依据产出缺口—通货膨胀型菲利普斯曲线进行因果推断,这一推断的依据有二:(1)二者之间服从基本的学理关系;(2)通货膨胀是真实存在的变量,而经济周期成分是拟合变量,倘若拟合的变量与真实变量间服从经典学理关系,表明拟合具有经济意义。此外,郑挺国等(2012)、何启志和姚梦雨(2017)等研究指出,产出缺口可能会先于通货膨胀变动,故此处将格兰杰因果关系检验的最优滞后阶数设定在 1～4 阶;同时参照迪克斯和潘琴科(Diks & Panchenko, 2006)的做法,充分考虑菲利普斯曲线的动态特征,本节采用非参数格兰杰因果关系检验来进行广义因果推断。

表 2-4　经济周期成分与通胀的非线性格兰杰因果关系检验

滞后阶数	HJ 检验				T 检验			
	1	2	3	4	1	2	3	4
$\lambda=100.00$	1.285	1.491*	1.574*	1.300*	1.341*	1.325*	1.371*	1.360*
$\lambda=70.71$	1.482*	1.405*	1.802**	1.379*	1.661**	1.198	1.457*	1.449*
$\lambda=50.00$	1.566*	1.839*	2.335***	1.622*	1.825**	1.748**	1.787**	1.486*
$\lambda=35.36$	1.456*	1.582*	2.340***	1.558*	1.839**	1.636*	1.923**	1.473*
$\lambda=25.00$	1.090	1.051	2.013**	1.604*	1.239	0.986	1.656**	1.467*
$\lambda=17.68$	1.156	1.068	1.875**	1.777**	1.154	0.954	1.488*	1.565*
$\lambda=12.50$	1.424*	1.652**	2.497***	2.291**	1.429*	1.436*	1.927**	1.880**
$\lambda=8.84$	1.357*	1.081	0.894	0.967	1.337*	1.005	0.551	0.695
$\lambda=6.25$	1.508*	1.357*	1.153	0.956	1.422*	1.112	0.601	0.288

表 2-4 列示了 λ 依次取 6.25、8.84、12.5、17.68、25、35.36、50、70.71 和 100 时的因果推断结果。通过表 2-4 能够得到以下两个结论:(1)较大的参数 λ 取值下($\lambda \geq 50$),经济周期成分与实际通胀之间易于满足经典学理关系,表明随着 λ 取值的上升,滤波器的经济意义会随之提升;(2)λ 取值的大小与滤波器的经济释义并非完全成正比,例如在 λ 取值较小的时候($\lambda \leq 50$),这种关系比较模糊,当 λ 取 12.50 时,经济周期成分同样具有良好的经济释义,此时它与通货膨胀间同样服从经典学理关系,然而,当 λ 提升至 17.68 和 25 时,这种因果推断关系会明显减弱。造成这种混沌现象的主要原因在于 H-P 滤波的损失函数存在一定弊端,它仅是按照趋势属性进行设计,但没有考虑周期变量的合意性。这种设定决定着周期成分经济意义的强弱可能不会与 λ 取值的大小呈严格正(负)相关关系。

(3)典型事实检验

反事实检验借鉴"事件研究法",通过对比滤波器对典型事件的判断力来对滤波器的经济释义进行评价。它的基本要求是,当经济系统中出现典型正向冲击时,滤波缺口应该为正;相应地,当典型负向冲击出现时,缺口应该为负。整个检验分三步:(1)找到代表性事件,如表 2-5 所示,为保证平衡,选取了三个正向事件和三个负向事件;(2)利用窗口期之前的经济周期序列和 $ARIMA$ 模型预测窗口期内不发生事件状态下的经济周期序列;(3)用窗口期内的真实经济周期成分与预测成分之差构建 T 检验。定义二者之差为 C_h,则每个时点下的差异为 $C_{ht}=C_t-\hat{C}_t$,这里 C_t 和 $\hat{C}_t$ 分别是 t 时期下的经济周期成分以及它的预测值,这样平均异常等于 $\overline{C}_h=(\sum_{i=t}^{t+2}C_{hi})/3$,于是便可根据 T 检验原理构建反事实检验。

表 2-5　典型事件选取

事件类型	时间窗口	事件特征
正向事件	1978~1980 年	国家实施改革开放,系重大利好因素。
	1992~1994 年	国家实施市场经济体制改革,系重大利好因素。
	2001~2003 年	中国加入世界贸易组织(WTO),系重大利好因素。
负向事件	1976~1978 年	国内出现自然灾害(唐山地震),海外爆发战争,西方发达国家滞胀,均系消极事件。
	2008~2010 年	国际金融危机爆发,全球经济陷入现代衰退,系消极事件。
	2019~2021 年	新冠疫情暴发,系消极事件。

原假设为平均异常缺口为 0,统计量形式如下:

$$T=\overline{C}_h/(s_C/\sqrt{3}) \tag{2.17}$$

其中,s_C 是异常周期缺口 C_{ht} 的标准差。

如表 2-6 所示,随着 λ 的取值逐渐上升,周期成分对经济事件的捕捉能力明显增强,表明 H-P 滤波对经济事件的捕捉能力与 λ 的取值成正比。

表 2-6　经济事件的反事实检验

事件窗口	正向事件			负向事件		
	1978~1980	1992~1994	2001~2003	1976~1978	2008~2010	2019~2021
$\lambda=100.00$	0.069 *	0.102 *	0.056 *	−0.007 *	0.020	−0.044 *
$\lambda=70.71$	0.070 *	0.104 *	0.052 *	−0.006 *	0.021	−0.051 *
$\lambda=50.00$	0.068 *	0.103 *	0.048 *	−0.004 *	0.024	−0.053 *
$\lambda=35.36$	0.063 *	0.102 *	0.045 *	−0.002	0.026	−0.056 *
$\lambda=25.00$	0.061 *	0.102 *	0.043	−0.001	0.031	−0.058 *
$\lambda=17.68$	0.050	0.103 *	0.038	−0.001	0.031	−0.060 *
$\lambda=12.50$	0.051	0.105 *	0.037	−0.002	0.033	−0.063 *
$\lambda=8.84$	0.048	0.106 *	0.031	−0.004	0.035	−0.062 *
$\lambda=6.25$	0.047	0.101	0.032	−0.008	0.036	−0.063 *

说明:表内数值为正常周期成分与超常周期成分差值的平均数。

（4）预测检验

预测检验同样是基于三型菲利普斯曲线完成。具体地,将不同参数取值下的产出缺口的滞后 1～4 期作为自变量,以通货膨胀 CPI 作为因变量进行估计,根据拟合优度（R^2）、均方根误差（$RMSE$）以及希尔不等系数（TIC）评价预测性能。其中 $RMSE$ 和 TIC 两个统计量取值越小代表预测的精度越高。表 2-7 列示了预测检验结果,可以看出在预测检验中,参数表现与经济反馈检验明显存异,随着参数 λ 由大变小,预测方程拟合优度 R^2 明显上升,同时 $RMSE$ 和 TIC 两个指标均显著减小,这说明越小的参数 λ 取值越有利于提高预测精度。可见,综合评价滤波器的性能是必要的,因为无论是较大的参数值还是较小的参数值均具有各自的优势,并不存在绝对占优选择。其中较大的参数经济释义强,较小的参数预测能力强。

表 2-7　基于菲利普斯曲线模型的经济周期成分预测能力检验

参数值	$\lambda=100.00$	$\lambda=70.71$	$\lambda=50.00$	$\lambda=35.36$	$\lambda=25.00$	$\lambda=17.68$	$\lambda=12.50$	$\lambda=8.84$	$\lambda=6.25$
R^2	0.182	0.190	0.193	0.204	0.218	0.235	0.256	0.279	0.295
$RMSE$	4.948	4.931	4.911	4.886	4.843	4.789	4.719	4.649	4.599
TIC	0.435	0.432	0.430	0.426	0.421	0.414	0.406	0.398	0.392

（5）稳健性测评

最后一个检验是稳定性测评,主要考察当更换样本期后,对同一时点的测度是否稳健,具体有如下几个步骤:（1）选用全样本、改革开放以来样本（1978～2021 年）、市场经济体制改革以来样本（1992～2021 年）进行对比,得到三个不同长度的周期序列;（2）集中针对市场经济体制改革以来的样本进行对比;（3）对每个参数 λ 取值均执行下列操作,i 对比图像差异,ii 计算离差平方和。图 2-7（a）～（i）刻画了更换样本始末点后,各权重参数下滤波器的计算差异,表 2-8 则给出了离差平方和统计。从中不难发现:（1）全样本与 1978～2021 年下的周期成分测定几乎吻合,但与 1992～2021 年这一子样本下的初值测定存异,这说明 H-P 滤波具有一定的初值测定误差;（2）根据表 2-8 的统计结果,λ 取值越小,这种初值偏差就会越小,这说明较小的参数更有利于计量稳定性。

表 2-8　不同样本下各经济周期成分间的测算差异

样本期	$\lambda=100.00$	$\lambda=70.71$	$\lambda=50.00$	$\lambda=35.36$	$\lambda=25.00$	$\lambda=17.68$	$\lambda=12.50$	$\lambda=8.84$	$\lambda=6.25$
全样本与 1978～2021 年	5.53E-06	1.32E-06	3.69E-07	2.52E-07	1.68E-07	7.11E-08	1.62E-08	1.18E-09	2.58E-10
全样本与 1992～2021 年	5.45E-04	4.51E-04	3.71E-04	3.14E-04	2.71E-04	2.51E-04	2.31E-04	2.13E-04	1.79E-04

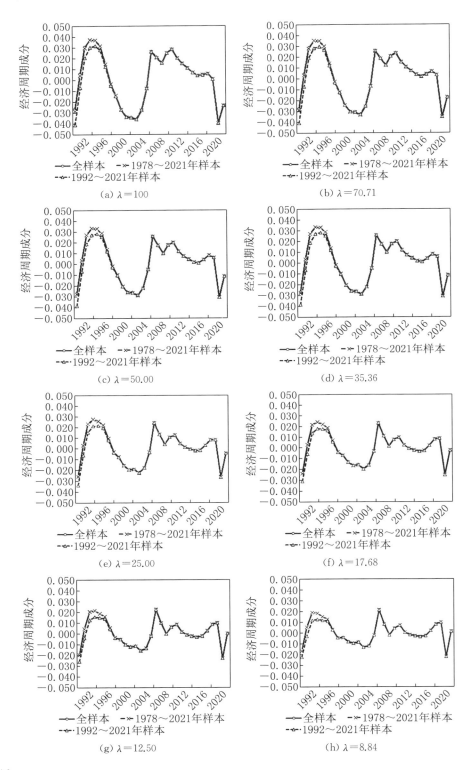

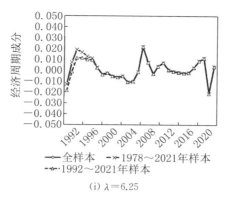

(i) $\lambda = 6.25$

图 2-7　更换样本后的经济周期成分对比

3. 构建评价权重矩阵

权重矩阵的构建过程如下：

在进行完各项检验后,便可对各单项检验打分。每种检验最高得 9 分,最低 1 分,表现相同计等分,按排序表现给分。各项检验评分结果如下。

(1)平稳性方面:对 λ 的全部取值赋 9 分,因为各参数设定下的经济周期成分均通过了检验。(2)格兰杰因果关系检验:由于 λ 取 50、35.36 与 12.5 时,经济周期成分通过了所有阶次的因果推断,故对上述参数计 9 分;随后是 100 和 70.71,此时因果推断关系显著 7 次,故对二者计 6 分;当 λ 取 25、17.68 时,因果推断关系成立 4 次,故对二者计 4 分;最后,对 6.25 和 8.84 分别赋 2 分和 1 分。(3)反事实检验:按照成功预测经济事件的次数对各参数赋分,其中 λ 取 100、70.71 和 50 时,经济周期成分均预测到了 5 次事件,故对三者计 9 分;λ 取 35.36 时可预测到 4 个事件,故对 35.36 计 6 分;对 λ 取 25 计 5 分;对 λ 取 17.68、12.5、8.84 记 4 分;最后对 λ 取 6.25 记 1 分。(4)预测检验:这一检验结果具有明显规律,故对 λ 取值从大到小依次赋予 1～9 分。(5)计量稳健性评价:这一检验结果与预测检验一致,故按照第(4)项检验结果,对 λ 取值从大到小依次赋予 1～9 分。整个评价矩阵和参数得分趋势图见图 2-8～2-9。

图 2-8 和 2-9 清晰地反映了如下两个重要结论:(1)在经典的参数空间下(6.25～100),随着参数取值的单调变化,参数赋权将面临经济释义和预测能力之间的权衡取舍,这其实也是"Uhlig 争议"的本质;(2)若是对五项检验进行等权赋分,12.5 将是参数 λ 的最优取值。

本节还对上述结论进行了稳健性检验,分如下几个步骤:(1)随机抽取 80% 长度的连续样本,进行五维计量评价;(2)重复第(1)步 10 次,得到 10 组不同的计量评价结果;(3)对 10 组评价结果的得分取均值,进而再次遴选 λ

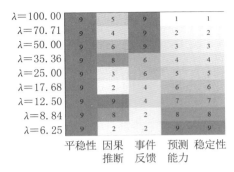

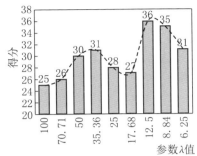

	平稳性	因果推断	事件反馈	预测能力	稳定性
$\lambda=100.00$	9	5	9	1	1
$\lambda=70.71$	9	4	9	2	2
$\lambda=50.00$	9	6	9	3	3
$\lambda=35.36$	9	8	6	4	4
$\lambda=25.00$	9	3	6	5	5
$\lambda=17.68$	9	2	4	6	6
$\lambda=12.50$	9	9	4	7	7
$\lambda=8.84$	9	8	2	8	8
$\lambda=6.25$	9	2	2	9	9

图 2-8 计量评价结果矩阵
图 2-9 计量评价得分随参数变化趋势

的最优取值(稳健性检验结果见图 2-10)。可以看出,稳健性检验结果与原始结果高度一致,即 λ 取 12.5 仍会获取最高得分,这说明原始计量评价结论可靠。

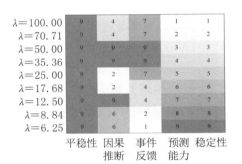

	平稳性	因果推断	事件反馈	预测能力	稳定性
$\lambda=100.00$	9	4	7	1	1
$\lambda=70.71$	9	4	7	2	2
$\lambda=50.00$	9	9	9	3	3
$\lambda=35.36$	9	9	6	4	4
$\lambda=25.00$	9	2	3	5	5
$\lambda=17.68$	9	2	4	6	6
$\lambda=12.50$	9	9	4	7	7
$\lambda=8.84$	9	6	2	8	8
$\lambda=6.25$	9	6	1	9	9

图 2-10 稳健性检验矩阵

最后,我们关注的核心问题是,能不能给出一个广义最优解,因为毕竟在实际研究中,根据研究目标的不同,权重分配都是有所侧重的。我们想尽可能地给出非等权下的最优解空间,这可能更具有意义。为了直观呈现,这里首先要进行一些简化处理:(1)剔除平稳性维度,这是因为该维度并没起到遴选功能;(2)将格兰杰因果关系检验与事件反馈检验的得分进行合并,合并后的维度为经济释义维度;(3)将预测与稳定性维度合并,将合并后的维度称为预测和计量稳定性维度。这样就能在三维图谱中模拟权重空间,具体结果见图 2-11。图中 x 轴代表经济释义权重,取值越大代表研究越重视经济意义;反之,代表研究越注重数据预测能力和计量稳定性。y 轴按顺序刻画了 λ 的取值,最后 z 轴是综合得分状况。图 2-11 显示,当经济释义权重为 0.5 时,得到的得分曲线即为等权线。而随着经济释义权重的不断上升,较大 λ 取值的综合得分将明显上升,这里需要注意的一个权重节点是经济释义权重取 0.8,超过这个节点后,最优的 λ 取值将会发生变化,由 12.5 变成 50。

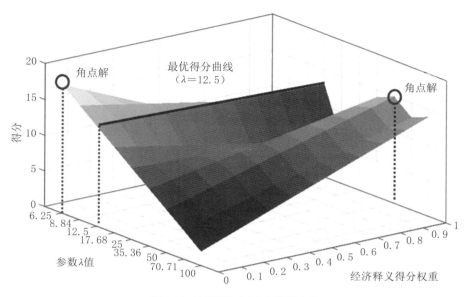

图 2-11　计量评价动态权重解域空间

相反,当经济释义权重不断减小,较小 λ 取值的得分将会上升。特别是当经济释义权重降低到 0.1 及以下时,乌利希(Uhlig)提出的 6.25 将成为最优解。这一结论表明:"Uhlig 争议"的本质是一个经济维度与统计维度之间的权衡之争。在计量评价视域下,6.25 和 100 只是完整计量空间中的两个极端解点,其中 6.25 是仅聚焦于参数统计性质下的最优解;而经济释义下的最优解则是 50。但事实上,现实中的经济研究并不会绝对地聚焦于某一方面。从图 2-11 中不难发现,当经济释义权重不低于 0.1 且不高于 0.8 时,12.5 都是估计中国经济周期成分时参数 λ 的最优解。考虑到 0.1～0.8 这个权重分布已经十分宽泛,基本能够覆盖所有的常态化研究要求,这表明将 λ 设定在 12.5 是估计中国经济周期成分时,权重参数的最佳选择。

2.5　本章小结

本章围绕经济周期研究领域内的一个概念辨析和两个研究争议展开,对经济周期概念、"谷—谷"分割困境和"Uhlig 争议"进行了辨析和解答,结论如下。

第一,传统研究通常把经济增长率的周期性变化和经济周期成分都称为经济周期,但是却没有阐释二者的区别和联系。本章通过系统的数理证明和事实描述阐明了二者之间的关系。具体如下：经济增长率的周期波动和经济周期成分二者都是经济周期，具有学理同源性，只是二者描述的侧重有所不同，其中经济增长率周期旨在描述经济景气的综合变化，而经济周期成分致力于描述纯周期层面的变动，而二者之差同样具有重要经济内涵，它近似地等于潜在经济增长率。第二，严格执行"谷—谷"分割法无法准确划分经济周期，现实中常用的划分方法是广义"谷—谷"分割，它暗含了三个宽限条件，即单个周期的历时要超过 3 年；每轮周期应该都可以体现"起、承、转、落"等典型变化过程；周期的划分要结合经济意义和增长率极小值进行综合判断。第三，通常当使用年度数据和季度数据划分经济周期时，会出现不一致的现象，这种现象产生的根源在于，年度周期与季度周期的经济释义存在本质区别。其中，年度周期更倾向于刻画中等长度的朱格拉周期转换，而季度周期更能体现以库存波动为主要动力的"基钦周期"转换。第四，短周期与中等周期分割点出现偏差是一种值得注意的经济现象。它可能演化出假性向下击穿和假性向上击穿，但无论是何种假性经济击穿，宏观调控均应该以化解中期矛盾为主和缓解短期矛盾为辅的方式进行，这有利于降低政策的试错成本。第五，"Uhlig 争议"的本质是统计意义与经济意义之争。6.25 和 100 不过是计量评价空间中的两个特殊解点。倘若是从更一般化的视角审视，只要经济意义的权重不低于 0.1 且不高于 0.8，12.5 将是测定中国经济周期成分时权重参数的最优解，这也是对"Uhlig 争议"的中国解答。

第3章 中国经济周期波动的典型化事实

改革开放四十余年,中国经济飞速发展,经济周期运行亦出现了许多重要的典型形态,既有改革开放初期大起大落的"中峰形"周期,又有市场经济体制改革后的"前峰形"周期,同时还有新常态后出现的"L形"拖平长尾周期。这些重要的周期形态既是中国奇迹,又是宏观经济研究领域内的新事实和新发现,引起了研究者的广泛关注。那么,改革开放以来,中国的经济周期形态到底历经了几次典型演变? 不同轮次的经济周期到底有什么样的形态差异? 经济周期形态转化的驱动因素是什么? 各轮经济周期当中增长的动力引擎又分别是什么? 这一系列的问题都亟待阐释和回答。为此,本章将从经济周期的形态表现和数字化特征入手,对中国经济周期波动的典型事实进行描述。这将为读者全面了解经济周期表象、把握经济周期运行规律、体会中国经济周期在 40 多年内的基本变化提供概览性的认知和判断。

此外,目前全球经济发展正处于百年未有之大变局,贸易保护主义复兴,逆全球化思潮抬头,国际政治经济争端不断,这使得经济发展的不确定性大幅提升,同时也令经济发展方式和增长动力引擎发生改变。因此,本章还将着重探讨在新发展格局下,经济周期与重要宏观经济指标关联性的变化,这不仅是对重要经济事实的总结和凝练,亦有助于我们识别新发展格局下经济发展的新规律。

3.1 中国增长型周期的划分及其数字特征

为厘清改革开放以来,中国经济周期发展的基本脉络和形态特征,本章使用 1979 年以来的实际 GDP 同比增长率数据并配合刘树成(2000)提出的"谷—谷"分割法进行经济周期划分。其中,1992 年到 2020 年的季度数据取自中经网统计数据库(http://db.cei.cn),由于国家统计局未发布 1979 年到 1992 年间实际 GDP 同比增长率的季度数据和 GDP 季度数据,所以本章先使用 GDP 平减指数和 GDP 年度数据获取 1992 年之前的实际 GDP,随后利用季度分解获得 1992 年之前的 GDP 季度数据,并计算实际 GDP 同比增长率。总体而言,1979 年第 1 季度至 2020 年第 4 季度可被划分为 8 轮经济周期,具体情况如图 3-1 所示。

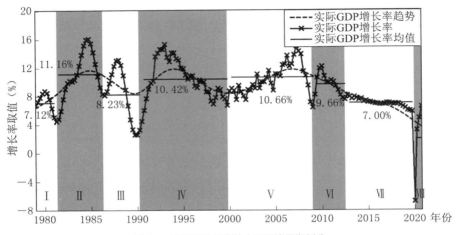

图 3-1 改革开放以来的中国经济周期划分

从图 3-1 中不难看出,中国经济周期形态历经了"中峰""前峰""后峰""L 形拖平长尾"和"深 V 反转"五次显性转变。改革开放后的前三轮经济周期呈现"急升急降""短起短落"的"中峰"特征,这与熊彼特(Schumpeter, 1939)描述的古典经济周期一致,经济增长率变化较快、波动率较大,呈大起大落态势,这一方面说明经济增长具有较强的爆发力和张力,另一方面也说明经济系统的稳定性较差,在面对外部冲击、供需失衡和市场失灵等突发状况时,极易陷入危机和衰退。具体地,第一轮周期为 1979~1981 年,历时仅 3 年,其上升阶段正值改革开放初期,全国解放和发展生产力,经济增长率由 7% 迅速攀升至 9%。然而好景不长,此轮高速增长并不具有持续性,其根本原因在于高投资需求和消费需求难以与计划经济下的供给相匹配,致使供给难以满足瞬间暴涨的多样化需求,并激发了严重的通胀问题。通货膨胀出现之后,中央政府提出"调整、改革、整顿、提高"的八字方针。随后,通胀水平逐渐下降,经济增长率亦开始短暂下行。第二轮经济周期的主体部分为 1982~1986 年,无论在形态上还是持续时间上,它都与第一轮经济周期类似,又全面优于首轮经济周期。它的波峰波谷上移、均值上升,说明中国经济有着极高的潜在增长率,同时也说明政府的宏观调控和对资源的调度能力全面提升。其中,"家庭联产承包责任制""八二宪法"都是这轮周期中的重要里程碑,而市场经济的雏形亦是在本轮周期中初现。

1986年后,中国步入改革开放以来的第三轮经济周期,此轮周期于1990年末宣告终结,同样历时4年左右,其间实际GDP增长率均值为8.2%,峰值和谷值较第二轮经济周期全面下滑。此次经济周期的系统性回落发人深省,从表象上看,此轮周期动力不足的主要原因依旧是需求非理性繁荣和通胀过高。但与前两轮经济周期不同的是,本轮周期中通胀不单是由需求急剧增加引致,同时也受到了"价格闯关"预期效应的直接制约。通胀预期和需求过剩直接导致了1988年的抢购热潮,这使得中央政府不得不采取紧缩型政策主动为经济降温。历经一系列"双紧"政策调控,通货膨胀最终得以平息,但财政困难随之加剧,经济再度疲软,GDP增长率失速下滑,此段时期也被称为中国经济"硬着陆"。在1992年之前,中国经济运行曾多次出现古典型周期形态的本质原因在于"计划经济体制"的低效和失能。改革开放释放的需求潜能与低效率供给之间的矛盾已无法通过宏观调控来平抑,这势必激发多次周而复始的经济大起大落。而这些经验、教训也彻底宣告了一个时代的终结,同时又孕育了一段伟大奇迹。

1990年伊始,中国经济周期迎来了首次形态转变,此轮经济周期呈现出典型的期限结构拉长和"前峰"特征,直至1999年才正式宣告结束。经济周期持续期延长,经济"急升缓降"是本轮周期的核心特征。实际上,此轮经济周期横跨市场经济体制改革前后,市场经济体制改革打破了供给侧的枷锁,使得市场机制得以充分发挥,供给由计划配给转变为应需而供,在极大程度上解放和发展了生产力,经济增长率于1993年1季度达到阶段性高值15.3%。然而,随着市场经济体制改革的不断深化,通货膨胀再度袭来,这使得政府和货币当局深刻地意识到,尽管体制枷锁的解除能够在极大程度上改善供需失衡问题,但中国经济发展面临的结构性问题依然突出,落后的生产力与潜在需求之间的矛盾并不能在一朝一夕间化解。因此,只要是经济出现历时较长的高速增长,那么通胀问题必然会相伴而生。那么,如何能最小化通胀成本,避免经济大幅波动便成为中央政府关注的焦点,经济"软着陆"的思想亦应运而生。经济"软着陆"是指在引导通胀有序回落的过程中确保经济增长不失速下滑,令其落入合理区间。从本轮"双紧"政策的执行效果来看,此轮宏观调控效果极佳,第四轮经济周期的谷底明显高于以往,宣告着中国经济成功实现"软着陆",这既是现代宏观经济中史无前例的增长型周期形态,同时亦是凯恩斯主义在中国宏观调控中的成功实践。

第五轮周期始于2000年,止于2009年,这是中国增长奇迹的主体部分,亦被许多学者称为中国经济"大缓和"。从形态上看,这是一轮典型的"后峰形"周期,并且历时同样较长。在此轮周期的前半,经济一直保持着低通胀和高增长的最优组合方式,实现了最为理想的软扩张。但后峰周期并不是完美形态,它意味着经济周期是以急速衰退的形式告终。不过从 2009~2010 年间的"小 V 形底"来看,中国经济在高速平面上还是具有很强的惯性基础和动力保障。因此,近期很多研究也曾指出,新常态后的 L 形拖平尾部周期可能并不是一种典型形态(刘达禹等,2020;蔡昉,2020),若不是"次贷危机",第五轮长周期很可能与第六轮长周期合并,从而形成一轮史无前例的高位扁平化长周期,而这也是经济在高位自稳定盘旋的理想路径。诚然,若是没有加入世贸组织,若是没有人口红利、技术红利,若是没有新世纪初叶全球经济的协同繁荣,中国经济也可能还在古典周期中挣扎。但历史没有如果,无论如何,中国在 21 世纪初叶的伟大繁荣都值得肯定,中国增长型周期为宏观经济史留下的典型形态值得借鉴与铭记,而存于理论中的超长扁平化增长型周期亦值得后发经济体去实践和创造。

2020 年后,突如其来的新冠疫情全面打破了增长型周期的基本形态,"深 V"式周期再度重现,并且幅度显著高于以往,这一方面说明,新冠疫情确实给中国经济带来了史无前例的冲击,另一方面也说明,中国经济还是具有长期向好的基本面支持,增长具有极强的反弹张力。

表 3-1 进一步描述了改革开放以来各轮经济周期的数字特征。从表 3-1 中可以看出,经济周期期限结构出现了显著的延长化趋势,其中第四轮、第五轮周期长度高达 38 和 37 个季度,持续近 10 年,其间短周期几近消失,整个增长型周期直接以中等长度的朱格拉周期形态出现。这说明相较于古典增长型周期,中国的增长型周期具有更强的稳定性和长期韧性,是一种全新的周期形态。

在增速水平和波动率方面,早期的增长型周期具有极强的增长潜能,例如第二至六轮周期中,实际 GDP 同比增长率的均值均高于 8%,是典型的高速增长型周期,这是经济又好又快发展的直接体现。而从波动率来看,前期周期的波动水平较大,其中第二至四轮周期中,经济波动率均超过 2%,属于较大幅度的波动,但在第五轮周期后,经济波动率出现了显著下降,特别是在进入"新常态"后的第七轮经济周期,经济波动率已降至 0.4%,中高速增长结合超低的经济波动率,这正是"大缓和"所描述的重要形态。因此,从经济的历史观来审视,中国改革开放以来的第七轮经济周期是世界经济史中的一个传奇,它的成功实现说明,即便是在中高速增长水平,经济依然可以实现"大缓和",这一现象不仅是一种新的事实形态,同时更为发展中经济体的后发赶超提供了重要模板,它的出现有力地证明了后发经济体完全可以在追赶过程中实现中高速局部稳态。

表 3-1　中国经济周期的数字化特征及其层次分解

		第一轮周期	第二轮周期	第三轮周期	第四轮周期	第五轮周期	第六轮周期	第七轮周期	第八轮周期
	时间跨度	1979Q1~1981Q2	1981Q3~1986Q2	1986Q3~1990Q2	1990Q3~1999Q4	2000Q1~2009Q1	2009Q2~2012Q3	2012Q4~2019Q4	2020Q1~2020Q4
	时长	10 季度	20 季度	16 季度	38 季度	37 季度	14 季度	29 季度	4 季度
经济周期数字特征	增速均值	7.12	11.16	8.23	10.42	10.70	9.66	7.00	1.95
	波动率	1.20	2.60	3.30	2.30	1.80	1.20	0.40	4.40
	峰值	8.80	16.10	13.10	15.30	15.00	12.20	8.10	6.50
	谷值	4.50	4.80	2.60	4.50	6.40	7.50	5.80	-6.80
	落差	4.30	11.30	10.50	10.80	8.60	4.70	2.30	13.30
产业层次的增速分解	第一产业	30.26	30.85	25.68	10.06	4.60	3.91	4.25	5.45
	第二产业	47.33	43.78	42.93	58.54	52.61	53.51	39.04	50.88
	第三产业	22.41	25.36	31.38	31.40	45.57	42.59	56.71	43.73
增长引擎的增速分解	消费	64.28	66.14	63.38	60.17	57.80	49.97	58.36	14.48
	投资	35.04	34.54	37.33	37.41	40.08	46.32	13.91	20.68
	出口	-0.34	-0.54	-0.44	2.11	4.71	3.17	27.89	64.85

需要注意的是,受新冠疫情冲击影响,第八轮经济周期再度走出了古典型周期形态,经济增长率均值迅速探底 2%,经济波动率更是一度放大至4.4%。这一方面说明,当前中国经济发展远未达到理想状态,经济抵御外部冲击的能力还有待长足提高;但辩证地来看,由于经济探底后迅速反弹,甚至出现过短期高速增长,说明中国经济在中高速水平上的增长潜力没有改变,同时也意味着中国经济周期的主体区段在历经调整之后,还将有大概率回归至中高速均线水平,经济长期稳中向好的基本格局没有改变。

进一步从产业结构的角度审视各轮经济周期的成因不难发现,在前两轮周期中第二产业对经济增长的贡献最大,而第一产业的贡献同样较高,均在30%以上,说明在这两轮周期中,经济增长主要靠工业和农业拉动,高度依赖农业和工业的增长说明,彼时中国的生产力严重落后,是典型的后发国家;而从第三轮周期开始直到第六轮周期结束,这些经济周期的产业贡献都具有一致特征,第二产业的贡献异军突起,占绝对主导地位,第一产业贡献迅速下降,而第三产业贡献陡然上升,说明在这些周期中,农业占比迅速下降,工业产值迅速上升,服务行业方兴未艾,体现出典型的后发工业大国特征;而在第七轮周期,经济结构开始全面优化,第三产业占比首次长足超越第二产业,贡献达到 56.7%,尽管这与发达国家 70%~80% 的第三产业占比仍存差距,但不可否认的是,中国正以传奇的姿态屹立东方,社会主义现代化强国的轮廓已渐趋清晰。根据陈佳贵等（2006）对工业化阶段的划分不难判断，现阶段中国第一产业贡献率小于 10%，第二产业贡献率小于第三产业，标志着中国的产业结构已具备后工业化阶段特征。然而需要警醒的是，全球公共卫生事件的爆发对第三产业形成了强烈冲击，导致第八轮周期具有典型的重启投资倾向，但考虑到此轮周期具有特殊性并且尚未走完，因此，还需长期关注才能作出判断。

最后从"三驾马车"的贡献来看，消费在绝大多数周期内一直占据主导，证明中国一直以内循环为主，经济中不可贸易的服务业具有较高的占比，能够满足危机时期的自给自足，符合广大人民群众的根本利益。投资的贡献呈先上升后下降特征，这同样符合经济增长的一般规律。最后最为值得关注的是，尽管国际关系错综复杂，但在疫情出现后，第八轮经济增长仍形成了绝对的出口依赖，出口对增长的贡献高达 65%，这展现了中国的大国形象、大国担当和大国信誉，同时也深刻地表明，中国具有良好的国际影响力和国际地位。

3.2 中国增长型经济周期的动态特征与趋势转变

本节使用衡量经济状况的核心指标与产出增长率的相关性来分析不同时期下经济增长驱动要素的转变，具体如表 3-2 所示。

首先来看各指标的变异系数（标准差/均值），以产出为参照，它的变异系数与消费、固定资产投资、房地产开发、财政货币等变量的变异系数基本持平，说明这些变量的变化都较为平缓。进出口、各价格指数还有世界经合组织产出的变异系数均在 1 以上，说明这些变量的波动较大。值得注意的是，失业率和上证指数的变异系数分别高达 4.153 和 3.483，明显高于其他变量，这说明中国的资本市场尚不完善，回报率和波动率都极不稳定，就业层面亦存在较大波动，是新时期下经济高质量发展和稳定民生层面所亟须改善和解决的问题。

再来看产出与各主要经济指标的相关性，消费与当期产出的相关系数为 0.327，呈弱相关性，这说明消费对增长的支持还有待加强。投资与产出的同期相关性高达 0.699，且变化先于产出，说明投资是经济增长的核心原动力。进出口与产出的相关性同样高于 0.5，表现为强相关关系，这说明 1996~2020 年，中国的总体增长具有较强的出口导向依赖和投资依赖，与新发展阶段的双循环格局存在显著差异。

表 3-2　1996～2020 年间中国主要宏观经济变量与产出增速的相关系数

变量 X	变异系数	与产出的相关系数 $corr[x, y(i)]$								
		−4	−3	−2	−1	0	1	2	3	4
产出	0.309	0.615	0.677	0.786	0.899	1.000	0.798	0.717	0.644	0.594
居民消费	0.362	0.210	0.163	0.168	0.234	0.327	0.408	0.352	0.258	0.141
出口	1.142	0.369	0.510	0.593	0.636	0.604	0.458	0.421	0.411	0.413
进口	1.302	0.152	0.306	0.463	0.533	0.523	0.362	0.320	0.281	0.316
固定资产投资总额	0.537	0.614	0.562	0.595	0.641	0.699	0.642	0.645	0.634	0.656
房产开发投资总额	0.559	0.440	0.508	0.592	0.616	0.600	0.462	0.428	0.406	0.427
失业率	4.153	−0.001	−0.006	−0.007	−0.006	−0.001	0.013	0.024	0.032	0.037
居民消费价格指数	1.066	0.465	0.511	0.503	0.449	0.306	0.041	−0.061	−0.123	−0.115
商品零售价格指数	2.029	0.470	0.520	0.510	0.450	0.306	0.060	−0.032	−0.086	−0.075
固定资产价格指数	1.330	0.435	0.475	0.455	0.361	0.206	0.037	−0.051	−0.075	−0.051
财政收入	0.727	0.368	0.395	0.560	0.691	0.755	0.629	0.437	0.357	0.336
财政支出	0.529	0.579	0.527	0.466	0.413	0.374	0.403	0.369	0.294	0.248
M2	0.313	0.438	0.422	0.463	0.539	0.614	0.601	0.593	0.568	0.529
M1	0.482	0.140	0.219	0.332	0.449	0.514	0.477	0.434	0.377	0.330
M0	0.417	0.522	0.525	0.534	0.566	0.569	0.488	0.461	0.427	0.349
利率	0.804	0.052	0.017	0.004	−0.019	−0.093	−0.119	−0.171	−0.176	−0.179
上证指数	3.483	0.191	0.249	0.361	0.458	0.493	0.348	0.243	0.128	0.020
经合组织	1.145	−0.121	0.040	0.168	0.222	0.185	0.080	−0.010	−0.042	−0.050

　　失业水平与产出的相关系数仅为 −0.001，表明二者几乎无关，这一方面是因为中国当下仅存在城镇失业率统计，该统计口径不够精确、缺失样本过多，同时未考虑农村群体失察，导致现行统计体系很难真实反映中国居民的失业状况；另一方面，经典的奥肯定律通常是根据美国等发达经济体测算的，但中国与这些发达经济体在人口基数、增长潜能、市场环境、个体生育水平和受教育程度等诸多方面都存在差异，导致二者可能的确存在弱相关问题。此外，居民消费价格指数、商品零售价格指数和固定资产价格指数均与产出呈弱相关关系，说明三型菲利普斯曲线机制在中国也较为模糊。此外，考虑到三型菲利普斯曲线是通过奥肯定律转换而来的，这也再次印证了中国的弱奥肯定律现象。

　　财政收入与产出的相关系数高达 0.755，且呈现出较强的顺周期特征。这与经验认知一致，说明在经济繁荣期时，税收水平较高，财政收入大幅累积。而财政支出的前期值与产出高度相关，说明财政支出通常具有良好的逆周期调节功能。此外，财政支出与产出的远期相关系数逐渐减小，说明财政政策在短期内有效,而在中长期作用将大幅减弱,这符合新古典学派有关古典二分的论断。

M0、M1、M2 与产出均高度正相关,而利率与产出的负相关程度较弱。这说明当前货币政策调控体系转型尚未完成,利率对实体经济的指引作用仍略显不足。上证指数与经济增速的相关系数为 0.493,已接近弱相关上限,这一方面说明,当前资本市场还不能充分发挥"经济晴雨表"的功能,但另一方面也说明,随着市场透明性、信息披露、入场制度等多方面规则的完善,中国资本市场有很大希望步入弱势有效阶段。

最后,世界经合组织的产出增速与中国产出增速的相关系数仅为 0.185,二者几乎是不相关的,这说明我们应当理性看待世界经济景气的繁荣与衰落,这只是世界一些主流经济体在经济发展过程中体现出的阶段性特征,但对中国经济的影响仍相对有限。特别是随着双循环发展的不断深化,外部环境和外部不确定性的影响将进一步弱化,这也意味着立足自身发展,坚定不移走社会主义现代化强国之路才是确保中国经济长期平稳发展的核心与关键。

3.3 "新常态"下经济周期驱动因素的转换及其数值特征

2014 年 5 月,习近平总书记于亚太经合组织工商领导人峰会上正式提出中国经济步入"新常态"的表述,这使得有关"新常态"主体特征的探讨迅速进入研究者的视野。其中几个最引人关注的现象是:(1)"新常态"下中国的经济周期波动开始步入中高速区间,体现出明显的主体趋降、波动趋缓的新态势;(2)最终消费和第三产业占比均稳中有升,经济发展方式迅速向世界前沿增长面归并;(3)"新常态"下经济增长的核心引擎在发生深刻转变。为了深入展示"新常态"时期下,经济周期波动的变化和经济周期动力机制的转换,本节以 2014 年为分割点,详细对比"新常态"与全样本时期下宏观经济指标的数字化特征,具体见表 3-3。

表 3-3　宏观经济指标数字化特征的分时对比

变量 X	全样本期间					经济"新常态"时期				
	均值	标准差	峰值	谷值	落差	均值	标准差	峰值	谷值	落差
GDP 增速	8.69	2.69	15.00	−6.80	21.80	6.81	2.52	10.20	−6.80	17.00
CPI	2.25	2.39	9.37	−2.17	11.53	2.52	1.29	6.27	0.07	6.20
固投增速	18.34	9.84	47.80	−16.10	63.90	11.88	8.69	25.60	−16.10	41.70

续表

变量 X	全样本期间					经济"新常态"时期				
	均值	标准差	峰值	谷值	落差	均值	标准差	峰值	谷值	落差
财政收入	15.53	11.30	39.19	−12.50	51.69	8.59	8.57	33.67	−12.50	46.17
财政支出	16.37	8.66	37.84	−9.41	47.25	11.87	10.15	37.84	−9.41	47.25
M1 同比增速	13.93	6.71	34.63	1.89	32.74	9.41	6.15	25.14	1.89	23.25
M2 同比增速	15.52	4.85	28.98	8.03	20.95	11.67	2.49	16.50	8.03	8.47
名义利率	3.27	2.63	12.81	0.86	11.95	2.62	0.62	4.04	1.35	2.69
汇率(兑美元)	7.36	0.84	8.33	6.10	2.23	6.51	0.31	7.13	6.10	1.03
OECD 增速	1.93	2.20	4.83	−11.58	16.41	1.38	2.48	2.94	−11.58	14.52

进入"新常态"以后,宏观经济最突出的表现就是经济增速均值回落,步入中高速增长区段;而物价水平几乎与前期无异,始终稳定在 2% 附近,这说明无论是在改革开放的头 30 年还是在"新常态",中国均实现了又好又快发展,纵使在 20 世纪 80 年代、90 年代以及本世纪初叶,中国曾出现过不同程度上的通货膨胀,但是均未形成持续性通胀,这在极大程度上降低了增长的负面代价。"新常态"之后,宏观指标的主要变化体现在投资和经济政策层面,例如固定资产投资增速由前期的 18.34% 下降至 11.88%,财政支出增速由 16.37% 下降至 11.87%,M1 和 M2 同比增速亦出现了不同程度的下跌,政策指标的缓慢回落表明:"新常态"下的经济增长是更加包容、更具可持续性的增长。

最后,从汇率跟 OECD 国家产出增速的变化来看,人民币兑美元汇率均值由前期的 7.36 升至 6.51,而 OECD 国家经济增长率却在"新常态"下走弱,这表明中国的国际地位在不断攀升,经济发展具有巨大的韧性和长期增长潜力。

进一步来看各主要宏观经济指标与产出增速的相关性(表 3-4),首先产出与自身滞后一期的相关系数大幅提升,高达 0.93,说明"新常态"之后,经济波动更加缓和,经济增长有很强的惯性和趋势回归特征。居民消费与产出的关联大幅增强,这与全样本的弱相关关系截然不同,说明消费开始重新主导经济增长。进出口与产出的同期相关系数大幅降低,目前已变成弱相关和不相关,这深刻地说明中国开始逐渐摆脱了外贸依赖的增长模式,同时也意味着产出抵御外部冲击的能力有了系统性提升。投资方面,产出与固定资产投资和房产投资的关联性依旧较高,仍维持在 0.6 左右,这说明经济增长依旧具有较强的投资依赖,同时也说明经济发展方式转型依旧任重而道远。

表 3-4　经济"新常态"时期中国主要宏观经济变量与产出的相关系数

变量 X	变异系数	与产出的相关系数 $corr[x, y(i)]$								
		−4	−3	−2	−1	0	1	2	3	4
产出	0.37	0.75	0.80	0.86	0.93	1.00	0.57	0.61	0.61	0.49
居民消费	0.51	0.60	0.61	0.63	0.63	0.62	0.66	0.48	0.37	0.26
出口	1.69	0.28	0.29	0.26	0.36	0.34	0.11	0.17	0.18	0.12
进口	2.49	0.01	0.02	0.07	0.13	0.16	0.02	0.15	0.13	0.12
固投总额	0.73	0.65	0.67	0.68	0.69	0.63	0.18	0.16	0.16	0.11
房产开发	0.72	0.65	0.67	0.68	0.69	0.63	0.18	0.16	0.16	0.11
利率	0.24	0.35	0.44	0.48	0.54	0.51	0.23	0.21	0.28	0.24
零售价格指数	0.86	0.24	0.26	0.18	0.08	−0.05	−0.36	−0.21	−0.20	−0.06
财政收入	1.00	0.40	0.47	0.55	0.59	0.57	0.67	0.25	0.28	0.25
财政支出	0.85	0.49	0.51	0.47	0.47	0.33	0.24	0.20	0.18	0.03
M2	0.21	0.61	0.63	0.68	0.76	0.80	0.40	0.45	0.45	0.46
M1	0.65	−0.31	−0.28	−0.23	−0.10	0.00	0.16	0.21	0.22	0.25
M0	0.55	0.53	0.47	0.51	0.55	0.57	0.22	0.27	0.31	0.21
上证指数	8.15	−0.13	−0.14	−0.12	−0.08	−0.05	−0.05	−0.02	0.03	0.10
经合组织	1.81	−0.39	−0.30	−0.25	−0.21	−0.22	0.05	0.01	0.06	0.04

　　经济政策方面,财政政策与产出的关联性出现了小幅下降,这主要是受到了财政空间收窄的制约,货币政策中,广义货币 M2 增速与产出的关联性大幅提升,已上升至 0.8,尽管近年来许多学者持有广义货币调控失效的观点,但不可否认的是,货币政策由宽松转为稳健中性的确在一定程度上对经济增长形成了下拉效应。

　　最后,上证指数与产出增速的相关性进一步弱化,现已形成基本不相关的态势,这与近年来经济"脱实向虚"的主要矛盾一致,而世界经合组织产出增速依旧与中国产出增速不相关,这进一步肯定了在"双循环"发展战略的引导下,外部经济冲击对中国经济的影响在逐渐减小。

3.4　本章小结

　　通过刻画改革开放后中国经济周期的动态波动特征、主要数字特征及其与核心经济指标的关联性,本章得到了许多重要的"典型事实";同时基于一些经验数据和简单的相关分析,对中国经济周期的主体特征、波动态势及其驱动引擎的变化形成了一些初探性判断,具体如下。

　　第一,就经济周期的形态特征而言,可以说,中国改革开放 40 多年的经济周期形态足以称得上是世界宏观经济史中的增长奇迹,其一,这一事实形态的出现说明,高速增长的经济周期可以连续出现,从而形成高位经济长波;其二,只要通过合理的宏观调控和经济治理,"高增长"和"低通胀"的组合形态完全可以实现;其三,经济周期完全可以在高位实现"软着陆";其四,经济周期的期限结构亦具备高位拉伸和高位延长的基本属性;其五,中高速阶段依旧能够出现经济长尾和局部稳态,这说明经济"大缓和"不仅能在自然率附近出现,同时也能在中高速增长平面实现。

第二,就经济周期的动力机制而言,改革开放的头 30 年间,出口导向型增长、投资拉动型增长和政策刺激型增长是中国经济增长的核心原动力,这说明中国经济高速发展的 30 年既有自身发展的必然性又有历史机遇的偶然性。它能够为后发经济体提供赶超模板,却不能全盘复制。但是在"新常态"后,无论是化解"三期叠加"困境还是坚定不移走"双循环"发展战略,中国经济的主观能动性都在系统提高,偶然性和不确定性因素对经济的影响大幅降低,中国经济的稳中向好发展开始展现出制度优越性、判断前瞻性和历史必然性。

第三,就"新常态"以来经济增长动力机制的变化来看,消费开始重新主导经济增长,进出口与产出的同期相关系性大幅降低,这都说明中国经济正在积极跨越中等收入阶段,向世界前沿增长面和共同富裕迈进。但需警惕的是,增长仍未彻底摆脱投资依赖,这说明中国要在真正意义上实现高质量发展仍任重而道远。

第 4 章　中国经济周期波动的
区域传导与域内联动

　　2020 年初新冠疫情的暴发给原本平稳的中国经济带来巨大冲击。在遭受重大灾难冲击后,中国经济展现出强大韧性,全年实际 GDP 同比增长 2.3%,成为全球唯一实现正增长的主要经济体。进入 2021 年后半年,实际 GDP 增速在历经短期的超额反弹后再度回归至中高速水平,呈现出常态化发展趋向。这充分说明中国的中高速增长具备较强的趋势基础和抗衰退能力。然而在本轮经济复苏过程中,一些新苗头开始逐渐显现,其中最为突出的是:各省经济增长在后疫情时期出现了典型的分化态势,呈现出区域内协动和区域间分化的表象。而区域经济增长的变动机理、聚敛方式和传递关系也迅速引起了研究者的广泛关注。

　　对比 2021 年全国各地的实际 GDP 增速不难发现,东部省份复苏强劲,是本轮经济复苏的核心动力,其中江苏、浙江、山东三省不仅 GDP 基数较大,经济增速也领先于全国;中部地区的表现更加活跃,是全国增长的领头羊,其中湖北的经济增速发生触底反弹,同比增长 12.9%,位列全国榜首,山西和江西也分别增长 9.1% 和 8.8%,步入高增长行列。此外,一些更为重要的表象是,经济增长体现出极强的带域协同特征,例如长江下游综合经济带的江苏和浙江,增长速度分别为 8.6% 和 8.5%,增幅几近相同;而东北地区的黑龙江和辽宁增速均低于全国,分别为 6.1% 和 5.8%。这一系列耦合的经济表象不仅发人深省,而且还揭示了一些重要的规律性变化:首先,就当前国内经济的强劲复苏而言,这绝非政策刺激和短期周期要素所能促成的事实,而是强劲的经济增长趋势所带来的必然反弹,因此,趋势因素必将成为主导经济增长的逻辑主线;其次,就后疫情时期全国经济的分批复苏和集团协动的特征来看,经济增长显现出区域间传导和区域内聚敛的基本特性。

　　由此可见,若想深刻洞悉中国总体增长表象背后的中观机理,就必须要深入到域观视角挖掘经济增长的联动机制和传递特征。实际上,这不仅是一个全新研究视角,更是在当前经济发展充满不确定性的前提下,全面建立国家风险管理机制的重要一环。区域经济周期传递机制识别和传导网络构建不但可以帮助我们确定国家经济增长链式传导的起始区、主体区和滞后区，而且还可以帮助我们发现国家经济网络中的孤立区域，这对提前识别和评估重大外生冲击的传导机制具有重要意义。为此，本章将从经济增长域间传导出发，综合利用格兰杰因果关系检验以及我们自行构建的 C-M 同步指数考察中国四大地理经济分区和典型经济带内的增长传导关系。

4.1　域观视角下的经济周期传递机制简述

域观视角下的经济周期传递是现代宏观经济研究的重要分支（Stockman & Tesar，1995；Kouparitsas，2002；Kouparitsas & Nakajima，2006）。随着研究的不断深入，相关研究主要聚焦在两个方面：一是经济周期波动如何在区域间传导，二是在某些既定区域内，省际和州际经济周期如何联动。

围绕经济周期域间传导，学者们展开了大量研究，其中最为主流的观点是经济周期区域分化理论。它起源于 20 世纪 80 年代末至 90 年代初，彼时因高新技术产业和电子信息技术迅速兴起，许多发达国家产业结构发生深刻变革，引发了经济增长的区域失衡现象。这一现象引起了研究者的广泛关注，促使域观视角下的经济周期研究迅速盛行。卡利诺和德菲纳（Carlino & Defina，1998）利用 S-VAR 模型考察了美国各大区域经济增长对货币供给和利率等货币政策调控的反馈机制，发现仅东北部地区的反馈机制与全国一致，其余地区的经济增速对政策刺激的反馈存在明显差异；在此基础上他们进一步指出发达地区是全国经济增长的主体驱动力，而欠发达地区的经济增长则会逐渐落后于发达地区，最终导致区域经济周期出现分异，这即是最初的经济周期区域分化假说。此后，众多学者针对这一论断开展了深入研究，其中最为著名的是库帕里萨斯（Kouparitsas，2002）构建的南北经济周期分化模型，这一模型从地理条件差异出发，揭示了地理条件和贸易条件差异对区域经济周期分化的影响，从而为经济周期的区域分化提供了理论支持。随后，克罗内（Crone，2005）利用 K-均值聚类分析法将美国划分为 8 大地理分区，同样发现各大区域内的经济周期波动存在显著差异。帕特里奇和里克曼（Partridge & Rickman，2005）从时域视角出发考察了美国国家经济周期和州级经济周期的联动关系，发现 1980 年后二者的同步性出现了转折，具体表现为东北部地区与全国同步性上升、西南部地区与国家经济周期同步性下降。此外，霍尔和麦克德莫特（Hall & McDermott，2007）、马斯特罗马科和沃伊特克(Mastromarco & Woitek, 2007)、沃尔(Wall, 2007)、沈坤荣和马俊(2002)分别利用相关系数检验、谱分析等方法检验了新西兰、意大利、日本及中国的区域经济周期相关度,所得结论同样支持了经济周期区域分化假说。总体看来,大量同期研究均得到了较为一致的结论,即自然因素、贸易条件、产业结构及政策体制等因素的差异从根本上决定着一国内的经济周期也可能存在分化现象(Harding & Pagan, 2002)。

　　虽然经济周期区域分化假说在一定程度上阐释了一国或一定区域内的经济增长异化现象,但它却无法解释另一个现象,即区域内部通常存在着集团协同增长。于是经济增长传导理论应运而生。经济增长传导理论旨在描述区域内的增长协同现象。早期研究认为,这种传导主要受贸易开放度、资本流动等因素的影响(Stockman & Tesar, 1995; Stock & Watson, 2005)。而随着研究的不断深入,经济增长传导理论又产生了如下三个分支:一是邻域传导论,认为相邻区域由于具有相似的经济结构与地理地貌,且产品与要素易于自由流动,因此经济增长更易产生协同变动(Wynne & Koo, 2000),这一观点能很好地解释粤港澳大湾区和江浙沪等地的增长协同现象;二是贸易传导论,认为地区之间如果存在长期的贸易往来,那么往往会出现增长依赖,其最终表象即是地区经济的共荣共退(Elbourne & Haan, 2006),这一观点更适合解释欧债危机的形成机理;三是体制传导论,认为政策协调程度越高的区域内越易出现经济增长趋同(Calderon *et al.*, 2007),这一观点适用于阐释特区经济的协同现象。

　　此外,还有许多学者针对经济增长的域间传导开展了大量研究。欧阳和沃尔(Owyang & Wall, 2005)基于马尔科夫区制转移模型考察了美国各州的经济周期转折点,发现各州之间的经济周期传导相对较弱,并且存在着明显的状态依赖。宋玉华和吴聘(2006)对地区间经济增长的交互影响关系进行了理论剖析,发现外部刺激会在市场机制的作用下形成传导,并通过贸易渠道向其他地区溢出,进而引发经济周期的跨域传导。总体而言,经济增长传导理论不仅对经济增长域内协同的事实进行了补充,同时还弥补了经济周期区域分化假说的不足,肯定了经济周期域间传导的存在性。但亦有研究发现,这种传导需要以一定的条件为前提,并且在很多时候表现得并不稳定(黄玖立等,2011;任泽平和陈昌盛,2012;王俏茹等,2019)。

　　回顾现有文献不难发现,经济增长存在集团协动和域间分化的特征已基本成为共识。而相关研究的争鸣主要在于经济增长是否存在域间传导。为此,本章将从经济增长域间传导的视角出发,综合利用格兰杰因果关系检验及我们自行构建的C-M同步相关指数来考察中国四大区域和典型经济带内的增长传导关系及增长协同性,以期为建立区域经济风险预警机制、促进区域经济协调发展和实现共同繁荣提供事实依据和经验佐证。

4.2　中国四大区域经济周期的联动机制识别与动态相依性检验

中国区域经济增长一直是经济周期研究中的热点议题。从近 30 年的经验事实来看,受政策环境和地方经济发展差异影响,中国区域经济增长的协同与分化也一直处于动态变化之中。在体制改革初期,东南沿海地区由于其独特的地理优势而率先得到发展;此后,得益于西部大开发、中部崛起以及振兴东北老工业基地等重大区域发展战略,西部、中部及东北部地区也相继发展起来。区域间的协调互动逐渐促成了当下"东中西协调"和"南北部统筹"的新发展格局。不难看出,有序发展、有机统筹、经验借鉴和资源共享是中国过去 30 年区域经济发展的主基调,这也从根本上决定着中国的区域经济增长不仅具有同期相关性,还可能存在依时间路径的跨期传递关系。为此,本节首先将使用格兰杰因果关系检验识别中国传统四大区域(东部、中部、西部、东北部)之间经济增长的传递机制以及最优的领先滞后期。进一步地,考虑到格兰杰因果关系检验方法无法准确判断各大地理分区经济增长之间的传递方向("彼此增进"或"以邻为壑"),本章还将进一步使用 C-M 动态同步性指数来刻画各区域之间经济增长的关联方向,以期全面预测区域经济周期的跨区传递机制。

4.2.1　样本选择与数据处理

本章以经济增长率的周期性变化作为区域经济周期的代理变量。为得到中国四大区域的实际 GDP 增长率,本章以 1992 年为基期,利用中国 31 个省、自治区、直辖市(不包括港澳台)的地区生产总值(GDP)、地区生产总值增长指数计算各省的实际 GDP,继而按照国务院划分的四大地理分区将各省归并至区域中,计算各区域的实际 GDP,最后计算各大区域的实际 GDP 增长率。原始数据全部来源于中经网统计数据库,样本区间为 1992~2020 年。

4.2.2　非线性格兰杰因果关系检验原理

考虑到区域经济增长间除了可能具有简单的线性传递机制外,还可能存在非线性传递关系,故本章采取线性和非线性两种格兰杰因果关系检验来对区域经济周期间的传递路径进行全面识别(Diks & Panchenko,2006)。非线性格兰杰因果关系检验的基本原理如下:

考虑两个平稳的时间序列$\{(X_t,Y_t)\}$,若X的历史信息有助于预测Y,则称$\{X_t\}$是$\{Y_t\}$的格兰杰原因。令$\mathcal{F}_{X,t}$与$\mathcal{F}_{Y,t}$分别代表观测值X_s与Y_s中所包含的信息$(s\leqslant t)$,则$\{X_t\}$是$\{Y_t\}$的格兰杰原因可表述为:

$$(Y_{t+1},\cdots,Y_{t+k})\,|\,(\mathcal{F}_{X,t},\mathcal{F}_{Y,t})\sim(Y_{t+1},\cdots,Y_{t+k})\,|\,\mathcal{F}_{Y,t} \tag{4.1}$$

其中,原假设为:

$$H_0:\{X_t\}\text{不是}\{Y_t\}\text{的格兰杰原因} \tag{4.2}$$

在原假设成立的条件下,若Y_t,Y_{t-1},$\cdots$,Y_{t+1}与X_t,X_{t-1},$\cdots$之间服从条件独立,则可以利用有限滞后阶数l_X与l_Y来对条件独立性进行检验:

$$Y_{t+1}\,|\,(X_t^{l_X}\,;\,Y_t^{l_Y})\sim Y_{t+1}\,|\,Y_t^{l_Y} \tag{4.3}$$

其中,$X_t^{l_X}=(X_{t-l_X+1},\cdots,X_t)$,$Y_t^{l_Y}=(Y_{t-l_Y+1},\cdots,Y_t)$。对于一个平稳的双变量时间序列$\{(X_t,Y_t)\}$来说,这是一个关于$(l_X+l_Y+1)$维向量$W_t=(X_t^{l_X},Y_t^{l_Y},Z_t)$的不变分布,其中$Z_t=Y_{t+1}$。综合$AIC$准则和实际经济意义,本章将滞后阶数设定为1阶,即考虑$l_X=l_Y=1$的情形。为构建检验统计量,需要利用联合分布构建原假设。在原假设下,Z在$(X,Y)=(x,y)$下的条件分布与在$Y=y$下的条件分布相同,因此相应的联合概率密度函数应满足:

$$\frac{f_{X,Y,Z}(x,y,z)}{f_{X,Y}(x,y)}=\frac{f_{Y,Z}(y,z)}{f_Y(y)} \tag{4.4}$$

希姆斯特拉和琼斯(Hiemstra & Jones,1994)所构建的"H-J检验"即是采用关联积分比率来衡量式(4.4)等式左右两侧的差异。对于一个多元随机向量V,其关联积分$C_V(\varepsilon)$就是在小于等于ε的区间内两个独立向量同时发生的概率,故式(4.4)意味着:

$$\frac{C_{X,Y,Z}(\varepsilon)}{C_{X,Y}(\varepsilon)}=\frac{C_{Y,Z}(\varepsilon)}{C_Y(\varepsilon)} \tag{4.5}$$

随后即可利用式(4.5)来检验等式左右两边是否存在差异。然而,上述"H-J检验"存在着过度拒绝问题。为解决这一问题,本章将利用迪克斯和潘琴科(Diks & Panchenko,2006)的处理方法对上述假设予以修正,即允许带宽ε以适当的速率趋于0,随后原假设可以改写为式(4.6):

$$q_g \equiv E\left[\left(\frac{f_{X,Y,Z}(X, Y, Z)}{f_Y(Y)} - \frac{f_{X,Y}(X, Y)}{f_Y(Y)}\frac{f_{Y,Z}(Y, Z)}{f_Y(Y)}\right)g(X, Y, Z)\right] = 0$$

(4.6)

其中，$g(X, Y, Z)$ 表示加权函数。进一步结合示性函数，即可构造用于检验原假设的 T 统计量：

$$T_n(\varepsilon) = \frac{(2\varepsilon)^{-d_X - 2d_Y - d_Z}}{n(n-1)(n-2)}\sum_i\left[\sum_{k,\,k\neq i}\sum_{j,\,j\neq i}(I_{ik}^{XYZ}I_{ij}^Y - I_{ik}^{XY}I_{ij}^{YZ})\right] \quad (4.7)$$

其中，$I_{ij}^W = I(\parallel W_i - W_j \parallel <\varepsilon)$。若将随机变量 W 在 W_i 处的局部密度函数表示为：$\hat{f}_W(W_i) = (2\varepsilon)^{-d_W}\sum_{j,\,j\neq i}I_{ij}^W/(n-1)$，则式(4.7)可简化为：

$$\begin{aligned}T_n(\varepsilon) = \frac{(n-1)}{n(n-2)}\sum_i\big[&\hat{f}_{X,Y,Z}(X_i, Y_i, Z_i)\hat{f}_Y(Y_i)\\ &-\hat{f}_{X,Y}(X_i, Y_i)\hat{f}_{Y,Z}(Y_i, Z_i)\big]\end{aligned}$$

(4.8)

若式(4.8)中的带宽序列 ε_n 选取恰当，则可以得到一致估计量。迪克斯和潘琴科(Diks & Panchenko, 2006)指出，若将带宽设定为 $\varepsilon_n = \max(Cn^{-2/7}, 1.5)$，则检验统计量将服从正态分布 $\sqrt{n}\,(T_n(\varepsilon_n)-q)/S_n \to N(0, 1)$。为此，本章将以此为标准设置带宽，从而利用式(4.8)进行修正的 T 检验。

4.2.3　全国与四大区域经济周期的传递机制识别

本节使用线性与非线性两种格兰杰因果关系检验识别全国与四大地理分区间经济周期的传递机制。最终得到的全国与各大区域经济周期间的格兰杰因果关系检验结果如表 4-1 所示。由表 4-1 可知，参数检验结果普遍较为显著，而非参数检验结果基本不显著，说明中国各区域经济周期之间的传递关系基本表现为简单的线性传导。基于表 4-1 中格兰杰因果关系检验的结果，我们进一步绘制了图 4-1 所示的中国四大区域经济周期传导网络。综合表 4-1 和图 4-1 可对全国与四大区域间的经济周期传递机制形成如下判断：第一，全国经济周期能够显著引领四大区域经济周期的变动，表明全国经济周期在区域经济周期传导网络中占据中枢位置，全国经济发展水平的提高有利于推动各大区域发展，进而促进共同繁荣；第二，东部地区是中国经济发展的领头羊，不仅是唯一引领全国经济周期变动的区域，同时也能激发中部、西部和东北部地区的经济周期变化；第三，就中部地区、西部地区以及东北部地区经济周期之间的传递关系来看，三者之间存在积极的互动关系，形成了紧密的周期传导网络，在相互协调中齐首前行。

表 4-1　全国与各大区域增长的格兰杰因果关系推断

	参数检验	非参数检验		参数检验	非参数检验	
		H-J 检验	T 检验		H-J 检验	T 检验
全国 NGC 东部	8.698*** (0.003)	1.291* (0.098)	1.258 (0.104)	中部 NGC 西部	5.190** (0.023)	1.018 (0.154)	0.936 (0.175)
全国 NGC 中部	0.581 (0.446)	1.450* (0.074)	1.672** (0.047)	中部 NGC 东北	181.026*** (0.000)	0.829 (0.204)	0.679 (0.249)
全国 NGC 西部	5.081** (0.025)	0.913 (0.181)	0.858 (0.195)	西部 NGC 全国	2.336 (0.126)	1.205 (0.114)	1.103 (0.135)
全国 NGC 东北	65.240*** (0.000)	1.034 (0.151)	1.030 (0.151)	西部 NGC 东部	1.773 (0.183)	1.301* (0.097)	1.154 (0.124)
东部 NGC 全国	16.259*** (0.000)	−0.282 (0.611)	0.385 (0.350)	西部 NGC 中部	0.156 (0.693)	1.274 (0.101)	1.268 (0.102)
东部 NGC 中部	6.323** (0.012)	0.927 (0.177)	1.127 (0.112)	西部 NGC 东北	35.303*** (0.000)	0.606 (0.272)	0.316 (0.376)
东部 NGC 西部	11.453*** (0.000)	0.654 (0.257)	0.578 (0.282)	东北 NGC 全国	1.144 (0.285)	1.310* (0.095)	1.343* (0.090)
东部 NGC 东北	55.631*** (0.000)	0.866 (0.193)	0.965 (0.167)	东北 NGC 东部	0.000 (0.991)	1.240 (0.108)	1.283* (0.099)
中部 NGC 全国	0.027 (0.870)	1.088 (0.138)	1.026 (0.152)	东北 NGC 中部	68.212*** (0.000)	1.421* (0.078)	1.515* (0.065)
中部 NGC 东部	0.549 (0.459)	1.284* (0.099)	1.122 (0.131)	东北 NGC 西部	39.772*** (0.000)	1.355* (0.088)	1.517* (0.065)

说明:全国 NGC 东部代表全国经济周期不是东部区域经济周期的格兰杰原因(下同);括号内数字代表对应类型检验的 p 值;***、**、* 分别表示在 1%、5%、10% 的显著性水平上拒绝原假设。

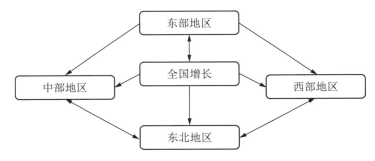

图 4-1　中国四大区域经济增长传导网络

综合上述判断,可以得到如下启示:第一,目前全国经济周期是中国区域经济周期传导网络中的核心枢纽,它与四大区域经济周期均紧密相连,这为后疫情时期全国经济的协同复苏奠定了坚实基础;第二,东部地区增长单向引领中部和西部,同时又与全国经济周期形成紧密互渗,这说明东部地区的经济周期变化是全国区域经济周期波动的先行者,它的变化对预知全国经济周期变动具有重要意义,特别是当东部地区经济增长出现下行风险时,这种信号格外重要,它可能是全国经济周期走向变化的重要预警;第三,目前中国经济增长已不存在较为孤立的大型地理分区,基本实现了全国与各大区域的互联互通,区域经济周期传导结构正逐渐从传统的"东部引领、中西部跟随和东北部独立"的三元结构向紧密联系的雁阵式分布转型。

4.2.4　全国与四大区域经济增长的动态相依路径刻画

考虑到格兰杰因果关系检验只能反映区域经济周期变化的领先滞后关系,但并不能给出区域经济周期间的具体关联方向,本章还需引入相关系数对各大区域经济周期间的相依性进行判断。然而,传统的相关系数法无法反映某一时点下各大区域经济周期之间的瞬时相关性,而对经济周期传递的研究恰好需要测度瞬时相关特征,为此,本章将采用塞奎拉和马丁(Cerqueira & Martins,2009)提出的 C-M 同步化指数衡量不同区域间经济周期的动态关联程度,其表达式如下:

$$\rho_{ijt} = 1 - \frac{1}{2}\left[\frac{(d_{it}-\bar{d}_i)}{\sqrt{\frac{1}{T}\sum_{t=1}^{T}(d_{it}-\bar{d}_i)^2}} - \frac{(d_{jt}-\bar{d}_j)}{\sqrt{\frac{1}{T}\sum_{t=1}^{T}(d_{jt}-\bar{d}_j)^2}} \right]^2 \qquad (4.9)$$

其中,d_{it} 与 d_{jt} 分别代表 t 时点下区域 i 与 j 的经济增长取值,$\bar{d}_i$ 与 $\bar{d}_j$ 分别代表样本期内区域 i 与 j 的经济增长均值,ρ_{ijt} 即是 C-M 同步性指数,其取值范围为$(-\infty,1]$,取值越大表明区域经济周期之间的同步性越强,反之则代表二者分化程度越高。但传统 C-M 指数下,ρ_{ijt} 的取值并不关于 0 对称,为此,本章对式(4.9)进行了修正,而修正后的 C-M 指数形式如下:

$$\widetilde{\rho}_{ijt} = \frac{1}{2}\log\left(\frac{1}{1-\rho_{ijt}}\right) \qquad (4.10)$$

可以看出,修正后的 C-M 同步性指数的取值范围为$(-\infty,+\infty)$,它关于 0 值对称,这可以有效解决结果非对称的问题。$\widetilde{\rho}_{ijt}$ 取值为正代表两个序列呈同向变动,取值为负代表二者呈反向变动。与 ρ_{ijt} 一致,$\widetilde{\rho}_{ijt}$ 取值越大代表同步性越强,反之代表同步性越弱。

图 4-2(a)和(b)给出了全国与各大区域经济增长的动态相依路径。观察图 4-2(a)可得到如下几个结论:第一,整体来看,在任意时间点上全国与四大区域经济增长之间的 C-M 同步化指数均为正数,说明全国经济增长与四大区域经济增长之间存在正相关关系,它们相辅相成、彼此增进。第二,东部地区与全国之间的 C-M 同步化指数在其均值 1.0 处上下波动,且在大多数时点

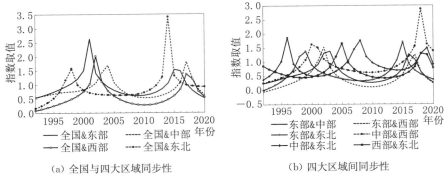

（a）全国与四大区域同步性　　　　（b）四大区域间同步性

图 4-2　全国与四大经济区域及四大经济区域间的同步性

下高于其他三个指数,这再次验证了东部地区在经济增长传导网络中的主导地位,它不仅是拉动全国经济增长的中坚力量,同时与全国增长的互动明显更加紧密。第三,对中部与东北部地区而言,二者与全国增长之间的同步化指数均值在 0.8 左右,略低于东部地区,但随时间推移呈波动上升态势,说明中部和东北地区与全国经济的联动性逐渐增强,这主要是得益于中部崛起和振兴东北老工业基地等重要的区域发展战略,使中部和东北部地区展现出良好的后发追赶态势。其中,一个最为重要的时点是 2014 年,彼时东北部地区与全国经济增长的相关性陡然增强,达到样本期间内的最高水平,这是因为党的十八大后,国家重启了振兴东北老工业基地战略,对东北部地区的落后产业结构进行了现代化调整,使东北地区的传统重工业发生了一系列积极变化,逐渐向新型高科技重工业转型。第四,西部地区与全国经济增长的相关性最弱,C-M 同步化指数在大多数时点都低于 0.5,这主要是受制于西部地区的地理条件和产业结构等因素,导致其发展具有一定的特殊性。然而,在 2015 年后,随着成渝地区双城经济圈建设的不断推进,西部地区与全国经济的关联性显著增强,C-M 指数更是一度跃升至 1.5 以上。这表明中国的城市集群建设取得了卓著成效,它不仅在极大程度上加强了毗邻城市之间的彼此增进,同时也使带域经济增长与国家经济增长之间的关联愈发紧密。

再来看图 4-2(b)所示的四大区域间的 C-M 同步化指数,根据图中 6 个 C-M 指数的变化不难发现,首先,各区域之间的 C-M 同步化指数基本都是正数,说明各区域经济周期间基本上保持着协同关系,这也与当下国家提出的区域协调发展的整体战略部署一致;其次,从各指数的大小对比来看,中部、西部及东北部地区之间的 C-M 同步化指数总体上高于东部地区与其他三个区域之间的同步指数,这主要是由两方面原因造成的,一方面,市场经济体制改革后,东部地区因地理位置多毗邻海域、贸易开放度高等优势,经济增长迅速腾飞,与其他三区的差距逐渐拉大;另一方面,由于国家高度重视区域经济协调发展,对落后地区相继施以专项扶植政策(如振兴东北老工业基地、西部大开发、中部崛起等),导致这三个地区在政策改革和体制改革上具有较高的相似性。上述两方面原因共同促成了后三者相关性较高,而与东部经济增长相关性偏弱。需注意的是,近几年来无论是全国与四大区域之间的增长协同性,还是四大区域彼此之间的增长协同性都出现了一定程度的下降,这说明疫情冲击不仅使中国整体经济增长蒙受损失,同时也在一定程度上切断了区域之间的交流和互动。未来区域经济增长的极化风险是国家风险管理需重点关注的内容。

总结全国与各大区域经济周期间的传递机制和动态相关性不难发现,目前中国的区域经济增长呈现出典型的"东部引领全国和全国仿射三区"的雁阵增长结构。全国与各大区域经济增长的互联互通标志着中国正在逐渐摆脱"不平衡和不充分"的发展,并朝着更加包容的区域协同增长结构迈进。同时,各区域经济增长间的紧密互动意味着区域经济增长不仅仅是简单的结构复制。事实上,现阶段中国的区域经济增长不仅存在域间传导,而且各区域间还具有合理的结构分化和职能分工。例如东部地区以发展金融服务、数字经济和高新技术产业为主,是中国先进生产力的代表;中西部地区不但依赖于其独特的地理条件成为中国化石能源开采的重要基地,还在国家发展战略布局的引导下重点发展第一产业和第二产业,实现了粮食生产囤积、实物资本积累以及战略物资储备,保障着全国各区域经济的常态化运转和物资供应;东北部地区在振兴东北老工业基地发展战略的指导下,逐渐转型升级为新型高科技重工业基地,成为全国重工业生产的关键枢纽。这种结构分化不仅有利于各区域发挥自身比较优势,形成规模经济,同时还有利于将局部风险内部化,防止风险传导,这也是新冠疫情后,全国经济复苏呈现出分区聚敛态势的深层次原因。那么,一个自然的问题是,全国各大经济带内的经济周期协同性到底有多大? 同一区域或是经济带内是否还存在着孤立的省份? 各大经济带内的经济周期传导有何种异同? 为详细阐述上述系列问题,本章研究将回归至更加细致的中观层面,对各区域内部经济周期的传导和相依机制进行检验。

4.3　全国各经济带内的增长传递效应识别与联动机制检验

为在更加细化的中观层面上判断各区域内部是否存在不平衡与不充分的发展,本节依托四大区域内的典型经济带,对域内增长传递效应进行识别。

这不仅有利于明晰带域传递视角下区域经济周期波动的特征,同时也有助于检验各大经济带建设的成效。

4.3.1 东部地区各经济带内的增长关联检验

根据国务院最新颁布的经济带划分规则,本章将东部地区划分为三大经济带,即京津冀鲁经济带(北京、天津、河北、山东)、长江下游综合经济带(上海、江苏、浙江)以及泛珠江三角洲经济带(广东、福建、海南)。表 4-2 给出了

表 4-2　东部地区各经济带内的增长传递效应检验

京津冀鲁经济带					
东部 NGC 北京	277.943 *** (0.000)	东部 NGC 天津	23.348 *** (0.000)	东部 NGC 河北	32.194 *** (0.000)
东部 NGC 山东	103.936 *** (0.000)	北京 NGC 东部	0.052 (0.820)	北京 NGC 天津	95.009 *** (0.000)
北京 NGC 河北	2.093 (0.148)	北京 NGC 山东	0.110 (0.740)	天津 NGC 东部	0.015 (0.904)
天津 NGC 北京	68.047 *** (0.000)	天津 NGC 河北	0.029 (0.865)	天津 NGC 山东	0.061 (0.805)
河北 NGC 东部	430.501 *** (0.000)	河北 NGC 北京	98.770 *** (0.000)	河北 NGC 天津	94.333 *** (0.000)
河北 NGC 山东	131.418 *** (0.000)	山东 NGC 东部	117.549 *** (0.000)	山东 NGC 北京	264.061 *** (0.000)
山东 NGC 天津	49.635 *** (0.000)	山东 NGC 河北	31.010 *** (0.000)	—	—
长江下游综合经济带					
东部 NGC 上海	54.592 *** (0.000)	东部 NGC 江苏	1.223 (0.269)	东部 NGC 浙江	2.307 (0.129)
上海 NGC 东部	73.510 *** (0.000)	上海 NGC 江苏	51.419 *** (0.000)	上海 NGC 浙江	38.400 *** (0.000)
江苏 NGC 东部	1.399 (0.237)	江苏 NGC 上海	27.231 *** (0.000)	江苏 NGC 浙江	0.073 (0.787)
浙江 NGC 东部	1.081 (0.298)	浙江 NGC 上海	73.225 *** (0.000)	浙江 NGC 江苏	0.005 (0.942)
泛珠江三角洲经济带					
东部 NGC 福建	58.774 *** (0.000)	东部 NGC 广东	3.888 ** (0.049)	东部 NGC 海南	19.094 *** (0.000)
福建 NGC 东部	17.199 *** (0.000)	福建 NGC 广东	9.916 *** (0.002)	福建 NGC 海南	1.166 (0.280)
广东 NGC 东部	3.489 * (0.062)	广东 NGC 福建	37.386 *** (0.000)	广东 NGC 海南	19.700 *** (0.000)
海南 NGC 东部	3.722 * (0.054)	海南 NGC 福建	0.571 (0.450)	海南 NGC 广东	2.631 (0.105)

东部地区三大典型经济带内的增长传递关系。由于在上一节的检验中,各区域经济增长间的传递关系基本表现为简单的线性传导,故本节仅列示传统线性检验结果。观察表 4-2 可以发现,京津冀鲁经济带内经济周期传递的总体趋势可概括为河北、山东仿射四邻,北京与天津紧密互动。具体来看,河北与山东不仅能够对周围各地区进行增长传递,还与全域存在显著的双向格兰杰因果关系,形成双向的增长互动,这表明河北与山东才是京津冀鲁经济带内的增长中枢;而北京与天津除了受全域以及河北、山东的牵拉外,彼此间也形成了双向的增长传递,它们相互催动,协同发展,但是二者的经济周期变化并不会向传导链前端反馈,这是因为北京和天津都是中国的直辖市,它们无论在政策体制还是经济发展方式上都与毗邻省份有别,因此,它们的自身变化并不会形成传导回路。

再来看长江下游综合经济带,该经济带内形成了以上海为中心的增长传导网络。具体而言,上海与全域、浙江以及江苏之间均存在显著的双向格兰杰因果关系,表明上海不仅能够催动东部地区、浙江以及江苏的经济增长,同时还将受益于三者的正反馈循环效应,从而实现彼此增进。最后,对泛珠江三角洲经济带来说,增长传递关系主要表现为:福建与广东相互催动,广东单向牵拉海南。不难看出广东是泛珠江三角洲经济带的中心,它不仅能够向东与福建互动,还可以向西牵拉海南,带动后发省份增长。

总结东部地区各经济带内的增长传递关系可以得出如下结论:第一,目前东部地区各经济带内部已基本形成互联互通的增长传导网络,但除泛珠江三角洲经济带外,其余两个经济带内尚未形成完整的增长传导链条,都或多或少存在着一些增长孤立省份,这一方面说明中观视角下的增长传递效应和联动机制远比大地理分区下的经济传导复杂,另一方面也说明中国仍需较长时间才能在真正意义上实现全国增长版图的互联互通;第二,河北、山东、上海和广东等较为发达的省份和特区是各大经济带的核心,不仅能够拉动全域经济增长,同时亦能仿射四邻,带动周围地区的协同发展,这说明中国的发达省份绝非孤立于全国的存在,相反,它们是促进区域经济协调发展、带动全国经济提升的中坚力量;第三,从东部地区内三个典型的增长网络来看,各大经济带大多是围绕发达省份或直辖市形成传导网络,不仅存在传统的单中心仿射四邻结构,同时亦存在多中心集群结构,这说明中国的城市群建设已初见成效,各区域内的城市空间结构亦在发生深刻变化。

在明晰东部地区各典型经济带内的增长传递机制后,接下来将参照前文研究思路,进一步考察东部各经济带内的增长协同性。这里选取东部主体、河北、山东、上海、福建及广东六个增长传递的核心枢纽作为主轴,按照增长传递关系对各经济带内的增长协同性进行测度,最终得到图 4-3 所示的 C-M 同步指数测算结果。观察图 4-3 可以发现,首先,东部主体与各核心省份和直辖市之间的 C-M 同步化指数均为正数,且指数均值均高于 0.9,说明东部地区与各核心省份的经济周期间存在显著的正相关关系,能够形成较为稳定的正向交互影响;其次,各省份及直辖市之间的 C-M 同步化指数大多在 0.8 附近波动,取值同样较高,这意味着东部地区的经济带建设取得了实质性成效,不仅实现了省份与区域整体的联动,同时也促成了经济带内各省份之间

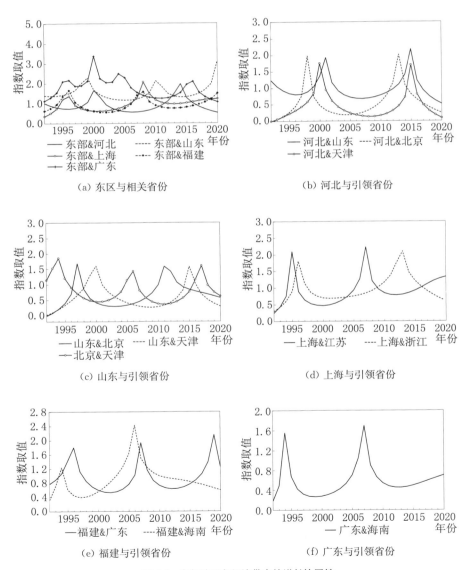

图 4-3　东部地区各经济带内的增长协同性

的紧密互动;最后,从各 C-M 指数的数值大小来看,大多数指数的均值都在 0.9 附近,东部主体与广东之间的 C-M 指数均值甚至达到了 1.7,显著高于全国与中部、西部及东北部地区之间的相关性水平(0.5~0.8),这说明东部地区内已率先形成了强势的增长集团。

4.3.2 中部地区各经济带内的增长关联检验

表 4-3 给出了中部地区长江中游综合经济带和黄河中游综合经济带内的增长传递关系。观察表 4-3 不难发现,中部地区各经济带内的增长传递效应总体上弱于东部地区。具体来看,对长江中游综合经济带而言,安徽是该经济带内增长传递的核心枢纽,它引领着全域以及带内其他省份的经济增长。而湖北则是该经济带内唯一与安徽具有双向格兰杰因果关系的省份,并且湖北的经济周期变化还领先于湖南,这意味着湖北更多地是充当域内增长领头羊的角色。再来看黄河中游综合经济带,全域及河南均与山西存在双向格兰杰因果关系,说明三者的经济增长已经形成了以山西为中心的传递网络。总的来看,中部地区各经济带内同样已基本建立起增长传递网络,目前已不存在绝对孤立省份,但就不同经济带内的传递机制来看,整个中部地区

表 4-3　中部地区各经济带内的增长传递效应检验

长江中游综合经济带					
中部 NGC 安徽	29.488*** (0.000)	中部 NGC 江西	1.979 (0.160)	中部 NGC 湖南	2.093 (0.148)
中部 NGC 湖北	0.924 (0.336)	安徽 NGC 中部	133.484*** (0.000)	安徽 NGC 江西	50.381*** (0.000)
安徽 NGC 湖南	42.058*** (0.000)	安徽 NGC 湖北	38.788*** (0.000)	江西 NGC 中部	0.294 (0.587)
江西 NGC 安徽	1.342 (0.247)	江西 NGC 湖南	0.341 (0.559)	江西 NGC 湖北	0.071 (0.789)
湖南 NGC 中部	2.110 (0.146)	湖南 NGC 安徽	0.000 (0.999)	湖南 NGC 江西	0.539 (0.463)
湖南 NGC 湖北	0.100 (0.752)	湖北 NGC 中部	2.603 (0.107)	湖北 NGC 安徽	6.181** (0.013)
湖北 NGC 江西	3.587* (0.058)	湖北 NGC 湖南	3.855** (0.049)	——	
黄河中游综合经济带					
中部 NGC 山西	9.314*** (0.002)	中部 NGC 河南	0.224 (0.636)	山西 NGC 中部	126.508*** (0.000)
山西 NGC 河南	237.188*** (0.000)	河南 NGC 中部	0.001 (0.975)	河南 NGC 山西	11.382*** (0.001)

不存在一致的传递规律,传递网络形态较为复杂,既有环状又有线性网络,这一方面说明目前中部地区经济带内的增长互联互通已基本形成,但另一方面也说明,就整个中部地区而言,不同经济带内的增长传递形态明显分异,地区之间的发展差异仍十分显著。再来看中部地区内的增长协同路径,观察图 4-4 不难发现,在大多数时点下各 C-M 指数均为正数,且均值多是落在 0.5~0.7 之间,这说明中部地区各经济带内的增长传递同样表现为同向相依。但考虑到中部地区 C-M 同步性指数的总体水平低于东部地区和全国,说明中部地区各主体间的增长协同性仍有待提高。

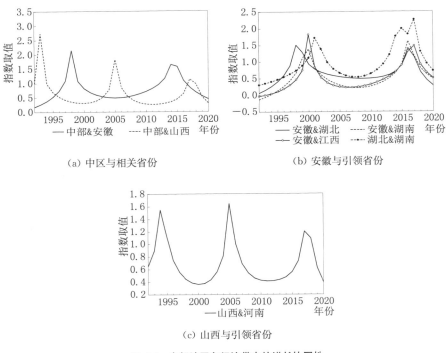

(a) 中区与相关省份   (b) 安徽与引领省份

(c) 山西与引领省份

图 4-4　中部地区各经济带内的增长协同性

目前中部地区已围绕带域内核心省份形成了增长传导网络,尽管网络形态复杂,但至少已不存在绝对孤立省份,说明中部地区各省经济发展的联动性有了实质性提高。但中部地区各省份之间的增长协同性仍相对较低,这意味着全域内还是存在着一定的增长分化现象。

4.3.3　西部地区各经济带内的增长关联检验

表 4-4 给出了西部地区川云贵经济带、黄河上游综合经济带以及远西部经济带内各省份之间的增长传递关系。观察表 4-4 不难发现,首先,就川云

表 4-4　西部地区各经济带内的增长传递效应检验

川云贵经济带					
西部 NGC 贵州	4.859 ** (0.028)	西部 NGC 云南	387.574 *** (0.000)	西部 NGC 广西	0.401 (0.527)
西部 NGC 四川	8.925 *** (0.003)	西部 NGC 重庆	80.947 *** (0.000)	贵州 NGC 西部	49.040 *** (0.000)
贵州 NGC 云南	1.976 (0.160)	贵州 NGC 广西	8.981 *** (0.003)	贵州 NGC 四川	39.126 *** (0.000)
贵州 NGC 重庆	7.799 *** (0.005)	云南 NGC 西部	311.128 *** (0.000)	云南 NGC 贵州	4.086 ** (0.043)
云南 NGC 广西	0.017 (0.895)	云南 NGC 四川	308.037 *** (0.000)	云南 NGC 重庆	56.757 *** (0.000)
广西 NGC 西部	62.167 *** (0.000)	广西 NGC 贵州	12.132 *** (0.001)	广西 NGC 云南	1.943 (0.163)
广西 NGC 四川	54.179 *** (0.000)	广西 NGC 重庆	9.403 *** (0.002)	四川 NGC 西部	10.899 *** (0.001)
四川 NGC 贵州	2.246 (0.134)	四川 NGC 云南	866.903 *** (0.000)	四川 NGC 广西	0.858 (0.354)
四川 NGC 重庆	119.492 *** (0.000)	重庆 NGC 西部	486.485 *** (0.000)	重庆 NGC 贵州	1.715 (0.190)
重庆 NGC 云南	52.673 *** (0.000)	重庆 NGC 广西	0.965 (0.326)	重庆 NGC 四川	547.685 *** (0.000)
黄河上游综合经济带					
西部 NGC 陕西	0.401 (0.527)	西部 NGC 甘肃	43.900 *** (0.000)	西部 NGC 宁夏	13.874 *** (0.000)
陕西 NGC 西部	49.040 *** (0.000)	陕西 NGC 甘肃	19.540 *** (0.000)	陕西 NGC 宁夏	6.609 ** (0.010)
甘肃 NGC 西部	39.126 *** (0.000)	甘肃 NGC 陕西	0.933 (0.334)	甘肃 NGC 宁夏	1.019 (0.313)
宁夏 NGC 西部	4.086 ** (0.043)	宁夏 NGC 陕西	7.819 *** (0.005)	宁夏 NGC 甘肃	17.626 (0.000)
远西部经济带					
西部 NGC 西藏	9.690 *** (0.002)	西部 NGC 青海	3.265 * (0.071)	西部 NGC 新疆	0.394 (0.530)
西部 NGC 内蒙古	106.671 *** (0.000)	西藏 NGC 西部	1.296 (0.255)	西藏 NGC 青海	0.205 (0.651)
西藏 NGC 新疆	0.310 (0.577)	西藏 NGC 内蒙古	2.752 * (0.097)	青海 NGC 西部	7.014 *** (0.008)
青海 NGC 西藏	113.215 *** (0.000)	青海 NGC 新疆	0.049 (0.825)	青海 NGC 内蒙古	226.580 *** (0.000)
新疆 NGC 西部	9.109 *** (0.003)	新疆 NGC 西藏	37.709 *** (0.000)	新疆 NGC 青海	5.292 ** (0.021)
新疆 NGC 内蒙古	380.724 *** (0.000)	内蒙古 NGC 西部	5.493 ** (0.019)	内蒙古 NGC 西藏	22.246 *** (0.000)
内蒙古 NGC 青海	65.770 *** (0.000)	内蒙古 NGC 新疆	89.228 *** (0.000)	—	—

贵经济带而言,该区域内的增长传递关系极其复杂,区域主体以及各省、直辖市之间形成了极为紧密的增长传导网络。具体而言,区域主体与该带域内除广西外的其他省、直辖市间均存在双向格兰杰因果关系,表明这些省份与区域主体间实现了网状互动式增长联动;四川是该经济带内产值最高的省份,它不仅与地理毗邻的云南、重庆实现了双向互动,与其余两省也建立了紧密联系;重庆作为带域内唯一的直辖市,与其余四省间均存在直接的增长传递,是该经济带内的核心枢纽。总的来看,尽管川云贵经济带内的传导网络复杂,但是也不乏一些规律性特征,其中最为显著的特点即是,整个经济带以重庆和四川为核心,继而形成仿射四邻的基本态势,因此,该经济网络的本质可以归结为双中心结构。

其次,来看黄河上游综合经济带,该区域内增长传导网络的复杂程度远不及川云贵经济带,较为发达的陕西是该区域内增长传导的中心,它不仅能引领全域的经济增长,还与宁夏相互催动,同时又单向带动甘肃经济周期变化,整个区域呈现出简单的蝌蚪状传导。最后,就远西部经济带而言,该区域内新疆、内蒙古两地是明显的领头羊,不仅对区域主体和其余两省起到了牵拉作用,两地间还存在双向格兰杰因果关系,该区域与川云贵经济带有些许相似之处,同样是双中心增长结构,但差别在于整个带域内的网络互动并不如川云贵经济带复杂,多体现为发达省份单向牵拉落后省份。

纵观西部各经济带内的增长传递特征,可以作出如下判断:第一,西部地区各省、自治区、直辖市均围绕带域内较为发达的地区形成了紧密的传导网络,而这种网络又多以双中心结构为主,这说明西部崛起在一定程度上吸取了东部发展过程中的经验和教训,摒弃了单中心增长极无法带动全域发展,甚至会产生虹吸效应的弊端;第二,就整个西部地区而言,地处西南的川云贵经济带发展势头最为良好,并且在真正意义上形成了紧密互通的经济传导网络,但是黄河上游综合经济带和远西部经济带内的传导则相对简单,更多地是体现为发达地区单向带动欠发达地区,这说明整个西部地区发展仍存在较大差异,而欠发达区域若想快速实现后发追赶,仍需持续加强与区域内强势省份的互动。

再来看西部地区各经济带内的增长协同性,可以看到各指数在大多数时点下为正,说明西部地区内的经济周期传导同样体现为同向传导。进一步观察各指数的走势不难发现:第一,西部区域主体与各经济带内核心省份之间的增长协同性会因省份经济发展水平的差异而异化,经济发展水平较高的省份与区域主体间的增长协同性较高,但欠发达省份与全域的同步性明显偏低,其中内蒙古与区域主体间的 C-M 指数平均仅为 0.7;第二,各核心省份与域内关联省份间的 C-M 指数大多在 0.5～0.8 附近波动,该值同样较低,这说明尽管域内发达省份能够带动后发省份变动,但是这种联动性的强度仍相对较弱,说明西部地区整体在后发赶超过程中亦出现了一定程度上的增长分化,其中,四川和重庆与域内其他省份之间的差距正在逐步拉大。

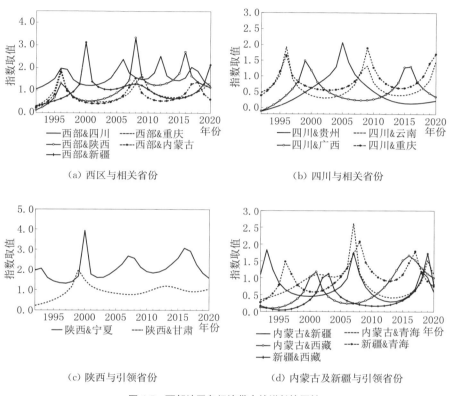

图 4-5　西部地区各经济带内的增长协同性

4.3.4　东北地区各经济带内的增长关联检验

表 4-5　东北地区内的增长传递效应检验

东北 NGC 黑龙江	0.396 (0.529)	东北 NGC 吉林	5.992 ** (0.014)	东北 NGC 辽宁	0.138 (0.711)
黑龙江 NGC 东北	30.625 *** (0.000)	黑龙江 NGC 吉林	18.806 *** (0.000)	黑龙江 NGC 辽宁	35.464 *** (0.000)
吉林 NGC 东北	100.910 *** 0.000)	吉林 NGC 黑龙江	31.069 *** (0.000)	吉林 NGC 辽宁	271.424 *** (0.000)
辽宁 NGC 东北	1.354 (0.245)	辽宁 NGC 黑龙江	4.223 ** (0.040)	辽宁 NGC 吉林	38.442 *** (0.000)

最后再来看东北地区各省份之间的增长传递情况,可以发现东北三省之间均具有双向格兰杰因果关系,且各 C-M 指数大体为正,这意味着东北各省间存在正向互动关系,任一省份的经济增长均能带动其余两省的经济增长,反之任一省份的经济下滑也将导致其余两省出现经济周期协同衰落。这一方面说明受地理因素、产业结构等共性特征约束,东北三省是密不可分的整体,经济景气具有共同变化的基本特征,另一方面也说明,东北三省的经济下滑已经成为不可忽视的区域局部风险,而如何在后疫情时期带领东北三省集体走出增长下滑困境也必将成为促进全国经济平稳有序复苏的重要一环。

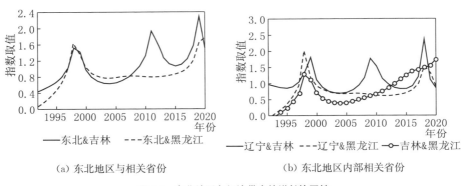

(a) 东北地区与相关省份　　　　　(b) 东北地区内部相关省份

图 4-6　东北地区各经济带内的增长协同性

4.4　本章小结

本章从经济增长域间传导的视角出发,综合利用格兰杰因果关系检验及 C-M 同步相关指数考察中国四大区域和各典型经济带内的增长传导关系及增长协同性,主要得到如下结论。

第一,目前中国的区域经济增长结构已优化升级为"东部率先引领和全国仿射四区"的雁阵增长结构,这表明从大域观视角来看,中国经济增长已全面实现互联互通。第二,全国各大区域间的经济增长均表现为协同共进,这为中国区域经济的协同发展提供了重要的事实依据和经验佐证。具体而言,东部地区与全国的增长协同性最高,说明东部地区是拉动全国经济增长的中坚力量;而中部、西部及东北部地区三者的增长高度一致,说明欠发达地区具有一致向好的后发追赶态势,不存在绝对的增长落后区域和孤立区域。第三,中国各大经济带内均已出现了不同形态的传导网络,说明目前中国已基本消除了完全游离于增长链条之外的孤立省份。而就各传导网络的形态而言,目前各大经济带内的传导仍较为复杂,既有简单的线性传导,亦有复杂的环状网络,这说明各大经济带内的传导效应和互联互通程度仍有较大差异,实现共同繁荣仍任重而道远。第四,东部地区各省份间的增长协同性明显高于其他三区,说明东部地区内已率先形成了强势增长集团,而在西部、中部和东北,带域内各省间的增长协同性明显偏低,这意味着不平衡和不充分的发展主要体现在这三大地理分区之内。但是一个可喜的现象在于,这三个地区在后发追赶过程中都出现了不同程度上的多中心增长结构,说明三者充分吸收了东部地区发展的经验和教训,在后发追赶过程中采取了更为先进的城市空间结构,从而避免了单极虹吸四邻的现象。

　　总的来说,本章在域观视角下对中国经济增长的传导网络进行了刻画,印证了中国的区域增长模式已突破了传统的三元结构,实现了全国中观经济周期的互联互通和紧密传导。这是解决"不平衡和不充分的发展"这一主要社会矛盾的必要基础,亦是国家向全面建成社会主义现代化强国目标迈进的历史前提。然而需要指出的是,各区域经济增长间的紧密互动并不意味着区域经济周期变化是简单的结构复制。事实上,现阶段中国的区域经济发展不仅存在着域间传导,更存在着区域间的产业分工和职能分异。这有利于局部经济风险的内化,并能在很大程度上防止风险的同强度传染。然而需要说明的是,尽管四大区域间以及各主要经济带内的增长网络已基本实现协同共进和互联互通,但区域间增长关联程度的巨大差异从根本上决定着各地的增长态势、复苏态势与经济韧性都存在着较大差异。这意味着我们仍需在充分识别和利用增长传导网络的基础上,重点关注欠发达地区的经济周期变化,这是真正消除不平衡和不充分的发展的核心,亦是实现中华民族伟大复兴的必由之路。

第5章　中国省级经济增长的条件收敛特征与空间"溢出效应"检验

在中国经济向高质量发展转型的关键阶段,实现省级维度上的经济协同增长、彼此促进和防范化解局部经济失速下行风险已成为确保经济稳中向好发展的必要前提。其中,一个关键条件就是省级经济增长存在条件收敛属性。为此本章将延续上一章的研究,着重探讨如下两个问题:(1)既然区域经济增长之间存在传递和联动关系,那么在现有的传递和联动关系下,省域经济增长是否已具备协同收敛的迹象? (2)倘若省域经济增长收敛存在,那么是何种要素和机制促成了省域经济增长收敛;倘若不存在,引导省域经济增长收敛的关键条件又是什么? 从本质上讲,如果说第4章发现的经济增长传递机制是一种现象,那么本章研究实则是在为这一现象求证原因,并进一步探索结果。无论是从学理还是实证上来讲,对省域经济增长传导、收敛的讨论都离不开对"溢出效应"的阐释,这也是本章要着力阐释的内容。"溢出效应"这一词汇始现于技术领域(Solow,1957),因为技术的累积和学习最易打破时间和空间的限制,因此也最易于产生溢出并激发外部性。随后,人们在越来越多的现象中观测到,"溢出效应"并非仅源于技术,人力及物质资本在省域间的流动也会形成溢出,"京津冀经济带""长三角经济带"和"粤港澳大湾区"的集团繁荣都是典型例证。然而,从机制分析来看,"溢出效应"所产生的结果却较为复杂,有时会体现为彼此增进,但有时也会表现为"虹吸"和"以邻为壑"。例如:受趋利属性影响,人力资本往往更倾向于由弱省流入强省,这就会在一定程度上诱发强省对弱省的"虹吸";而当强省对人才的吸纳空间逐渐饱和后,人力资本又将由强省流入弱省,从而促进省域联动和协同共进。那么一个自然的问题是,中国省域经济间的"溢出"到底是表现为彼此增进还是"以邻为壑"? 对这一问题的回答不仅关乎阐述中国省域经济联动的本质特征,同时也将为未来国家各类城市集群和经济带建设提供有益指导。

现有文献已充分肯定了经济增长具有空间外溢属性,但相关研究仍存在一些问题有待完善:(1)缺少对外溢效应形成机理的刻画;(2)对外溢效应的研究多是基于地理距离刻画,忽略了省份间的技术溢出以及强弱省份和经济周期不同阶段下牵拉和抑制效应的非对称性。为此,本章将着重进行以下两方面改进:(1)将空间"溢出效应"引入经典的 MRW 收敛模型,从理论上刻画外溢效应对经济收敛的作用机制;(2)运用双区制空间杜宾模型检验经济增长空间"溢出效应"的非对称性,阐释中国省际经济增长是否具备形成收敛的条件和基础。

5.1　含有增长空间外溢性的 MRW 收敛模型

本章对传统 MRW 模型进行扩展,将增长的空间外溢属性纳入 MRW 模型之中。具体地,假定劳动(L)、资本(K)和人力资本(H)共同决定地区 $i(i=1, \cdots, N)$ 的总产出水平(Y),并保持规模报酬不变,于是生产函数可表示为:

$$Y_i(t) = A_i(t) K_i^{\theta_k}(t) H_i^{\theta_h}(t) L_i^{1-\theta_k-\theta_h}(t) \qquad (5.1)$$

式(5.1)中,θ 是资本要素的产出弹性,并且有 $\theta_k + \theta_h < 1$, $\theta_k > 0$, $\theta_h > 0$,这可以保证式(5.1)服从资本边际回报率递减。进一步地,本章将技术水平 $A_i(t)$ 的变动规律设定如下:

$$A_i(t) = \Omega(t) k_i^{\tau_k}(t) h_i^{\tau_h}(t) \prod_{j=1}^{N} A_j^{\gamma \omega_{ij}}(t) \quad (j \neq i) \qquad (5.2)$$

在此对式(5.2)进行如下三点说明:(1)假设 $\Omega(t)$ 外生,且不存在区域异质性,这意味着 $\Omega(t) = \Omega(0) e^{\mu t}$,其中 μ 为常数。(2)参照罗默(Romer, 1986),假设区域技术水平 $A_i(t)$、人均资本水平 $k_i(t)[=K_i(t)/L_i(t)]$ 与 $h_i(t)[=H_i(t)/L_i(t)]$ 存在正相关关系,τ_k 与 τ_h 分别表示各地区人均物质资本、人力资本的技术贡献率,假定 $\tau_k + \tau_h < 1$, $\tau_k > 0$, $\tau_h > 0$。如此一来,资本投资便具有溢出属性,它产生"溢出效应"的机制在于:边际资本在促进资本存量上升的同时亦能推动本地技术进步。(3)假定边际资本的知识"溢出效应"对其他区域也会产生影响,且该效应随着区域间距离的增加以及区域间差异的扩大而变弱。式(5.2)中 $\prod_{j=1}^{N} A_j^{\gamma \omega_{ij}}(t)(j \neq i)$ 为除地区 i 自身外其他地区的平均技术水平,其中 γ 代表着由技术"溢出效应"引致的区域相关性,考虑到技术在一国内的溢出并不受地理距离影响,故一个合理的假设是,各地区的 γ 值相同,且 $0 \leqslant \gamma < 1$,这是因为摩擦会削弱技术传播。进一步地,假

定技术水平的空间溢出影响强度由外生空间权重 $\omega_{ij}(j=1,\cdots,N;j\neq i)$ 决定,其中 $0\leqslant\omega_{ij}<1$,在 $i=j$ 时,$\omega_{ij}=0$,同时 $\sum_{j\neq i}^{N}\omega_{ij}=1$,$i=1,\cdots,N$。

接着将式(5.2)简化为矩阵形式:

$$\boldsymbol{A}=\boldsymbol{\Omega}+\tau_k\boldsymbol{k}+\tau_h\boldsymbol{h}+\gamma\boldsymbol{W}\boldsymbol{A} \tag{5.3}$$

其中,$\boldsymbol{A}$ 为 $N\times 1$ 维矩阵,表示技术水平的对数,$\boldsymbol{k}$ 与 $\boldsymbol{h}$ 是 $N\times 1$ 维矩阵,分别表示人均物质资本、人力资本的自然对数,$\boldsymbol{W}$ 为 $N\times N$ 维的空间权重矩阵。当 $\gamma\neq 0$ 以及 $1/\gamma$ 不是 $\boldsymbol{W}$ 的特征根时,式(5.3)可改写如下:

$$\boldsymbol{A}=(\boldsymbol{I}-\gamma\boldsymbol{W})^{-1}\boldsymbol{\Omega}+\tau_k(\boldsymbol{I}-\gamma\boldsymbol{W})^{-1}\boldsymbol{k}+\tau_h(\boldsymbol{I}-\gamma\boldsymbol{W})^{-1}\boldsymbol{h} \tag{5.4}$$

由式(5.4)易知,当 $|\gamma|<1$ 时,地区 i 的技术水平可写为:

$$A_i(t)=\Omega^{\frac{1}{1-\gamma}}(t)k_i^{\tau_k}(t)h_i^{\tau_h}(t)\prod_{j=1}^{N}k_j^{\tau_k\sum_{r=1}^{\infty}\gamma^r\omega_{ij}^{(r)}}(t)\prod_{j=1}^{N}h_j^{\tau_h\sum_{r=1}^{\infty}\gamma^r\omega_{ij}^{(r)}}(t)$$

$$\tag{5.5}$$

式(5.5)表明,地区 i 的技术水平将同时受到本地及其他地区人均物质和人力资本水平的影响。将人均产出 $y_i(t)=Y_i(t)/L_i(t)$ 代入式(5.5)可得:

$$y_i(t)=\Omega^{\frac{1}{1-\gamma}}(t)k_i^{u_{ii}}(t)h_i^{v_{ii}}(t)\prod_{j\neq i}^{N}k_j^{u_{ij}}(t)\prod_{j\neq i}^{N}h_j^{v_{ij}}(t) \tag{5.6}$$

其中 $u_{ii}=\theta_k+\tau_k[1+\sum_{r=1}^{\infty}\gamma^r\omega_{ii}^{(r)}]$,$v_{ii}=\theta_h+\tau_h[1+\sum_{r=1}^{\infty}\gamma^r\omega_{ii}^{(r)}]$,$u_{ij}=\tau_k\sum_{r=1}^{\infty}\gamma^r\omega_{ij}^{(r)}$,$v_{ij}=\tau_h\sum_{r=1}^{\infty}\gamma^r\omega_{ij}^{(r)}$。$\omega_{ij}^{(r)}$ 为位于空间权重矩阵 $\boldsymbol{W}$ 第 i 行第 j 列的权重系数的 r 次方。由式(5.6)易知,该生产函数中纳入了空间效应。特别地,当 $\tau_k=\tau_h=0$ 时,$u_{ii}=\theta_k$,$v_{ii}=\theta_h$,$u_{ij}=0$,$v_{ij}=0$,此时并不存在物质资本与人力资本的空间"溢出效应",方程与经典的 MRW 模型一致。在获取了含有空间效应的生产函数后,我们将进一步推导空间收敛模型的动态增长路径及稳态值。首先,将生产函数表示为 $\boldsymbol{y}=\boldsymbol{A}+\theta_k\boldsymbol{k}+\theta_h\boldsymbol{h}$,等式两边同乘 $(\boldsymbol{I}-\gamma\boldsymbol{W})$ 后代入式(5.4)于是有:

$$\boldsymbol{y}=\boldsymbol{\Omega}+(\theta_k+\tau_k)\boldsymbol{k}+(\theta_h+\tau_h)\boldsymbol{h}-\theta_k\gamma\boldsymbol{W}\boldsymbol{k}-\theta_h\gamma\boldsymbol{W}\boldsymbol{h}+\gamma\boldsymbol{W}\boldsymbol{y} \tag{5.7}$$

本章假定物质及人力资本的投资率为 s_i^k,s_i^h 与人口自然增长率 n_i 皆为外生常量,并假定各地区的折旧率 δ 相同。由此可得出人均物质及人力资本的动态路径:

$$\frac{\dot{k}_i(t)}{k_i(t)} = s_i^k \frac{y_i(t)}{k_i(t)} - (n_i + \delta) \tag{5.8}$$

$$= s_i^k \Omega^{\frac{1}{1-\gamma}}(t) k_i^{-(1-u_{ii})}(t) h_i^{v_{ii}}(t) \prod_{j \neq i}^N k_j^{u_{ij}}(t) \prod_{j \neq i}^N h_j^{v_{ij}}(t) - (n_i + \delta)$$

$$\frac{\dot{h}_i(t)}{h_i(t)} = s_i^h \frac{y_i(t)}{h_i(t)} - (n_i + \delta)$$

$$= s_i^h \Omega^{\frac{1}{1-\gamma}}(t) k_i^{u_{ii}}(t) h_i^{-(1-v_{ii})}(t) \prod_{j \neq i}^N k_j^{u_{ij}}(t) \prod_{j \neq i}^N h_j^{v_{ij}}(t) - (n_i + \delta) \tag{5.9}$$

动态路径满足 $\dot{k}_i(t)/k_i(t) = \dot{h}_i(t)/h_i(t) = g = g(\mu)$，并且 $\theta = \theta_k + \theta_h$，$\tau = \tau_k + \tau_h$，据此，物质资本及人力资本与人均 GDP 之比的稳态值为：$[k_i/y_i]^* = s_i^k/(n_i + g + \delta)$，$[h_i/y_i]^* = s_i^h/(n_i + g + \delta)$。进一步在式(5.7)中代入上述稳态值，整理可得：

$$\ln y_i^*(t) = \frac{1}{1-\theta-\tau} \ln \Omega(t) + \frac{\theta_k + \tau_k}{1-\theta-\tau} \ln s_i^k + \frac{\theta_h + \tau_h}{1-\theta-\tau} \ln s_i^h$$

$$- \frac{\theta+\tau}{1-\theta-\tau} \ln(n_i + g + \delta) - \frac{\theta_k \gamma}{1-\theta-\tau} \sum_{j \neq i}^N \omega_{ij} \ln s_j^k$$

$$- \frac{\theta_h \gamma}{1-\theta-\tau} \sum_{j \neq i}^N \omega_{ij} \ln s_j^h + \frac{\theta\gamma}{1-\theta-\tau} \sum_{j \neq i}^N \omega_{ij} \ln(n_i + g + \delta)$$

$$+ \frac{\gamma(1-\theta)}{1-\theta-\tau} \sum_{j \neq i}^N \omega_{ij} \ln y_j^*(t) \tag{5.10}$$

将式(5.10)简化为矩阵形式可以得到：

$$\boldsymbol{y}^* = (\boldsymbol{I} - \rho\boldsymbol{W})^{-1} \left[\begin{array}{l} \dfrac{1}{1-\theta-\tau}\boldsymbol{\Omega} + \dfrac{\theta_k + \tau_k}{1-\theta-\tau}\boldsymbol{S_k} + \dfrac{\theta_h + \tau_h}{1-\theta-\tau}\boldsymbol{S_h} - \dfrac{\theta_k \gamma}{1-\theta-\tau}\boldsymbol{WS_k} \\[3mm] - \dfrac{\theta_h \gamma}{1-\theta-\tau}\boldsymbol{WS_h} \end{array} \right] \tag{5.11}$$

式中 $\rho = \dfrac{\gamma(1-\theta)}{1-\theta-\tau}$，$\boldsymbol{S_k}$ 与 $\boldsymbol{S_h}$ 为 $N \times 1$ 维矩阵，分别为物质资本投资率与有效折旧之比的对数值和人力资本投资率与有效折旧之比的对数值。

接着将式(5.8)和(5.9)在稳态处进行对数线性化处理，得出式(5.12)和(5.13)：

$$\frac{d\ln k_i(t)}{dt} = g - (1 - u_{ii})(n_i + g + \delta)[\ln k_i(t) - \ln k_i^*]$$

$$+ \sum_{j \neq i}^N u_{ij}(n_i + g + \delta)[\ln k_j(t) - \ln k_j^*] \tag{5.12}$$

$$\frac{d\ln h_i(t)}{dt} = g - (1 - v_{ii})(n_i + g + \delta)\left[\ln h_i(t) - \ln h_i^*\right] \tag{5.13}$$
$$+ \sum_{j \neq i}^{N} v_{ij}(n_i + g + \delta)\left[\ln h_j(t) - \ln h_j^*\right]$$

为简化求解,假定地区 i 与其稳态的差值和地区 j 的对应差值正相关,即:

$$\ln k_i(t) - \ln k_i^* = \Phi_j^k\left[\ln k_j(t) - \ln k_j^*\right] \tag{5.14}$$

$$\ln h_i(t) - \ln h_i^* = \Phi_j^h\left[\ln h_j(t) - \ln h_j^*\right] \tag{5.15}$$

$$\ln y_i(t) - \ln y_i^* = \Theta_j\left[\ln y(t) - \ln y_j^*\right] \tag{5.16}$$

因此,收敛速度可写为:

$$\frac{d\ln y_i(t)}{dt} = g - \lambda_i\left[\ln y_i(t) - \ln y_i^*\right] \tag{5.17}$$

其中:

$$\lambda_i = \frac{\sum\limits_{j=1}^{N} u_{ij} \dfrac{(n_j + g + \delta)}{\Phi_j^k}}{\sum\limits_{j=1}^{N} u_{ij} \dfrac{1}{\Phi_j^k}} + \frac{\sum\limits_{j=1}^{N} v_{ij} \dfrac{(n_j + g + \delta)}{\Phi_j^h}}{\sum\limits_{j=1}^{N} v_{ij} \dfrac{1}{\Phi_j^h}}$$
$$- \sum\limits_{j=1}^{N} (u_{ij} + v_{ij}) \dfrac{1}{\Theta_j}(n_j + g + \delta) \tag{5.18}$$

在 $\ln y_i(t)$ 的两边分别减去 $\ln y_i(0)$,于是可得:

$$\ln y_i(t) - \ln y_i(0) = gt - (1 - e^{-\lambda_i t})\frac{\mu}{1 - \gamma}\frac{1}{\lambda_i} \tag{5.19}$$
$$- (1 - e^{-\lambda_i t})\ln y_i(0) + (1 - e^{-\lambda_i t})\ln y_i^*$$

式(5.19)的矩阵形式为:

$$\boldsymbol{G} = gt\boldsymbol{I} - \boldsymbol{D}\boldsymbol{y_0} + \boldsymbol{D}\boldsymbol{y}^* \tag{5.20}$$

其中 $\boldsymbol{G}$ 与 $\boldsymbol{y_0}$ 为 $N \times 1$ 维矩阵,分别表示各地区人均实际 GDP 同比增长率和初始人均实际 GDP 的对数;$\boldsymbol{D}$ 为 $N \times N$ 维矩阵,其主对角线元素为 $(1 - e^{-\lambda_i t})$。将上式的两边均乘以 $\boldsymbol{D}(\boldsymbol{I} - \rho\boldsymbol{W})^{-1}$,并将式(5.11)得到的 $\boldsymbol{y}^*$ 代入再进行整理,可得:

$$\ln y_i(t) - \ln y_i(0) = \Delta_i - (1 - e^{-\lambda_i t}) \ln y_i(0)$$

$$+ (1 - e^{-\lambda_i t}) \frac{\theta_k + \tau_k}{1 - \theta - \tau} \ln\left(\frac{s_i^k}{n_i + g + \delta}\right)$$

$$+ (1 - e^{-\lambda_i t}) \frac{\theta_h + \tau_h}{1 - \theta - \tau} \ln\left(\frac{s_i^h}{n_i + g + \delta}\right)$$

$$- (1 - e^{-\lambda_i t}) \frac{\theta_k \gamma}{1 - \theta - \tau} \sum_{j \neq i}^{N} \omega_{ij} \ln\left(\frac{s_j^k}{n_j + g + \delta}\right) \quad (5.21)$$

$$- (1 - e^{-\lambda_i t}) \frac{\theta_h \gamma}{1 - \theta - \tau} \sum_{j \neq i}^{N} \omega_{ij} \ln\left(\frac{s_j^h}{n_j + g + \delta}\right)$$

$$+ (1 - e^{-\lambda_i t}) \frac{\gamma(1 - \theta)}{1 - \theta - \tau} \sum_{j \neq i}^{N} \omega_{ij} \ln y_j(0)$$

$$+ (1 - e^{-\lambda_i t}) \frac{\gamma(1 - \theta)}{1 - \theta - \tau} \sum_{j \neq i}^{N} \frac{1}{(1 - e^{-\lambda_j t})} \omega_{ij} [\ln y_j(t) - \ln y_j(0)]$$

其中 $\Delta_i = gt + \frac{(1 - e^{-\lambda_i t})}{1 - \theta - \tau} \ln \Omega - \rho g t (1 - e^{-\lambda_i t}) \sum_{j \neq i}^{N} \frac{\omega_{ij}}{(1 - e^{-\lambda_i t})}$。式
(5.21)即为空间收敛方程,其中,除了地区 i 自身的初始产出水平、物质资本
投资率、人力资本投资率以及劳动增长率会影响地区 i 的人均 GDP 增长率
外,其他地区的外溢效应也将对本地人均 GDP 增长率产生影响。特别地,当
$\gamma = 0$,$\tau = 0$ 时,式(5.21)不存在空间"溢出效应",此时模型退化为传统的
MRW 模型。

5.2　中国省级经济增长敛散性的实证检验

5.2.1　数据选取

本章以 2001~2020 年中国省级经济数据为样本。核心经济指标的选取
过程如下:(1)经济增速,选取各省人均实际 GDP 同比增速作为代理指标,记
为 G;(2)初始经济水平,选取各省样本初期的人均 GDP 值作为各省的初始
经济水平,记为 y_0;(3)有效折旧率,即$(n_i + g + \delta)$,其中 n_i 为各省常住人口
的自然增长率,借鉴曼丘等(Mankiw $et~al.$,1992)的研究,假设各省每年的
$(g + \delta)$ 恒定不变,为 0.05;(4)各省的储蓄率与总折旧之比,采用对数化的
年储蓄率与有效折旧之比度量,记为 S_k,采用各省的投资率替代储蓄率,
投资率采用各省固定资产投资完成额与 GDP 的比值计算获取;(5)人力资

本投资率,即对数化的各省人力资本指数 s_i^h 与有效折旧之比,记为 S_h,其中 s_i^h 的含义为接受普通中高等教育的适龄劳动人口占该年龄段所有人口的比例,该指标的代理变量为 16～22 岁受教育人口占所有该年龄段人口的比例。此外,为克服经济周期波动的影响,本章将每四年视为一个滚动周期进行实证检验。所以 G 为每四年经济增速的几何平均,y_0 为每个经济周期内第一年的人均实际产出,S_k 与 S_h 分别取该周期内相应指标的几何平均值。

本章数据来源于中经网统计数据库和中国人力资本指数报告数据库。表 5-1 按照中国传统四大地理分区给出了各变量的描述性统计。观察表 5-1 可以发现,各变量的取值会随地域的变化而产生变化,首先来看人均 GDP 增速,中、西部的人均实际 GDP 增速的均值高达 10% 以上,这显著高于东部(8.314%)和东北地区(8.379%),相比而言,东部及东北部地区的人均实际 GDP 初值则高于中、西部地区。从各地区人均 GDP 的初始禀赋和增长速度来看,这与 MRW 理论的描述一致,说明中国省级经济增长表象满足 β 收敛。

表 5-1　分区域描述性统计分析表

区域	指标	G_i	$\ln y_i(0)$	$\ln s_i^k$	$\ln s_i^h$	$\ln(n_i+g+\delta)$
东部	平均值	8.314	8.307	3.691	4.007	1.700
	标准差	2.852	0.498	0.382	0.290	0.053
	最小值	0.890	6.992	2.720	2.986	1.582
	最大值	19.200	9.636	4.748	4.402	1.836
中部	平均值	10.281	7.753	3.925	3.981	1.718
	标准差	2.729	0.216	0.308	0.262	0.026
	最小值	2.600	7.311	3.239	3.274	1.653
	最大值	16.000	8.157	4.453	4.317	1.781
西部	平均值	10.003	7.727	4.105	3.897	1.738
	标准差	2.904	0.325	0.284	0.314	0.051
	最小值	3.5	6.992	3.359	2.986	1.654
	最大值	19.200	8.422	4.748	4.339	1.836
东北	平均值	8.379	8.066	4.011	3.995	1.631
	标准差	2.409	0.207	0.442	0.242	0.024
	最小值	0.890	7.547	3.007	3.302	1.586
	最大值	11.900	8.346	4.571	4.284	1.675

再来看资本投资率,西部地区的平均物质投资水平最高,东北、中部地区次之,东部地区最低,但东部地区的人力资本水平最高。这是因为东部地区整体发展水平较高,已经具有较高的原始资本累积,此时再进行物质资本投资无疑会触发边际报酬递减规律;而在人力资本层面,东部地区拥有最丰富

的教育资源,对教育的重视程度亦相对较高,并且拥有更高的教育回报率,故东部地区的人力资本投入较高,这也为该地区的持续发展提供了长久动力。在有效折旧方面,西部地区的平均有效折旧水平最高,造成这一现象的原因有二:一是该地区投资重置率较高,导致资本折旧速度较快;二是该地区的育儿成本较低,居民具有较高的生育意愿,导致人口增长率也略高于其他地区。

5.2.2 无空间效应的条件收敛模型估计

为探究中国省级经济增长是否具有收敛特征,本章首先构建了一个基准条件收敛模型:

$$G = \alpha + \beta_0 y_0 + \beta_1 S_k + \beta_2 S_h + \varepsilon \tag{5.22}$$

通过表 5-2 可以看出,无论周期取 1 还是 4,y_0 的系数均显著为负,这表明中国省域经济增长具有条件收敛特征。进一步地,两组回归方程的 R^2 均大于 0.6,说明上述模型已能较好地拟合中国省域人均实际 GDP 的变动轨迹。然而基准模型并未将空间相关性纳入考虑,根据式(5.22)可知,该结果可能存在偏误,故下文将引入空间"溢出效应"进行再估计。

表 5-2 无空间效应的条件收敛模型估计结果表

变量	周期 T=1		周期 T=4	
	系数	标准误	系数	标准误
y_0	−0.988 ***	0.381	−1.652 ***	0.399
SK	1.031 ***	0.306	0.570	0.460
SH	0.533	0.602	0.938	0.775
$Cons$	13.116 ***	2.984	19.703 ***	3.332
$Year$	Y	Y	Y	Y
R^2	0.607		0.674	

5.2.3 空间收敛模型估计

理论分析结果表明,经济体之间的"溢出效应"较为复杂,它既会受到纯地理因素的影响,同时又会受到经济发展差异的影响(技术溢出部分)。因此一个合理的空间权重矩阵应该是兼顾两种因素的权重矩阵。为此,本节构建了一个经济地理嵌套矩阵以对空间关联关系进行刻画,其权重元素为地理距离权重与经济距离权重之比,即两省间地理距离的倒数与对数化后的各省人均实际产出之差的比值。这一权重既考虑了与贸易、资本流动相关的纯地理"溢出效应",同时亦考虑了与经济发展程度相关的技术"溢出效应"。出于稳健性考虑,本节还构建了传统的地理距离矩阵,其权重元素为两个省份间地理距离二次方的倒数。为剔除量纲影响,本章在进行估计前对上述权重矩阵均进行了标准化处理。

在进行估计之前,首先要确定将空间要素纳入模型是否具有合理性,这里采用代表性年份下的 *Moran's I* 指数及 *Geary's C* 指数进行判断,表 5-3 以 4 年为间隔,给出了每段样本内代表性年份下的空间效应检验结果。通过表 5-3 不难发现,各代表性年份下,人均实际 GDP 与人力资本投资率均具有显著的正向空间效应,而固定资产投资率的空间效应仅在较早的年份时显著。这说明了两个重要问题:(1)空间"溢出效应"的确存在;(2)随着时间推移,技术溢出在"溢出效应"中逐渐占据主导地位。

表 5-3   关键变量空间相关性分析表

年份	人均实际 GDP		固定资产投资率		人力资本投资率	
	Moran's I	*Geary's C*	*Moran's I*	*Geary's C*	*Moran's I*	*Geary's C*
2004	0.562 ***	0.292 ***	0.052 **	0.870 ***	0.116 ***	0.862 ***
2008	0.578 ***	0.275 ***	0.024 *	0.899 **	0.089 ***	0.821 ***
2012	0.587 ***	0.275 ***	0.041 **	0.925	0.060 ***	0.800 ***
2016	0.583 ***	0.285 ***	0.030 **	0.958	0.036 **	0.769 ***
2020	0.568 ***	0.299 ***	−0.022	1.000	0.013	0.876 **

在确定建模时考虑空间"溢出效应"后,便可使用空间杜宾模型进行参数估计。为此,本节将经济条件收敛的空间杜宾模型设定如下:

$$G_{it} = \gamma_0 + \rho W_{ij} G_{jt} + \gamma_1 y_{0it} + \gamma_2 S_{K_{it}} + \gamma_3 S_{H_{it}}$$
$$+ \sum_{j \neq i}^{N} \gamma_1' W_{ij} y_{0jt} + \sum_{j \neq i}^{N} \gamma_2' W_{ij} S_{K_{jt}} + \sum_{j \neq i}^{N} \gamma_3' W_{ij} S_{H_{jt}} + \varepsilon_{it}' \quad (5.23)$$
$$(\varepsilon_{it}' = \lambda W_{ij} \varepsilon_{jt} + \mu_{it})$$

省际收敛模型的估计结果如表 5-4 所示,可以看出,空间自相关系数 ρ 的估计结果为 0.688,并且能在 1% 的显著水平下拒绝原假设,这说明中国的省级经济增长具有显著的正向空间"溢出效应",即周边省份的经济增长会拉动本省经济增长,体现出协同共进特性。此外,从初始人均产出的作用机制来看,y_0 和 W_y_0 的系数和为负数(二者的系数分别为 4.965 和 −11.543),这说明初始禀赋对经济增长仍表现为抑制作用,同时也表明在含有空间"溢出效应"的收敛方程中,中国省际经济增长同样具有条件收敛属性。

考虑到空间杜宾模型中加入了各变量的滞后项,因此回归的系数并不能代表变量同期间的净影响。本节对空间模型进行效应分解,根据回归系数计算出各变量对人均实际 GDP 增速影响的总效应、直接效应与间接效应。具

表 5-4　空间收敛模型估计结果表

	系数	标准误
y_0	4.965 ***	1.398
SK	0.594	0.492
SH	1.261	1.096
W_y_0	−11.543 ***	2.540
W_SK	−2.057	1.281
W_SH	3.152	2.325
ρ	0.688 ***	0.057
σ^2	1.082 ***	0.127
R^2	0.595	
Log_Likelihood	−237.491	

体地,直接效应代表本省各自变量对本省人均实际 GDP 增速的平均影响强度,它包括两个部分:(1)本省自变量对本省因变量的直接作用;(2)本省自变量通过其他省份的人均实际 GDP 增速反作用于本省人均实际 GDP 增速的部分。间接效应表示其他省份自变量对本省因变量的作用,同样也包括直接作用及反馈作用。具体的空间效应分解结果如表 5-5 所示。

表 5-5　空间溢出效应分解表

	直接效应	间接效应	总效应
y_0	2.821 *	−23.956 ***	−21.135 ***
	(1.516)	(6.222)	(6.859)
SK	0.110	−5.062	−4.952
	(0.601)	(3.926)	(4.320)
SH	2.474 ***	11.978 ***	14.452 **
	(1.188)	(6.465)	(7.093)

首先,初始人均产出的总"溢出效应"显著,为−21.135,这说明中国的省际经济增长已步入典型的条件收敛过程,具体表现为欠发达地区的经济增长速度显著高于发达地区。进一步通过效应分解不难发现,这种收敛并非由直接效应所引致,反而是由间接"溢出效应"主导。这说明本地较好的经济资源和初始禀赋主要是通过"辐射效应"拉动周边省份的经济增长,进而通过相对速度差来抑制本地经济增长。这一结论与中国事实高度耦合,无论是"京津冀鲁经济带"中的"北京仿射四邻"还是"长江经济带"内的"上海带动江浙"都是这一结论的良好印证。从本质上讲,城市群的建设要历经三个阶段,首先是周边的要素向中心城市流动,产生"增长极效应",然后是中心城市的技术及其他要素向周边城市转移,激发正反馈循环和"辐射效应",最终是整个城市集群实现分工合理、风险分担、互联互通、资源共享和共同繁荣。而目前间接"溢出效应"占主导地位的现实状况表明,现今中国的城市群建设已基本步

入第二阶段,区域经济增长呈现出典型的中心仿射四邻特征,这无疑是全国经济增长实现协同共进、一致向好的必要基础。

进一步来看生产要素层面,固定资产投入的"溢出效应"不显著,而人力资本投资则具有显著的正向"溢出效应",该"溢出效应"同样由间接效应主导。这一方面表明现阶段中国经济增长已陷入投资瓶颈期,另一方面则说明,人力资本才是未来中国经济实现突破的核心动力。进一步分析人力资本对经济增长的贡献不难发现,它的直接效应和间接效应均显著为正,这是由两方面原因造成的:(1)受就业机会、成长性、收入水平、社交圈等多方因素影响,人才更倾向于向中心城市流动;(2)随着城市群、区块链的不断发展和演进,中国的省域产业结构越发具有区域聚敛特色,同时微观主体(企业)通常更倾向于在周边城市搭建上下游产业链条,这能够在极大程度上促进人力资本的域内流动,进而反作用于本地增长。需要注意的是,放眼全球来看,中国经济仍处于上中等收入阶段,无论是资本累积还是人力资本均未达到世界前沿水平,而在此时出现投资驱动失效显然有悖常理,这表明资本端对经济的贡献陷入了不该有的瓶颈,若不能有效解决,后续定将面临增长动力不足的问题。为实现经济向高水平均衡收敛,两个条件至关重要:(1)增长动力应由人力驱动向物质与人力资本协同驱动转型;(2)在新的增长机制尚未完全形成前,必须要确保强省对弱省的经济"辐射效应"大于弱省对强省的经济"牵拉效应",这才能确保强项强,弱项反而不弱。有鉴于此,下文将进一步对经济增长"溢出效应"的非对称性进行检验。

5.3 非对称溢出效应检验

前文估计结果显示:中国省际经济增长已渐趋步入条件收敛过程,并且收敛主要由人力资本要素的间接"溢出效应"驱动。由此衍生出的一个问题是:人力资本的空间"溢出效应"是否存在非对称性?这将直接关系到收敛的时间路径和最终走向。本节运用双区制空间杜宾模型对收敛方程进行估计,以期揭示非对称"溢出效应"对省际经济条件收敛的影响。双区制空间杜宾模型的结构如下:

$$G_{it} = \delta_1 d_{it} \sum_{j \neq i}^{N} \omega_{ij} G_{jt} + \delta_2 (1 - d_{it}) \sum_{j \neq i}^{N} \omega'_{ij} G_{jt} + \alpha + \boldsymbol{x}_{it}\beta \quad (5.24)$$

$$+ \sum_{j \neq i}^{N} \omega''_{ij} \boldsymbol{x}_{jt}\phi + \mu_i + \eta_t + \varepsilon_{it}$$

式(5.24)中，x_{it} 为 $1 \times K$ 维矩阵，包括初始人均实际 GDP、物质资本及人力资本三个解释变量，即 $x_{it} = (y_{it}^0, s_{it}^k, s_{it}^h)$，$\beta$ 和 ϕ 均是 $K \times 1$ 维列向量，代表解释变量的系数，μ_i 和 η_t 用于刻画个体效应和时间效应，并且 $\sum_i \mu_i = \sum_t \eta_t = 0$，$\varepsilon_{it}$ 为随机扰动项；d_{it} 是区制划分变量，$d_{it} \sum_{j \neq i}^N \omega_{ij} G_{jt}$ 刻画了第一区制内各核心解释变量的空间"溢出效应"对人均实际 GDP 增速的影响，同理 $(1 - d_{it}) \sum_{j \neq i}^N \omega_{ij} G_{jt}$ 刻画了第二区制内各解释变量的空间"溢出效应"对人均实际 GDP 增速的影响。由于本节旨在刻画经济强省与弱省之间辐射和牵拉作用的非对称性，故区制划分变量 d_{it}^1 和 d_{it}^2 的设定如下：

$$d_{it}^1 = \begin{cases} 1 & y_{it} > \sum_{j \neq i}^N \omega_{ij} y_{jt} \\ 0 & otherwise \end{cases} \tag{5.25}$$

$$d_{it}^2 = \begin{cases} 1 & \sum_{j \neq i}^N \omega_{ij} G_{jt} > \sum_{j \neq i}^N \omega_{ij} G_{jt-1} \\ 0 & otherwise \end{cases} \tag{5.26}$$

其中，d_{it}^1 为 1 代表着省份 i 的人均 GDP 高于其余省份按空间权重加权后的人均 GDP，反之为 0 则代表省份 i 的人均 GDP 低于该加权平均数。由此不难理解 d_{it}^1 的经济释义，取 1 代表着该省份为经济强省，反之代表该省份为经济弱势省份。进一步地，δ_1 度量了弱省的人均 GDP 增速对强省人均 GDP 增速的"牵拉效应"，相应地，δ_2 则用于度量强省的人均 GDP 增速对弱省人均 GDP 增速的"辐射效应"。δ_1 与 δ_2 之差代表着空间"溢出效应"在强弱省份之间的非对称性，该值大于 0 代表弱省对强省的"牵拉效应"更强；反之，代表强省对弱省的"辐射效应"更大。d_{it}^2 为 1 表示除省份 i 外，其余省份人均 GDP 的平均增速快于上年同期，为 0 则代表除省份 i 外，其余省份的人均 GDP 增速较上年下降。这时 δ_1 代表其余地区人均 GDP 增速提升对本省的外溢效应，δ_2 代表其余地区人均 GDP 增速下降对本省的外溢影响。$\delta_1 - \delta_2$ 则表示空间"外溢效应"在经济上升和下降阶段的非对称性，该值大于 0 代表着经济繁荣时外省经济增长对本省的牵拉作用要大于经济收缩时外省经济回落对本省经济的下拉作用，反之，代表下拉作用大于牵拉作用。故 d_{it}^1 和 d_{it}^2 的使用可以让我们充分地识别出强弱省份辐射与牵拉之间的非对称性以及经济繁荣和萧条时期牵拉和下拉作用的非对称性。

$$\mathrm{Log}\, L = -\frac{NT}{2}\ln(2\pi\sigma^2) + \sum_{t=1}^{T} \ln \mid \mathbf{I}_N - \delta_1 \mathbf{D}_t \mathbf{W} - \delta_2 (\mathbf{I}_N - \mathbf{D}_t) \mathbf{W} \mid$$

$$-\frac{1}{2\sigma^2} \sum_{i=1}^{N} \sum_{t=1}^{T} \left[\begin{array}{l} G_{it}^* - \delta_1 (d_{it} \sum_{j \neq i}^{N} \omega_{ij} G_{jt})^* - \delta_2 ((1-d_{it}) \sum_{j \neq i}^{N} \omega_{ij} G_{jt})^* \\ -\mathbf{x}_{it}^* \beta - \sum_{j \neq i}^{N} \omega_{ij} \mathbf{x}_{jt}^* \phi \end{array} \right]^2$$

$$(5.27)$$

本节主要运用似然函数对双区制空间杜宾模型进行估计,基准模型形式如式(5.27)所示。式(5.27)中,∗表示括号中该项的原值与均值之差,整个双区制空间杜宾模型的估计结果如表 5-6 所示。表 5-6 的左半部分按照强弱省的区制划分原则进行估计,此时 δ 表示各区制内,其他省份的人均 GDP 增速对本省人均 GDP 增速的空间"溢出效应"。表 5-6 显示,δ₁ 并不显著,而 δ₂ 为 0.498,且在 1%的显著性水平下拒绝原假设,这表明经济弱省的人均 GDP 增速变动并未对强省的人均 GDP 增速产生影响。相比而言,经济强省的人均 GDP 增速对弱省的人均 GDP 增速有显著的"辐射效应",同时,二者的差值(−0.550)亦在 1%的显著水平下显著,这表明强省与弱省人均 GDP 增速之间的相互作用的确存在明显的非对称性,并且表现为强省单项牵拉弱省。这是后发赶超的典型模式,亦是经济增长协同向好的必要基础。但需注意的是,由于强弱省份之间的作用服从于辐射大于牵拉的情形,这意味着中国的省际经济增长收敛亦是一个相对漫长的过程。纵观中国经济发展历程不难发现,实证检验给出的收敛模式与事实高度耦合。改革开放以来,中国经济的迅速腾飞主要依赖于大规模生产、低成本劳动优势、模仿排浪式投资和低垂技术果实吸收,强省主要通过"引进来"和"干中学"迅速确立经济发展领先地位,而弱省则更倾向于采取"看中学"和"照着做"策略,吸收改革的成功经验,规避发展试错成本,从而营造更快的后发赶超,这种模式既为"又好又快"发展打下了坚实基础,同时又为经济收敛创造了必要条件,但也从根本上决定着强弱省份之间的经济传递基本是单向的。放眼未来,下一阶段省际经济增长协调工作的重心应由单项传导向正反馈循环模式过渡,弱省对强省的正反馈循环不仅能为经济在中高速平面上再崛起提供新的支点,同时也是中国省级经济整体跨越中等收入陷阱和迈向更高均衡的关键。提高强省的经济增长空间、合理延长经济收敛时长,无疑是对当下中国省际经济增长路径的有益修正和帕累托改进。

表 5-6 的右半部分进一步按照经济增长状态的区制划分原则给出了估

计结果。此时,δ_1 代表全国经济处于繁荣期时,其余省份人均 GDP 增速对本省人均 GDP 增速的"牵拉效应";相应地,δ_2 则代表全国经济处于下行阶段时,其余省份人均 GDP 增速对本省的"溢出效应"。根据表 5-6 的测算结果,两个区制中的空间相关系数均高度显著,这意味着经济繁荣和紧缩都会产生一定的外溢效应。其中 δ_1 为 0.709,δ_2 为 0.325,δ_1 是 δ_2 的两倍多,表明经济繁荣时期外省经济增速提升对本省的牵拉作用是经济下行时期外省经济下行对本省经济下拉作用的两倍之多,这充分说明经济繁荣与紧缩时期的外溢效应同样具有非对称特征。总的来看,这种非对称性是最为理想的模式,它表明中国的经济增长已展现出较强的抗冲击能力和经济韧性。结合一些典型事实来看:中国经济发展的确具有共同繁荣和局部紧缩的特征,其中,近些年来"长三角经济带""京津冀经济带""西南经济带"和"粤港澳大湾区"的集团繁荣就是省际经济协同向好的最好例证;而反观经济收缩期,新冠疫情等随机事件冲击更多的是局限于疫情暴发当地,增长衰退的传染效应通常能被迅速阻隔。

表 5-6 非对称溢出估计结果

	d1		d2	
	系数	标准差	系数	标准差
y_0	2.598**	1.114	−0.628	0.872
SK	0.870**	0.391	1.116***	0.417
SH	1.382**	0.580	1.137**	0.575
W_y_0	−6.984***	1.781	0.232	1.040
WSK	−1.844*	1.085	0.367	1.031
WSH	−1.032	1.583	−0.394	1.129
d_{it}^1	−0.348	0.286	—	—
d_{it}^2	—	—	5.826***	1.637
δ_1	−0.052	0.143	0.709***	0.076
δ_2	0.498***	0.141	0.325**	0.132
$\delta_1 - \delta_2$	−0.550***	0.204	0.385**	0.152
R^2	0.725		0.669	
Log-likelihood	−268.928		−289.578	

总的来看,无论是基于增长"规模效应"还是增长"阶段效应",中国各省的人均 GDP 之间均存在显著的非对称溢出,并且这两种非对称溢出都有利于区域经济协调发展和整体经济迈向更高均衡,这无疑是中国省际经济增长正走在良性收敛路径上的重要证据。

5.4　本章小结

本章通过理论推导得到了扩展的 MRW 空间收敛模型，随后采用空间面板杜宾模型对中国省际人均 GDP 增速的收敛特征进行检验，主要得出如下几点结论。

第一，中国省际人均 GDP 增长的空间"溢出效应"将受到两方面因素的影响：一是地理距离，其中地理距离越近的省份空间"溢出效应"越强，而地理距离越远的省份之间空间"溢出效应"越弱；二是经济距离，它主要来源于技术溢出，考虑到技术在一国内的普及壁垒较低，因此技术的正外部性也是"溢出效应"的主要来源，这种"溢出效应"取决于两省经济发展的相对差异，而与空间距离无关。对二者的刻画是本章理论扩展的核心内容，这不仅是对 MRW 模型的有益修正，同时也为省际经济增长的"空间溢出假说"提供了学理支持。

第二，中国省级经济增长已正式步入条件收敛过程，并且空间"溢出效应"在促成经济收敛的过程中发挥了主导作用。其中，几个重要的事实是：(1)经济欠发达地区的经济增速普遍高于发达地区；(2)资本形成差距并未使强弱省份之间的差距进一步拉大；(3)人力资本要素在促成经济收敛的过程发挥着重要的支柱作用；(4)在省际经济增长步入条件收敛的过程中，空间"溢出效应"中的间接效应贡献最大。上述结果表明：中国当下的经济收敛路径主要由人力资本要素单边驱动，尽管这种模式可以促进经济收敛，但它仍存在优化空间。我们需要充分意识到，中国的人均 GDP 水平仍处于上中等收入阶段，无论是资本累积还是人力资本均未达到世界前沿水平，此时出现投资驱动失效显然有悖常理，这意味着资本端对经济的贡献陷入了不该有的瓶颈，若不能有效解决，后续可能面临增长动力不足的问题，进而导致经济收敛水平出现下移。

第三，中国省级人均 GDP 增长的"溢出效应"存在规模和阶段上的双重非对称性。在经济规模上，增长"溢出效应"的非对称性表现为强省对弱省的单向牵拉，这一方面表明，经济发展已走在收敛路径之上，但另一方面也表明，增长的正反馈循环效应仍有待激发。就不同增长阶段下的"溢出效应"非对称性而言，经济繁荣时期外省对本省经济的牵拉作用要明显强于经济收缩时期外省对本省经济的下拉作用，这意味着中国经济已展现出较好的韧性，经济整体的抗风险能力有了实质性提高。

　　总的来看,中国的省际人均 GDP 增长已正式步入收敛过程,这为全国经济的协同向好发展和实现建设社会主义现代化强国的伟大蓝图提供了重要的数据支持和经验佐证。然而需要指明的是,目前的省际增长收敛路径尚存在进一步优化的空间:一是在驱动要素方面,经济增长的空间传递要逐渐向资本与人力要素双边驱动转型;二是在省际增长互动性方面,强弱省份间的增长互动亦要迅速步入正反馈循环模式。二者是增长迈向更高均衡的必要基础,亦是中国跨越"中等收入陷阱",并顺利向世界前沿增长面归并的必由之路。

第 6 章　全球经济增长的俱乐部收敛特征与金融门槛效应

在明确了中国区域经济增长具有收敛性后,另一个重要的问题即是中国经济能否向世界前沿增长面收敛。理论上讲,由于发达国家已经掌握了领先于其他国家的前沿技术,自主研发是其提高生产率的唯一途径,而欠发达国家的技术水平与全球技术前沿存在差距,它们可以依赖技术引进提高生产效率。考虑到自主研发型技术进步要明显慢于吸收学习型技术进步,因此,技术进步模式的差异为后发国家的经济追赶提供了理论上的可能。然而,现实中受经济体自身因素的影响,各国的技术演进路径通常存在很大差异,同时考虑到保护主义、技术锁定等复杂因素,各国技术吸收学习的速度明显存异,至少从目前来看,还未出现后发国家追赶上发达国家的迹象。全球经济发展也与"俱乐部收敛"的描述更加相符。为了解释这种现象,罗默(Romer,1986)和卢卡斯(Lucas,1988)提出了新增长理论(New Growth Theory),该理论放宽了新古典增长理论中对技术外生的设定,并认为各国的技术水平受其自身结构特征影响,随后,这一理论逐渐发展成了著名的技术差距理论(Technology Gap Theory),它为"俱乐部收敛"表象提供了重要的学理解释。技术差距理论认为,在满足特定约束的前提下,后发经济体得以通过技术引进缩小其与前沿增长面的技术差距,进而倚仗后发优势加速经济发展;然而若是后发经济体的自身结构特征不满足该约束条件,那么它将不再具备后发优势,从而也就无法实现后发赶超。

由此可见,后发经济体的经济增长能否向世界前沿增长面收敛将取决于一些固有条件,而这些条件到底是什么也成为近几十年来发展经济学反复探讨的问题。从现有研究来看,资本累积和人力资本约束已经成为共识条件,但随着研究不断深入,人们发现金融发展水平也在其中起到了决定作用。为此,本章将把金融约束引入经典的收敛理论模型,推导金融发展与经济收敛之间的关系,并据此实证检验如下几个重要问题:全球经济收敛的金融门槛是否存在? 中国当下正处于何种收敛俱乐部当中? 中国若是想向世界前沿增长面归并,需要在自身体制机制和金融发展方面进行哪些优化?

6.1　全球经济"俱乐部收敛"研究现状

起初,技术差距理论重点探讨了后发国家是否存在追赶优势,并形成了如下两类观点:(1)"赶超论",其核心观点是后发国家能够以较低的成本引进前沿技术,具有低技术成本和高技术进步速率优势,故而能够实现快速追赶(Posner,1961);(2)"新累积论",这一理论强调后发优势的存在性将受到经济体自身条件的制约,因此,后发并非一定具有优势,甚至不排除直接陷入贫困锁定的可能(Kumar & Russell,2002)。此后,在"新累积论"的基础上,越来越多研究开始探讨影响经济体之间技术差距的内生要素。

在技术差距增长模型中,人力资本最先得到关注,它是技术溢出的主要驱动力(Ilkay et al.,2021),考虑到人力资本会影响经济体对前沿技术的引进能力、学习能力以及实践能力(Xu,2000),因此,人力资本禀赋被认为是影响技术收敛的首要因素。人力资本要素通常具有"门槛效应",只有欠发达国家的人力资本达到特定门槛值时,才有机会实现后发赶超(Zhang & Wang,2021)。此外,资本累积也是不可或缺的要素,因为基础设施建设等资本累积是技术发挥作用的载体,它们能够为技术引进提供支持(Chinn & Fairlie,2010;王自锋,2014)。无论是人力资本还是资本累积,它们在发挥作用的过程中都将依赖于两个要素:一个是外国直接投资(FDI),另一个是对外贸易。FDI是技术前沿国家与后发国家进行技术交流的重要桥梁(Loukil,2016);对外贸易也同样能促进一国提升自身的技术水平并推进经济发展(Glas et al.,2016;薛安伟,2017)。黄俊兵等(Huang et al.,2019)经实证检验发现,FDI及对外贸易均会产生技术外溢效应,同时这种外溢效应还受制于研发强度,当研发强度超过门槛值时,出口的负溢出效应有所缓解,FDI及进口的正溢出效应将进一步加强。

技术差距增长模型提出的内部因素及其作用机理已被诸多研究证实,但该模型的不足之处在于,忽略了对一国金融市场的考察,其中多数研究假设信贷市场是无摩擦的,这样也就忽略了信贷对技术进步的约束作用。事实上,对信贷的考察是不可或缺的,因为技术研发与资金支持密不可分,而受研发的固有不确定性影响,技术研发通常会受到资金制约,此时,信贷约束条件就会对经济体的技术研发、技术引进产生直接影响,进而影响一国经济体的经济增长方式,乃至影响经济收敛的形成。因此,越来越多的研究开始关注金融发展对经济收敛的影响。

早期,格林伍德和约瓦诺维奇(Greenwood & Jovanovic,1990)及卡恩(Khan,2001)假定所有经济体对技术的研发投入均相同,并运用 A-K 增长模型进行实证检验后发现,金融发展水平与经济增长之间的关联机制具有多重均衡特征,在不同阶段的影响机制明显不同。这意味着金融发展对经济增长的影响很可能具有门槛效应、瓶颈效应等非线性特征(King & Levine,1993;Morales,2003)。李成和张琦(2015)将金融发展纳入增长模型之中构建了两部门增长模型,发现金融发展对经济增长的影响具有非线性特征,这种非线性特征主要源自金融排斥和规模效应。黄宪和黄彤彤(2017)运用修正的 A-K 增长模型进行实证检验后发现,当前经济运行存在"金融超发展"现象,即金融扩张速度远远高于实体经济增长,这种金融过度化发展不仅不利于经济增长,还将对长期内的经济增长产生阻滞效应。刘贯春和张成思(Liu & Zhang,2020)运用扩展的新古典增长模型推导出最优金融结构,并利用面板分位数回归模型进行实证测算后发现,金融发展对经济增长的影响具有典型的"倒 U 形"特征。尽管现有研究已初步证明,金融发展对经济增长的影响绝非服从线性变化,但这些研究均未考虑技术进步的作用,同时也无法阐释金融中介如何通过技术扩散影响经济收敛。

总的来看,此前有关金融发展与经济增长作用机制的研究在机制推演及实证方法上均存在一定不足。在机制推演方面,已有研究多在无摩擦信贷市场的假设下进行分析,这忽略了现实中信贷约束和资金逐利性对技术进步方式的影响;在实证方面,多数文献运用非线性模型进行估计时无法有效处理内生性问题,而运用线性模型进行研究时则存在较大的主观性,因此,相关研究始终难以得到普适性结论。此外,鲜有文献在研究时考虑到经济增长的自平滑性,这也会在一定程度上引发估计偏误。为弥补上述不足,本章在理论设计时,充分考虑了信贷约束对技术进步的影响,同时以全球 72 个代表性国家作为样本,将金融发展水平设为门槛变量,运用 FD-GMM 法对动态面板门槛模型进行估计,以弱化门槛变量内生性对估计结果的影响,以期得到更为科学和客观的实证结论。

6.2　含有金融约束的俱乐部收敛模型

本章参照阿塞莫格鲁等(Acemoglu et al.,2006)的研究构建了熊彼特增长模型,且在离散时间框架下进行推演。首先,将一国技术水平与世界前沿技术面间的相对差距定义为：

$$a_t = A_t / \bar{A}_t \tag{6.1}$$

式(6.1)中，a_t 为技术差距，A_t 表示一国在 t 时期下的生产技术水平，$\bar{A}_t$ 则代表相应的世界前沿技术水平。假设该前沿水平的增长速度为常数 g，并且经济体主要通过技术转让，即吸收并实践其他国家的先进技术来使 A_t 向 $\bar{A}_t$ 靠拢。

随后，令一国经济体的生产技术水平服从如下变化：

$$A_t = q_t \bar{A}_t + (1-q_t) A_{t-1} \tag{6.2}$$

式(6.2)表明，一国的生产技术水平取决于两个部分：一是引进世界前沿技术，二是延续现有技术。式(6.2)中 q_t 为 $t-1$ 期创新行业占比，考虑到前文设定创新主要来源于前沿技术转移，因此可以把 q_t 看作是 $\bar{A}_t$ 的权重，相应地，有 $1-q_t$ 比例的行业没有进行创新，还在延续上一期的生产技术 A_{t-1}。最后，令创新在行业间呈随机分布，于是 a_t 可简化为：

$$a_t = q_t + \frac{(1-q_t)}{1+g} a_{t-1} \tag{6.3}$$

本章假定劳动者的报酬率 w_t 与该国的平均技术水平 A_t 成正比关系，这表明在后文分析中，受信贷约束的经济体的技术转移投入将和 A_t 成正比，即：

$$w_t = K A_t \tag{6.4}$$

将劳动报酬与利润报酬之和定义为人均总收入，具体形式如下：

$$Y_t = w_t + q_t \pi_t = K A_t + q_t \pi \bar{A}_t \tag{6.5}$$

将用于企业创新的技术投入定义为：

$$N_{t-1} = \tilde{n}(q_t) \bar{A}_t = (\eta q_t + \delta q_t^2 / 2) \bar{A}_t \quad \eta, \delta > 0 \tag{6.6}$$

式(6.6)中将 $\tilde{n}(q_t)$ 与 $\bar{A}_t$ 的乘积定义为技术投入意味着行业创新存在边际成本递增特性，这主要是因为当企业的生产技术逐渐提高时，在原有技术基础上进行突破的难度也将逐渐加大，进而导致创新成本上升。

在均衡状态下，企业通常会比较成本以及预期收益来确定创新的比例，以使预期净利润最大化，如式(6.7)所示：

$$\max_{\mu_t} (\beta q_t \pi \bar{A}_t - \tilde{n}(q_t) \bar{A}_t) \tag{6.7}$$

在信贷市场无摩擦运行的情况下，假设企业能够以当前利率 $r = \beta^{-1} - 1$

有偿地进行有承诺的借贷行为,并且信贷市场对企业的贷款额度不设限制,此时式(6.7)的最优值由 q_t 决定,并且最大化条件满足式(6.8):

$$\tilde{n}'(q^*) = \beta\pi \tag{6.8}$$

收益最大化下的创新比例 q^* 以及用于创新活动的投资为:

$$q^* = (\beta\pi - \eta)/\delta \tag{6.9}$$

$$\begin{cases} N_{t-1}^* = n^* \bar{A}_t \\ n^* = \tilde{n}(q^*) = \dfrac{\beta^2\pi^2 - \eta^2}{2\delta} \end{cases} \tag{6.10}$$

在信贷市场无摩擦的条件下,经济体的技术差距可写为:

$$a_{t+1} = q^* + \frac{(1-q^*)}{1+g}a_t \equiv F_1(a_t) \tag{6.11}$$

在长期,该技术差距将收敛于:

$$a^* = \frac{(1+g)q^*}{g+q^*}a_t \in (0,\ 1) \tag{6.12}$$

进而在稳态下,劳动者的人均报酬 Y_t^* 的增长率与生产技术前沿水平 $\bar{A}_t$ 的增长率相同,均为常数 g,Y_t^* 可表示为:

$$Y_t^* = [Ka^* + q^*\pi]\bar{A}_t \tag{6.13}$$

接下来将信贷市场摩擦纳入考量,假设创新行业存在隐瞒其创新收益的动机以推迟偿还信贷,并假定该隐瞒成本为 cN_t,且 $0<c<1$。该项成本体现了对信贷提供者一定限度的保护,这种保护越强则意味着欺瞒成本较高,此时企业可获取的资金上限就越大。

在进行是否违约的决策之时,创新企业将隐瞒成本与进行违约的预期储蓄进行比较,若二者关系与式(6.14)相悖,那么创新企业将会进行欺瞒:

$$cN_t \geqslant \tilde{q}(N_t/\bar{A}_{t+1})R(N_t - w_t) \tag{6.14}$$

式(6.14)中 R 为信贷的利息系数,$\tilde{q}$ 为 $\tilde{n}$ 函数的逆函数,它是创新活动的生产函数,故而设定其非负,$\tilde{q}$ 的具体形式如式(6.15)所示:

$$\tilde{q}(n) = (\sqrt{\eta^2 + 2\delta n} - \eta)/\delta \tag{6.15}$$

除了满足式(6.14)的激励相容约束外,贷款还将受到套利条件的约束,当期望报酬率等于信贷利率成本时,出资方才会提供投资,具体约束条件如式(6.16)所示：

$$\widetilde{q}(N_t/\overline{A}_{t+1})R = 1 + r \tag{6.16}$$

综合激励相容条件以及套利条件,创新投资者获取的资金上限如下:

$$N_t \leqslant \frac{1+r}{1+r-c} w_t \tag{6.17}$$

若在无约束条件下,最佳投资额为 $n^* \overline{A}_{t+1}$,而若上述条件具有约束力,则最佳投资额将小于 $n^* \overline{A}_{t+1}$。用式(6.4)表示均衡劳动报酬能够发现,若一国的技术水平低于前沿水平,那么在 t 期时,信贷约束便具有约束力,这意味着技术差距符合如下关系:

$$a_t < n^* / \omega(c) \equiv \underline{a}(c) \tag{6.18}$$

其中

$$\omega(c) \equiv \frac{(1+r)K}{(1+r-c)(1+g)} \tag{6.19}$$

$\omega(c)$ 函数表示由隐瞒收益拖欠债务所产生的成本 c 所决定的金融乘数。不难发现,$\underline{a}(c)$ 是违约成本 c 的减函数。这意味着在违约成本较高的经济体中,投资者能够获取更多的创新投资支持。这意味着全球经济发展将呈现出强者越强和弱者越弱的迹象。

在满足式(6.18)的条件下,企业将按照最大限额把资金投入技术研发当中,进而有式(6.20):

$$N_t = \frac{1+r}{1+r-c} w_t = \omega(c) a_t \overline{A}_{t+1} \tag{6.20}$$

而创新率可表示为 $q_{t+1} = \widetilde{q}(\omega(c) a_t)$。这时,$a_{t+1}$ 将由下式决定:

$$a_{t+1} = \widetilde{q}(\omega(c) a_t) + \frac{\{1 - \widetilde{q}[\omega(c) a_t]\}}{1+g} a_t \equiv F_2(a_t) \tag{6.21}$$

由此可得出经济体技术差距的演进过程为:

$$a_{t+1} = F(a_t) \equiv \min\{F_1(a_t), F_2(a_t)\} \tag{6.22}$$

其中,F_1 是斜率在 $0 < k < 1$ 区间且截距为正的线性函数,当 $a_t \leqslant \min\{\underline{a}(c), 1\}$ 时,F_2 是一个严格递增的凹函数,并且满足 $F_2(0) = 0$,$F_2'(0) = \omega(c)/\eta + 1/1 + g$。

由于在更为完善的信贷市场中,金融机构以及监管部门能够对信贷违约行为进行更有效的监管,因此金融体系越完善,债务违约成本 c 越高。这意味着可以根据金融乘数 $\omega(c)$ 的大小将经济体划分为高、中、低三组,并且金融发展程度 c 越大,金融乘数 $\omega(c)$ 也越大。

首先,金融发展水平最高的一组经济体满足 $\omega(c) \geqslant n^*/a^*$,并且由于 $a^* \geqslant \underline{a}(c)$,故 $F(a^*) = F_1(a^*)$。a_t 将收敛于无约束条件下的稳态值 a^*($a^* > 0$)。在长期,人均收入将由式(6.13)所决定。这说明该经济体与技术前沿国家均以 g 的增速保持同步增长,并且稳态下的经济增速与技术差距并不会受到金融发展水平的影响,它们的稳态值分别为 g 与 a^*。

金融发展水平处于中等区间组别的经济体满足 $\frac{\eta g}{1+g} \leqslant \omega(c) < \frac{n^*}{a^*}$,则 $F(a^*) < F_1(a^*)$,此时,式(6.17)具有约束效力,在投资上限的限制下,a_t 无法收敛于稳态 a^*。由 $F_2(\cdot)$ 在 0 处的导数可知:

$$F'(0) = \frac{\omega(c)}{\eta} + \frac{1}{1+g} \geqslant \frac{g}{1+g} + \frac{1}{1+g} = 1 \qquad (6.23)$$

此时 a_t 将收敛于极限值小于 a^* 且严格为正的稳态。在长期,人均收入由式(6.24)决定:

$$\hat{Y}_t = \{K\hat{a} + \tilde{q}[\omega(c)\hat{a}]\pi\}\bar{A}_t < Y_t^* \qquad (6.24)$$

由此可见,金融发展处于中等水平的经济体其长期经济增速也同样为 g。由于 $\hat{Y}_t$ 是 A_t 的一阶线性增函数,因此,稳态增速水平不会受到 c 的边际影响,但是 c 将会对稳态下的技术差距 $\hat{a}$ 有正的边际作用。受金融发展水平影响,$F_2(a_t)$ 将会向上移动。并且由式(6.24)可知,金融发展水平的增长将会直接影响创新生产函数 $\tilde{q}$ 并间接作用于技术差距 $\hat{a}$,进而提高稳态下经济体的人均产出水平。

最后,金融发展水平位于最低组的经济体服从 $\omega(c) < \frac{\eta g}{1+g}$,此时 $F(a^*) < F_1(a^*)$ 且 $F'(0) < 1$,因此 a_t 的稳态值为 0。在该金融发展水平下,一国生产率增速 $G_t = (A_{t+1}/A_t) - 1$ 的极限值将介于 0 和 g 之间。由洛必达法则可知:

$$\lim_{t \to \infty}(a_{t+1}/a_t) = \lim_{a \to 0} F'(a) = \frac{\omega(c)}{\eta} + \frac{1}{1+g} \in (0, 1) \qquad (6.25)$$

$$\lim_{t \to \infty} G_t = (1+g)\lim_{t \to \infty}(a_{t+1}/a_t) - 1 = (1+g)\frac{\omega(c)}{\eta} \in (0, g) \qquad (6.26)$$

此时,生产力与人均实际产出在长期保持同步增长,所以稳态下,人均实际产出增速将严格小于前沿技术水平增速 g；并且当经济体的金融发展水平逐渐提高时，人均实际产出的稳态增速也将随之提高。

基于以上理论分析，可以初步得到以下三个结论：

（1）当一国经济体的金融发展水平较低时，其稳态增长率将严格小于前沿国家的经济增速 g，这说明该经济体无法收敛于经济前沿增长面，此时若金融发展水平提高，稳态增长率将随之提高；

（2）当一国经济体的金融发展处于中等水平时，经济体在长期内将与前沿国家保持相同的经济增长速度 g，但稳态下的技术水平始终低于前沿国家，此时金融水平的提高能够缩小稳态下的技术差距；

（3）若一国经济体的金融体系已较为完善，则其技术差距将收敛于无信贷约束下的稳态水平，此时经济体可能全面收敛于经济前沿增长面，并且金融发展水平不再影响稳态下的经济增速与技术差距。

接下来，本章将以全球 72 个代表性国家的经济数据作为样本，对上述理论结论进行经验验证。

6.3　动态面板门槛模型建立

6.3.1　经验收敛方程

本节对式（6.22）进行平滑处理，简化为式（6.27）的线性形式：

$$a_{t+1} = q(\omega a_t) + \frac{1-q(\omega a_t)}{1+g} a_t \tag{6.27}$$

其中

$$q(\omega a_t) = \begin{cases} \widetilde{q}(\omega a_t) & \omega a_t < n^* \\ q^* = \widetilde{q}(n^*) & 其他 \end{cases} \tag{6.28}$$

式（6.28）中 ω 与式（6.19）中的一致，代表金融乘数，$\widetilde{q}$ 函数为严格递增的凹函数。$t+1$ 期相对于 t 期的产出增速 G_t 可写为：

$$1 + G_t = \frac{A_{t+1}}{A_t} = \frac{a_{t+1}\overline{A}_{t+1}}{a_t\overline{A}_t} = \frac{a_{t+1}}{a_t}(1+g) \tag{6.29}$$

结合式（6.27），将 G_t 表示为：

$$G_t = G(\omega, a_t) = q(\omega a_t)\left(\frac{1+g}{a_t} - 1\right) \tag{6.30}$$

本章将式(6.30)中的凹函数 $q(\omega a)$ 近似简化为线性函数 $\lambda(\omega a)$,然后在临界点(ω_1,a_1)附近对式(6.30)进行二阶泰勒展开得到式(6.31):

$$g_{it} - g_{1t} = \beta_0 + \beta_f F_{it} + \beta_y (y_{it} - y_{1t}) + \varepsilon_{it} \tag{6.31}$$

式(6.31)为收敛模型的待估计经验方程,其中 g_{it} 与 g_{1t} 分别表示经济体 i 与技术前沿经济体(美国)在 t 时期的人均实际产出增速,F_{it} 表示经济体 i 在 t 期的金融发展水平,y_{it} 与 y_{1t} 分别对应经济体 i 与美国在该时期下经对数化处理的实际人均产出水平,β_0、β_f 与 β_y 表示相应参数的系数,ε_i 为随机扰动项。

不难看出,一国经济体的相对人均产出的收敛特征及其收敛速度均由参数 β_y 确定。若 $\beta_y = 0$,那么该经济体已收敛于稳态,即:

$$g_i^* = g_1 + \beta_0 + \beta_f F_i + \varepsilon_i \tag{6.32}$$

此时,该经济体不存在向美国人均实际产出增速 g_1 收敛的倾向,当 $g_i^* < g_1$ 时,该经济体的相对产出将呈下降趋势,且其下降速度为($g_1 - g_i^*$)。

当式(6.31)满足 $\beta_y \neq 0$ 时,那么经济体 i 的相对人均产出将收敛于 $\hat{y}_i^*$:

$$\hat{y}_i^* = -\frac{\beta_0 + \beta_f F_i + \varepsilon_i}{\beta_y} \tag{6.33}$$

如果相对人均实际产出收敛于稳态,那么相对人均实际产出增速也会收敛于零。故 $\beta_y < 0$ 为相对产出与相对增速收敛的必要条件,若 $\beta_y > 0$,此时经济体的经济增长将陷入非稳定状态,即当经济体的初始产出差距为负时,增速差距随产出差距的增大而减小,或是随产出差距的减小而增大。总之这会使一国经济体逐渐背离向前沿稳态收敛的路径。

通过前文理论部分可知,经济体所对应的 β_f 和 β_y 系数的符号方向及大小受到自身金融发展水平的影响。结合结论(1)、(2)来看,金融发展水平较低的经济体的实际人均产出增速的稳态值将严格小于 g_1,此时应满足 $\beta_y = 0$。结合结论(1)与式(6.33)可知,从长期看,金融体系较不完善的经济体的人均实际产出增长率与金融发展水平呈正相关关系,故 β_f 应大于 0。综上,金融发展水平较低的经济体应满足 $\beta_y = 0$ 且 $\beta_f > 0$。

对于金融发展水平较高的经济体来说,其增长率将收敛于前沿水平,而 $\beta_y < 0$ 为上述结论成立的必要条件。结合结论(3)与式(6.33)可知,金融体系较为完善的经济体的相对产出稳态值并不受金融发展水平的影响,故根据理论来看,实证结果应无法拒绝 β_f 等于 0。综上,金融发展水平较高的经济体应满足 $\beta_y < 0$ 且 $\beta_f = 0$。总的来说,金融发展水平越高时,一国的收敛参数

β_y 的负值应越大,且 β_f 的正值应越小。

6.3.2　数据选取

本章以 2001~2020 年间 72 个国家的经济数据作为样本,基础数据源自世界银行官方网站及 IMF 数据库。变量的具体设定及处理过程如下。

$(g_{it}-g_{1t})$ 为模型的被解释变量,代表了一国经济体人均实际 GDP 增长率与美国人均实际 GDP 增长率的差值;$(y_{it}-y_{1t})$ 与 F_{it} 为解释变量,其中 $(y_{it}-y_{1t})$ 代表了各经济体的相对产出,即各经济体的实际人均 GDP 的对数值与美国实际人均 GDP 对数之差,F_{it} 代表由私人信贷规模衡量的金融发展水平,即金融中介对私营部门的信贷占当期 GDP 的比例,该指标既不包含金融中介对公共部门的信贷,也不包含中央银行及发展银行提供给私营部门的信贷,能够更为准确地反映一国的金融发展水平;为控制其他因素对经济收敛影响,模型的控制变量选取了 P_{it},TR_{it} 及 GS_{it},其中 P_{it} 代表物价水平变动率,代理指标为各经济体的 GDP 平减指数,TR_{it} 代表贸易开放程度,即各经济体的进出口总额占 GDP 的比例,GS_{it} 代表政府支出,即各经济体的财政支出总和与 GDP 之比,以控制政府的财政政策对经济发展的影响。上述变量的描述性统计结果如表 6-1 所示。不难发现各国人均实际产出增速差距的均值以及中位数均大于 0,这初步表明后发国家的经济增速平均高于美国,同时也说明后发国家有望向世界前沿增长面收敛。此外私人部门信贷占当年产出比重的均值为 66.511,这说明当前全球私人部门的融资规模也已达到较高水平,金融体系呈高速发展态势。而从贸易开放度来看,进出口总额占 GDP 比重的均值接近 100,说明贸易仍是促进增长的重要因素。

表 6-1　关键变量的描述统计

变量	变量释义	平均值	标准差	最小值	最大值	中位数	观测值
$(g_{it}-g_{1t})$	各国人均产出增速与美国的差值	0.011	0.040	−0.746	0.196	0.010	1 440
F_{it}	私营部门信贷占 GDP 比重	66.511	44.817	0.186	304.575	56.041	1 440
$(y_{it}-y_{1t})$	各国人均产出与美国的对数差	−1.527	1.350	−7.229	0.757	−1.424	1 440
P_{it}	通货膨胀	4.957	9.346	−24.407	196.984	2.871	1 440
TR_{it}	进出口总和占 GDP 比重	95.251	58.514	19.560	437.327	80.474	1 440
G_{it}	财政总支出占 GDP 比重	28.442	12.008	7.591	98.477	28.230	1 440

在对面板数据进行估计前,首先要对数据进行单位根检验,这里为确

保稳健性，一共采用了四种检验方法，分别是 LLC（Levin *et al.*，2002）、IPS（Im *et al.*，2003）、ADF-Fisher 以及 PP-Fisher（Choi，2001）。具体检验结果如表 6-2 所示，由检验结果可知，以上变量均满足平稳性要求，可直接用于建模。

表 6-2　面板单位根检验

变量	LLC	IPS	ADF-Fisher	PP-Fisher
$(g_{it}-g_{1t})$	-31.488^{***}	-29.089^{***}	473.045^{***}	536.149^{***}
F_{it}	-43.579^{***}	-39.790^{***}	473.459^{***}	423.273^{***}
$(y_{it}-y_{1t})$	-40.281^{***}	-39.846^{***}	520.504^{***}	480.790^{***}
P_{it}	-54.234^{***}	-51.239^{***}	453.696^{***}	432.932^{***}
TR_{it}	-41.902^{***}	-34.983^{***}	625.357^{***}	624.111^{***}
G_{it}	-39.702^{***}	-34.098^{***}	583.083^{***}	595.239^{***}

6.3.3　动态面板门槛回归模型的设定与估计

金融发展与经济增长之间可能存在互为因果关系，这导致建模时容易诱发内生性问题（Huang *et al.*，2010；杨友才，2014），为弥补静态门槛模型无法规避内生性问题的不足，本章参照西欧和茜恩（Seo & Shin，2016）的研究构建了允许门槛变量内生的动态面板门槛模型：

$$\tilde{g}_{it}=(\theta\tilde{g}_{it-1}+\beta_f F_{it}+\beta_y \tilde{y}_{it}+\phi Z_{it}')I\{q_{it}\leqslant\gamma_1\} \tag{6.34}$$
$$+(\theta^{''}\tilde{g}_{it-1}+\beta_f^{''}F_{it}+\beta_y^{''}\tilde{y}_{it}+\phi^{''}Z_{it}')I\{q_{it}>\gamma_1\}+\varepsilon_{it}$$

式（6.34）中，$i=1$，…，N，$t=1$，…，T，$\tilde{g}_{it}=g_{it}-g_{i1}$ 为被解释变量；$\tilde{g}_{it-1}$ 表示 $\tilde{g}_{it}$ 的一阶滞后，F_{it} 表示经济体 i 在 t 期的金融发展水平，$\tilde{y}_{it}$ 表示经济体 i 在 t 期的相对人均实际 GDP，以上三个变量为该模型的解释变量；Z_{it} 是控制变量集合，包含通货膨胀率 P_{it}，贸易开放程度 TR_{it} 与政府支出 GS_{it}；$I\{\cdot\}$ 是一个示性函数，当括号内的不等式成立时，该函数值为 1，若相应约束条件不满足则函数取 0，q_{it} 为门槛变量，根据理论分析，将金融发展水平 F_{it} 设定为门槛变量，γ_j 是相应的门槛值，误差项 ε_{it} 的具体设定如下式：

$$\varepsilon_{it}=\alpha_i+\upsilon_{it} \tag{6.35}$$

式（6.35）中 α_i 表示无法观测的个体效应，υ_{it} 表示均值为 0 且存在异质性的扰动项，进一步将 υ_{it} 设定为鞅差分序列：

$$E(\upsilon_{it}\,|\,\mathcal{F}_{t-1})=0 \tag{6.36}$$

式（6.36）中，$\mathcal{F}_t$ 表示 t 期的自然滤波；该式并未假定 $E(\upsilon_{it}x_{it})\neq0$ 或 $E(\upsilon_{it}q_{it})\neq0$，这说明该动态模型允许门槛变量内生。为减弱内生性对模型

估计的影响,本章采用阿瑞拉诺和邦德(Arellano & Bond,1991)提出的 FD-GMM法进行参数估计。基本的动态门槛模型如下:

$$y_{it} = x'_{it} \phi_1 I\{q_{it} \leqslant \gamma\} + (1, \ x'_{it}) \phi_2 I\{q_{it} > \gamma\} + \varepsilon_{it} \tag{6.37}$$

对式(6.37)的各项进行一阶差分处理并整理,于是有:

$$\Delta y_{it} = \beta' \Delta x_{it} + \delta' X'_{it} 1_{it}(\gamma) + \Delta \varepsilon_{it} \tag{6.38}$$

式(6.38)中 $\underset{k_1 \times 1}{\beta} = (\phi_{12}, \ \cdots, \ \phi_{1, \, k_1+1})'$, $\underset{(k_1+1) \times 1}{\delta} = \phi_2 - \phi_1$, $\underset{2 \times (1+k_1)}{X_{it}} =$ $\begin{bmatrix} (1, \ x'_{it}) \\ (1, \ x'_{i, \, t-1}) \end{bmatrix}$, $\underset{2 \times 1}{1_{it}(\gamma)} = \begin{bmatrix} 1\{q_{it} > \gamma\} \\ -1\{q_{it-1} > \gamma\} \end{bmatrix}$。

令 $\theta = (\beta', \ \delta', \ \gamma)'$, 且假定 θ 为紧集, $\Theta = \Phi \times \Gamma \subset \mathbb{R}^k$, $k = 2k_1 + 2$, 并且定义 $\Gamma = [\underline{\gamma}, \ \overline{\gamma}]$, $\underline{\gamma}$ 与 $\overline{\gamma}$ 表示 q_{it} 的两个分位数,用于将样本分成三组。

因为回归元与经济体的个体效应存在一定关联,故采用最小二乘法对式(6.38)进行回归估计存在偏误。为解决上述问题,需找到 $l \times 1$ 维的工具变量 $(z'_{it_0}, \ \cdots, \ z'_{iT})'$, 对任意的 $2 < t_0 \leqslant T$ 及 $l \geqslant k$, 应满足:

$$E(z'_{it_0} \Delta \varepsilon_{it_0}, \ \cdots, \ z'_{iT} \Delta \varepsilon_{iT})' = 0 \tag{6.39}$$

由于前文假定对 q_{it} 的内生性不作限制,即 $E(q_{it} \Delta \varepsilon_{it}) \neq 0$, 因此不能将门槛变量 q_{it} 纳入工具变量矩阵 $\{z_{it}\}_{t=t_0}^T$ 中,那么样本矩条件就应该具有下述形式:

$$\overline{g}_n(\theta) = \frac{1}{n} \sum_{i=1}^n g_i(\theta) \tag{6.40}$$

式(6.40)中

$$\underset{l \times 1}{g_i(\theta)} = \begin{bmatrix} z_{it_0} [\Delta y_{it_0} - \beta' \Delta x_{it_0} - \delta' X'_{it_0} 1_{it_0}(\gamma)] \\ \vdots \\ z_{iT} [\Delta y_{iT} - \beta' \Delta x_{iT} - \delta' X'_{iT} 1_{iT}(\gamma)] \end{bmatrix} \tag{6.41}$$

假定当且仅当 $\theta = \theta_0$ 时, $Eg_i(\theta) = 0$, 并且 $g_i = g_i(\theta_0) = (z'_{it_0} \Delta \varepsilon_{it_0}, \ \cdots,$ $z'_{iT} \Delta \varepsilon_{iT})'$, $\Omega = E(g_i g'_i)$, 且 Ω 矩阵正定。令正定矩阵 W_n 满足 $W_n \xrightarrow{p} \Omega^{-1}$, 同时有:

$$\overline{J}_n(\theta) = \overline{g}_n(\theta)' W_n \overline{g}_n(\theta) \tag{6.42}$$

其中

$$W_n = \begin{pmatrix} \dfrac{2}{n}\sum\limits_{i=1}^{n} z_{it_0} z'_{it_0} & \dfrac{-1}{n}\sum\limits_{i=1}^{n} z_{it_0} z'_{it_0+1} & 0 & \cdots \\[2em] \dfrac{-1}{n}\sum\limits_{i=1}^{n} z_{it_0+1} z'_{it_0} & \dfrac{2}{n}\sum\limits_{i=1}^{n} z_{it_0+1} z'_{it_0+1} & \ddots & \vdots \\[2em] 0 & \ddots & \ddots & \dfrac{-1}{n}\sum\limits_{i=1}^{n} z_{iT-1} z'_{iT} \\[2em] \vdots & \cdots & \dfrac{-1}{n}\sum\limits_{i=1}^{n} z_{iT} z'_{iT-1} & \dfrac{2}{n}\sum\limits_{i=1}^{n} z_{iT} z'_{iT} \end{pmatrix}$$

$$\tag{6.43}$$

这样一来，θ 经 GMM 方法估计后的结果为：

$$\hat{\theta} = \arg \min_{\theta \in \Theta} \bar{J}_n(\theta) \tag{6.44}$$

对于门槛值 γ，使其满足：

$$\bar{g}_{1n} = \frac{1}{n}\sum_{i=1}^{n} g_{1i}, \quad \bar{g}_{2n}(\gamma) = \frac{1}{n}\sum_{i=1}^{n} g_{2i}(\gamma) \tag{6.45}$$

式（6.45）中

$$g_{1i}_{l\times 1} = \begin{bmatrix} z_{it_0}\Delta y_{it_0} \\ \vdots \\ z_{iT}\Delta y_{iT} \end{bmatrix}, \quad g_{1i}_{l\times 1} = \begin{bmatrix} z_{it_0}\Delta y_{it_0} \\ \vdots \\ z_{iT}\Delta y_{iT} \end{bmatrix} \tag{6.46}$$

因此若给定一个 γ 值，经 GMM 方法测算的 β 及 δ 由下式决定：

$$\begin{cases} (\hat{\beta}(\gamma)', \hat{\delta}(\gamma)')' = (\bar{g}_{2n}(\gamma)' W_n \bar{g}_{2n}(\gamma))^{-1} \bar{g}_{2n}(\gamma)' W_n \bar{g}_{1n} \\ W_n = \left(\dfrac{1}{n}\sum\limits_{i=1}^{n} \hat{g}_i \hat{g}'_i - \dfrac{1}{n^2}\sum\limits_{i=1}^{n} \hat{g}_i \sum\limits_{i=1}^{n} \hat{g}'_i\right)^{-1}, \hat{g}_i = (\Delta\hat{\varepsilon}_{it_0} z'_{it_0}, \cdots, \Delta\hat{\varepsilon}_{iT} z'_{iT})' \end{cases}$$

$$\tag{6.47}$$

将 $\hat{\beta}(\gamma)$ 与 $\hat{\delta}(\gamma)$ 代入目标函数，便可得到 θ 的 GMM 拟合值：

$$\hat{\gamma} = \underset{\gamma \in \Gamma}{\arg\min} \hat{J}_n(\gamma), \quad c(\hat{\beta}', \hat{\delta}')' = [\hat{\beta}(\gamma)', \hat{\delta}(\gamma)']' \tag{6.48}$$

6.4　全球经济增长俱乐部收敛特征的实证检验

6.4.1　内生性检验

在正式对基准模型进行估计前，首先需对门槛变量的内生性进行诊断。

该检验的原假设 H_0 为 q_{it} 不存在内生性,参照西欧和茜恩(Seo & Shin,2016)的做法将检验统计量设定为:

$$t_H = \frac{\sqrt{n}(\hat{\gamma}_{FD\text{-}GMM} - \hat{\gamma}_{FD\text{-}2SLS})}{\hat{V}_{\gamma}'\hat{V}_{\gamma} - \hat{V}_{\gamma}'\hat{V}_S(\hat{V}_S'\hat{V}_S)^{-1}\hat{V}_S'\hat{V}_{\gamma}} \tag{6.49}$$

其中,$FD\text{-}2SLS$ 是在门槛变量不存在内生性的前提下,估计面板门槛模型所使用的计量方法,其估计结果如下:

$$\begin{cases} \hat{\gamma}_{FD\text{-}2SLS} = \gamma_0 + o_p[n^{-1/2}(\hat{V}_{\gamma}'\hat{V}_{\gamma} - \hat{V}_{\gamma}'\hat{V}_S(\hat{V}_S'\hat{V}_S)^{-1}\hat{V}_S'\hat{V}_{\gamma})] \\ \hat{V}_{\gamma} = \hat{\Omega}^{-1/2}\hat{G}_{\gamma}, \ \hat{V}_S = \hat{\Omega}^{-1/2}(\hat{G}_{\beta}, \hat{G}_{\delta}) \end{cases} \tag{6.50}$$

在原假设 H_0 成立的条件下,$\hat{\gamma}_{FD\text{-}GMM}$ 与 $\hat{\gamma}_{FD\text{-}2SLS}$ 没有显著差异,t 统计量渐进服从均值为 0、方差为 1 的标准正态分布。由表 6-4 中内生性统计量的估计结果不难发现,门槛变量的确存在内生性,因此应选取 FD-GMM 法进行估计。为缓解内生性问题对估计结果的影响,本章参照鲁德曼(Roodman,2009)的研究将因变量以及关键自变量的滞后一期作为工具变量,随后进行 FD-GMM 估计,这么处理的原因在于:当期的金融发展水平与前期的金融发展水平高度相关,但是反过来,当期的人均实际 GDP 增速差异无法影响已成为既定事实的前期金融发展水平,从而也就打破了解释变量与被解释变量之间的互为因果关系。

6.4.2 模型非线性检验

考虑到以往多数研究均发现金融发展水平对人均收入差距的影响存在非线性特征,在进行基准模型估计之前,本节率先进行了非线性检验,以此来判断金融发展水平是否存在门槛效应。原假设为:对任意的 $\gamma \in \Gamma$,$\delta = 0$ 均成立,相应的备择假设则为存在 $\gamma \in \Gamma$,使得 $\delta \neq 0$,构建的检验统计量如下:

$$\sup W = \sup_{\gamma \in \Gamma} W_n(\gamma) \tag{6.51}$$

式(6.51)中,$W_n(\gamma)$ 表示标准的 Wald 统计量,具体设定如下:

$$W_n(\gamma) = n\hat{\delta}(\gamma)'\hat{\Sigma}_{\delta}(\gamma)^{-1}\hat{\delta}(\gamma) \tag{6.52}$$

式(6.52)中,$\hat{\delta}(\gamma)$ 为给定 γ 条件下经 $FD\text{-}GMM$ 法测算的 δ 值,$\hat{\Sigma}_{\delta}(\gamma)$ 是 $\hat{\delta}(\gamma)$ 渐近方差的一致估计。假定 $G(\gamma) = [G_{\beta}, G_{\delta}(\gamma)]$,$D(\gamma) = G(\gamma)'\Omega^{-1}G(\gamma)$,经整理 $\sup W$ 检验统计量的极限分布如下:

$$\sup W \xrightarrow{d} \sup_{\gamma \in \Gamma} Z'G(\gamma)'D(\gamma)^{-1}R'[RD(\gamma)^{-1}R']^{-1}RD(\gamma)^{-1}G(\gamma)Z \tag{6.53}$$

其中 $Z \sim N(0, \Omega^{-1})$，参照汉森等（Hansen *et al.*，1996）的研究，运用自举法对样本进行重复抽样，继而获取待估计系数的 P 值。由表6-4可以发现，该模型存在显著的非线性特征，因此初步判断存在金融发展门槛效应。

6.4.3 确定金融门槛个数

考虑到门槛个数的设定将会对机制刻画产生较大影响。因此，为尽量确保研究的客观性，在模型估计前本节首先对门槛效应进行检验。由表6-3可知，单门槛效应显著，而双门槛与三门槛效应均不显著，故接下来本章将运用单门槛动态面板模型对全球典型经济体的经济收敛特征进行估计与判断。同时这一结果也表明，理论推演部分中描述的部分俱乐部特征并没有体现在经济事实之中，这可能是因为俱乐部1和2出现了融合，抑或是俱乐部2和3出现了融合，具体情况还有待于进一步检验。

表 6-3　门槛效应检验结果

门槛个数	RSS	MSE	F 值	P 值
Single	1.421	0.001	138.70 ***	0.006
Double	1.380	0.001	41.72	0.302
Triple	1.337	0.001	46.02	0.370

6.4.4 实证结果分析

含有金融门槛的全球经济收敛模型的估计结果如表6-4所示，通过表6-4可以看出，全球经济发展敛散性具有典型的金融发展门槛效应，门槛值为63.910，这初步印证了收敛俱乐部的存在性。

表 6-4　动态面板门槛模型估计结果

第一区制			第二区制		
变量	估计值	标准差	变量	估计值	标准差
$(g_{it-1} - g_{1t-1})$	0.119 **	0.055	$(g_{it-1} - g_{1t-1})$	0.030	0.078
F_{it}	0.001 ***	<0.001	F_{it}	−0.001 ***	0.003
$(y_{it-1} - y_{1t-1})$	0.0581 ***	0.008	$(y_{it-1} - y_{1t-1})$	−0.080 ***	0.009
P_{it}	−0.001 ***	<0.001	P_{it}	−0.003 ***	<0.001
TR_{it}	−0.001 ***	<0.001	TR_{it}	0.002 ***	<0.001
GS_{it}	−0.008 ***	0.001	GS_{it}	0.006 ***	0.001
Cons	—	—	Cons	−0.499 ***	0.039
门槛 r	63.910 ***	内生性检验（P 值）	0.000	非线性检验（P 值）	0.000

从关键解释变量来看,相对产出($y_{it-1} - y_{1t-1}$)的系数 β_y 代表着一国经济发展是否具有收敛特征,β_y 显著为负意味着该集团经济体的增长态势具备收敛倾向,而 β_y 的绝对值越大则意味着经济收敛速度越快。从表 6-4 中的估计结果来看,在低金融发展区制内,β_y 显著为正,这说明金融发展水平低于门槛值的国家将陷入增长发散状态,这与结论(1)的描述相符。事实上,从印度等大型发展中国家的增长路径来看,这种低端锁定也的确是全球经济发展过程中的普遍现象。一方面,在金融发展程度较低的国家,资金本就是稀缺资源,此时资本的逐利性特征将进一步凸显,资金更愿意投入回报率较为确定的生产活动当中,而不是走向高度不确定的技术研发和新技术引进;另一方面,金融发展水平较低的国家其技术水平和生产力也相对较低,这从根本上决定着其生产效率将低于金融发展水平较高的国家,进而造成穷者越穷、富者越富的二元分流现象。而从第二区制的估计结果来看,其收敛系数为 -0.080,且在 1% 的显著水平下显著,这说明当一国经济体的金融发展水平越过门槛值后,其经济增长终将收敛至前沿增长面,此时人均 GDP 差距、初始技术差异都不再是后发追赶过程中的限定约束。

从具体机制来看,这主要是因为在金融支持足够时,创新企业能够获取足够的资金支持,这使得后发经济体始终与前沿经济体保持着相似的经济结构。而实证与理论相悖之处在于,实证部分并未识别出金融发展处于中间水平这一阶段,也即技术效率始终低于前沿水平,经济体始终处于追赶逼近,但又未达到前沿增长面这一状态。一个可能的原因是这种状态对金融发展水平的要求过于苛刻,而金融发展水平本来就是处于动态变迁之中,导致这种状态极不稳定。

接下来看门槛变量,金融发展水平 F_{it} 的系数 β_f 代表着一国的金融发展水平对经济收敛的作用。观察表 6-4 不难发现,第一区制中 β_f 显著为正,说明当一国的金融发展水平低于门槛值时,金融发展水平的提高对经济收敛起到了明显的促进作用,此时表现为金融发展水平越高,经济增速越高。这主要是因为限制后发国家向前沿国家追赶的根源在于信贷约束,倘若信贷约束放开,那么就将有更多的资金流入技术更新和资本改进,进而提高一国经济体的劳动生产率,从而加快后发赶超。此外需要注意的是,此处对技术资金支持的理解与 R&D 研发投入还不完全相同,R&D 主要强调自主研发,它的不确定性极大,而无论是在理论设计还是现实经济当中,技术更新更多的是依赖转让环节的资金支持,它有助于打破后发追赶国与前沿国家的技术壁垒,同时引进技术的不确定性要远低于自主研发,更有利于直接见效。因此,对这一结果的准确理解应该是:当一国经济体金融发展水平较低时,提高金融发展水平有利于综合性提高技术引进和研发上的资金投入,进而提高经济增长率。

在第二区制中 β_f 显著为负,这主要是因为当金融发展水平超过门槛后,一国经济体已经能够为技术提供充足的资金支持,此时金融不再是技术进步的决定性要素,因此不会再起到促进经济增长的作用。此外,过度金融化反而还可能会扭曲资源配置,诱发"逆向选择"等问题,这不仅不利于经济增长,反而还会徒增金融风险。

最后来看各控制变量的影响,通货膨胀在两个区制中对经济增长均具有显著的负向影响。这说明无论一国金融发展水平如何,只要有系统性通胀出现,那么势必会增强资金的逐利本性和避险特征,进而对技术引进等具有长期收益特征的投入项产生挤出效应,从而拉大一国经济体和世界前沿增长面的差距。而贸易开放度与政府支出对经济收敛的影响则具有显著的门槛差异,在低金融发展水平下,二者将对经济增长产生抑制作用,而在高金融发展水平下表现出显著的推动作用。产生这种差异的原因在于:当一国的金融发展水平较低时,由于研发投资受到信贷上限约束,使得前沿技术的开发及引进受阻,此时高精尖产品主要依赖进口,而出口也多为具有低成本优势的劳动密集型产品,倘若贸易开放度进一步增加,这无疑会使后发国家加大产品引进力度,更注重短期经济效应,而忽视技术等不具备短期收益能力的无形资产,从而使一国加速陷入低端锁定陷阱。对于无信贷约束的经济体,其研发资金需求能够得到满足,技术可以正常更迭,此时倘若进出口渠道畅通,这无疑会对经济增长产生良好的正反馈循环效应。最后从政府支出来看,它的作用机理与对外贸易开放度相仿,均表现为在低金融发展状态下抑制经济增长,在高金融发展状态下促进经济增长。这则是因为金融发展水平较低时经济体的资源配置效率通常也较为低下,此时过度提高政府支出无疑会加剧私人部门的负担,不利于市场机制发挥作用,一个典型的例证就是计划经济下的低效率;相反,在金融发展水平较高时,资金配置效率同样较高,此时适度增加政府支出有利于最大化发挥财政政策的乘数效应,进而加快一国经济体的经济增长和经济收敛。从近些年来消费券等新型结构性财政政策的作用效果来看,它们无疑在维稳经济的过程中起到了重要作用,是宏观经济逆周期调节不可或缺的部分。

6.4.5　稳健性检验

为避免个别离群值对研究结论可靠性的影响,本节对关键变量进行上下1%缩尾处理,并对模型重新进行估计,结果如表 6-5 所示。可以发现金融门槛值、变量的显著性水平以及符号方向均与前文结果基本相同,金融发展水平存在显著的门槛效应,并且只有金融发展水平超过门槛值的经济体才能够实现向前沿水平收敛,这表明前文的实证结果具有稳健性。

表 6-5　稳健性检验估计结果

第一区制			第二区制		
变量	估计值	标准差	变量	估计值	标准差
$(g_{it-1}-g_{1t-1})$	0.119**	0.047	$(g_{it-1}-g_{1t-1})$	0.028	0.037
F_{it}	0.001***	<0.001	F_{it}	−0.001***	<0.001
$(y_{it-1}-y_{1t-1})$	0.059***	0.010	$(y_{it-1}-y_{1t-1})$	−0.081***	0.007
P_{it}	−0.001***	<0.001	P_{it}	−0.003***	<0.001
TR_{it}	−0.001***	<0.001	TR_{it}	0.002***	<0.001
G_{it}	−0.008***	0.001	G_{it}	0.006***	<0.001
Cons	—	—	Cons	−0.500***	0.037
门槛 r	63.910***	内生性检验 (P 值)	0.000	非线性检验 (P 值)	0.000

6.5　本章小结

本章将信贷约束引入熊彼特增长模型,进而对全球经济增长缘何呈"俱乐部收敛"特征进行了解释。研究发现,造成部分欠发达国家无法收敛于世界前沿增长面的一个原因在于,后发国家的技术引进和技术进步将受到其自身的金融发展水平制约,倘若后发国家金融约束较强,资金可得性较低,那么技术引进所能获取的资金将更加匮乏,继而导致后发国家的技术水平和劳动生产率无法追赶上世界前沿增长面。随后,为验证这一理论,本章运用动态面板门槛模型对全球 72 个国家近 30 年的经济数据进行检验,主要得出如下发现。

第一,金融发展水平对一国经济体的增长路径和技术水平的影响存在典型的"门槛效应"。当金融发展水平低于门槛值时,提高金融发展水平有利于加快后发经济体的经济追赶;而当金融发展水平越过金融门槛后,一国经济体已经能够为技术引进提供充足的资金支持,此时金融不再是技术进步的决定性要素。

第二,全球经济增长呈现出典型的集团收敛特征,不同经济体将分别归并至低金融发展或高金融发展俱乐部当中。其中前者中的个体面临着"贫困锁定"陷阱,而后者当中的经济体都具备向世界前沿增长面收敛的可能。

第三,理论上刻画的中间俱乐部在实证研究中并不存在,这一方面表明现阶段全球出现的许多中等收入国家并非完全属于同一俱乐部,中等收入阶段只是全球经济发展的阶段性特征,其中很多国家还会再发生分化,例如拉美涡旋的出现就深刻地表明,尽管部分拉美国家出现过短暂的增长黄金期,但是这依然没有使这些国家彻底摆脱"贫困锁定",同时更没有追赶上世界前沿增长面,同样很多上中等收入国家虽然暂时性处在中等收入集团,但是只要坚持正确的发展路径,它们依然有较大概率向世界前沿增长面归并。

现如今,中国的金融市场发展迅猛,2020 年中国私营部门提供的信贷总额占 GDP 的比重已达到 182.87%,约为金融门槛值的 3 倍,这说明中国的金融发展水平已领先于大多数国家,仅从这一条件来看,已经具备向世界前沿增长面归并的必要条件。但需注意的是,信贷并不是一国能否向世界前沿增长面归并的唯一制约要素。主动推进技术进步由引进型进步向自主研发型进步转型才是中国在追赶的后半程所必须要坚持的道路。相反,金融发展已经不能再为中国的技术进步提供支持,这时反而要防止过度金融化陷阱,处理好宏观经济稳增长与金融系统防风险的权衡关系。把经济发展的重心重新调整至基础技术研发、人才培育等长效建设方面。为此,本章主要提出以下两点建议:一方面,加大对自主创新型科技研发的投入和支持,优化科技团队结构,着力聚焦突破高精尖技术、"卡脖子"技术,在考评方面弱化短期绩效指标,强调核心指标和长效指标,减轻对发达国家的进口依赖,提升中国在技术创新领域的综合影响力;另一方面,在技术进步方向方面,要一改以往过度重视应用技术研究的理念,高度重视培育基础性技术研究,掌握核心过程,做到过程控制而非单纯的结果控制,同时要强调用好金融服务功能,多采取定向贷款、定向财政等金融支持政策,使结构性政策与市场机制相互配合,在节约成本、节约政策空间的前提下,建立好金融与实体、金融发展与技术进步的长效协调机制。

第 7 章　中国不同种货币政策宏观调控效应的时变特征

从本章开始,全书研究进入经济政策调控篇章,我们旨在阐述的第一个问题就是在百年未有之大变局下,描述目前复杂多变的经济环境对中国经济的冲击和影响。而在经济政策层面,本着历史还原和机制溯源的基本原则,自是要从货币刺激、货币超发到货币失效这一事实讲起。

本章研究试图回答几个基本问题:第一,在 2008 年次贷危机爆发后的十几年间,世界经济景气变化到底给中国经济周期带来了多大的影响,哪些典型化事件的影响力度强,哪些典型化事件的影响力度弱,哪些典型化事件的影响持久,哪些典型化事件的影响短暂。第二,就货币政策调控而言,广义货币调控失效和货币政策量价转型是近年来货币调控端的主流论断,那么三个自然的问题是:广义货币调控失效到底具有何种表象形式,是对实体经济调控效果弱化,还是存在后续政策反噬?倘若货币政策势必要经历量价转型,现有的价格型政策是否能在实体经济端产生良好的调控效果?就货币数量调控而言,广义货币调控的失效是否也意味着信贷调控的失效,货币数量调控是否面临着脱实向虚的约束?上述几个基本疑问是整个经济政策篇要率先回答的问题。

7.1　世界经济景气变动对中国经济周期影响的表象分析

图 7-1 刻画了样本期间内中国和全球实际 GDP 同比增速的走势。观察图 7-1 可以清晰地发现如下几个典型事实:第一,除全球公共卫生事件期间外,中国 GDP 增速的整体位置处于全球 GDP 增速之上,说明市场经济体制改革的 30 余年,中国始终在扮演后发赶超的角色,即便是在"新常态"时期下的中高速增长阶段,中国实际 GDP 增速依然领先全球经济增速 3 个百分点以上,这说明中国追赶世界前沿增长面的脚步从未中断。第二,在样本前段

(2001年之前),尽管中国经济增速的主体位置高于全球,但是二者的走势却截然相反,其间全球经济增长正处于典型的"大缓和"阶段,而中国经济则处于"软着陆"时期。这一方面说明,中国的高增长绝非一帆风顺,其间也蕴藏着巨大的改革试错成本和纠正成本;另一方面也说明,早期的经济增长仍更多地取决于国家自身的体制特征,而受外部冲击的影响相对较小。第三,在2001年美国"互联网泡沫"危机之后,中国与全球经济协同步入一段黄金增长阶段,同时这一黄金增长时段均是以"次贷危机"的爆发而告终。2001年中国加入WTO纪元,中国经济增长与世界经济增长的关系进入一个高度协同、紧密合作的全新时代。第四,2012年后,中国经济增长开始步入L形拖平长尾阶段,其间"三期叠加""高杠杆"困境等固有顽疾浮现,同时全球经济格局发生重大变化,贸易保护主义复兴、英国脱欧、俄乌争端等国际冲突不断,"全球分裂化"加剧,集团对抗取代了多边协助,使全球经济也变得异常挣扎,中国与世界经济的走势大体相同,只是在下滑速度上有所分异。这一方面说明,此段时期内的经济下滑既有外部因素又有内部因素,成因较为复杂,另外也说明,中国经济增长已初具向世界前沿面收敛的迹象和苗头。

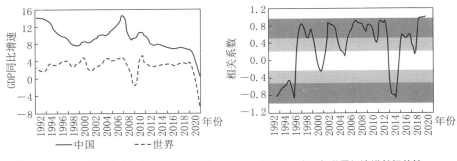

图 7-1　1992~2020年中国与世界经济增长　　图 7-2　中国与世界经济增长相关性

数据来源:中经网统计数据库,http://db.cei.cn/。

　　图7-2进一步以3年为滚动时窗绘制了中国经济增长与世界经济增长的相关系数,观察图7-2不难发现,滚动相关系数的走势基本印证了我们的判断,唯一的新发现在于2012~2014年间,中国与世界经济增长曾出现过一段短期分化,该段时期内,受美国页岩油改革影响,全球原油产量大幅上升,在一定程度上激发了潜在需求,使得世界经济出现了短期复苏,而中国受自身"三期叠加"困境等因素的影响,经济增长开始由高速向中高速转变。但是这种分化仅是短期现象,在2015年后,中国经济与世界经济的耦合性再度上升,并在疫情时期达到峰值。由此可见,纵使当下世界大国争端和对抗不断,中国与世界经济的关联却越发紧密,这说明中国正在以全新的大国姿态融入

新型世界经贸格局当中,这种相关性的增强更是表明,中国经济发展已不仅关乎国家本身,更将对世界经济格局产生深远影响。

7.2　TVP-VAR 模型构建

考虑到表象分析显示,世界经济景气与中国经济周期间的耦合关系具有明显的时变特征,故本章将使用 TVP-VAR 模型估计世界经济冲击对中国经济增长的时变影响。考虑到本章还要估计几种货币政策工具对产出的调控效应,整个模型的构建将以中国实际 GDP 同比增长率、世界实际 GDP 同比增长率,以及货币政策三个变量为基础。此外,为了对比名义利率调整、广义货币供给调整和信贷调整的差异,我们将分别建立三个 TVP-VAR 模型,这三个模型都是四变量模型,仅在货币政策变量的选择上存异,这样便确保了一致可比基础。整个 TVP-VAR 模型的构建原理如下。

首先,给出一个最基本的向量自回归模型

$$Ay_t = F_1 y_{t-1} + \cdots + F_s y_{t-s} + \mu_t, \ t = s+1, \cdots, n \qquad (7.1)$$

式(7.1)中,y_t 代表 $k \times 1$ 维观测向量,即中国实际 GDP 增长率、世界实际 GDP 增长率和货币工具变量。矩阵 A 是 $k \times k$ 维参数矩阵,$F_1, \cdots,$ F_s 是 $k \times k$ 维分布滞后系数矩阵,μ_t 是 $k \times 1$ 扰动向量,为方便起见,令 $\mu_t \sim N(0, \Sigma\Sigma)$:

$$\Sigma = \begin{bmatrix} \sigma_1 & 0 & \cdots & 0 \\ 0 & \ddots & \ddots & \vdots \\ \vdots & \ddots & \ddots & 0 \\ 0 & \cdots & 0 & \sigma_k \end{bmatrix} \qquad (7.2)$$

按照递归识别原理,假设矩阵 A 为下三角形式:

$$A = \begin{bmatrix} 1 & 0 & \cdots & 0 \\ a_{21} & \ddots & \ddots & \vdots \\ \vdots & \ddots & \ddots & 0 \\ a_{k1} & \cdots & a_{k,k-1} & 1 \end{bmatrix} \qquad (7.3)$$

由此,对式(7.1)两边取逆可得:

$$y_t = B_1 y_{t-1} + \cdots + B_s y_{t-s} + A^{-1}\Sigma\varepsilon_t, \ \varepsilon_t \sim N(0, I_k)$$

取逆后 $B_i=A^{-1}F_i$，$i=1$，$\cdots$，s。把 B 中每一行内的元素做拉直处理，写成 $k^2s\times 1$ 维向量 β，令 $X_t=I_s\otimes(y_{t-1}, \cdots, y_{t-s})$，这里 $\otimes$ 表示克罗内克积，于是模型可写为：

$$y_t=X_t\beta+A^{-1}\Sigma\varepsilon_t \tag{7.4}$$

可以看出 (7.4) 中的 S-VAR 模型中 β 取值为常数，不能描述时点变化，为此，需要把式 (7.4) 扩展成带有时变特征的 TVP-VAR 模型：

$$y_t=X_t\beta_t+A_t^{-1}\Sigma_t\varepsilon_t, \quad t=s+1, \cdots, n \tag{7.5}$$

式 (7.5) 中，系数 β_t、矩阵 A_t 以及随机扰动项的协方差矩阵 Σ_t 都是时变参数。参照普里米切里 (Primiceri，2005) 和中岛等 (Nakajima $et\ al.$，2011) 的处理方式，把矩阵 A_t 中非 0 和 1 的元素拉直为列向量，即 $a_t=(a_{21}, a_{31}, a_{32}, a_{41}, \cdots, a_{k, k-1})$。令 $h_t=(h_{1t}, \cdots, h_{kt})$，$h_{it}=\log\sigma_{it}^2$，$i=1, \cdots, k$；$t=s+1, \cdots, n$。此外，对于式 (7.5) 中时变形式的设定，令其服从随机游走：

$$\begin{aligned}\beta_{t+1}&=\beta_t+\mu_{\beta t}, \\ a_{t+1}&=a_t+\mu_{at}, \\ h_{t+1}&=h_t+\mu_{ht},\end{aligned}\begin{pmatrix}\varepsilon_t \\ \mu_{\beta t} \\ \mu_{at} \\ \mu_{ht}\end{pmatrix}\sim N\left(0, \begin{pmatrix}I & O & O & O \\ O & \Sigma_\beta & O & O \\ O & O & \Sigma_a & O \\ O & O & O & \Sigma_h\end{pmatrix}\right), \quad t=s+1, \cdots, n \tag{7.6}$$

其中，$\beta_{s+1}\sim N(\mu_{\beta 0}, \Sigma_{\beta 0})$，$a_{s+1}\sim N(\mu_{a0}, \Sigma_{a0})$，$h_{s+1}\sim N(\mu_{h0}, \Sigma_{h0})$。

另外，还需对模型进行几点说明。

第一，此处将 A_t 设定为下三角阵形式，第一行元素不受其他元素影响，刻画世界经济冲击，第二行元素只受第一行元素和自身滞后影响，刻画中国实际产出增速，第三行元素是货币政策变量，它最后作出反应。这不仅能够实现 VAR 模型的递归识别，同时又使模型具有明确的经济含义。第二，在 TVP-VAR 模型的时变设定中，令时变过程服从随机游走。这样处理的原因在于：TVP-VAR 模型中待估计参数较多，相较于 AR(p) 系统和带有漂移的随机游走，这一设定最节约待估计参数。第三，将方差、协方差矩阵 Σ_a 和 Σ_h 设定为对角矩阵。将 Σ_a 设定为对角阵的原因在于，扰动项本就是随机冲击，各期之间不存在相关性较为合理 (Primiceri，2005；Nakajima $et\ al.$，2011)；而中岛等 (Nakajima $et\ al.$，2011) 发现，Σ_h 形式的设定对估计结果的影响较小，因此可以从简设定。最后，本章使用 $Cholesky$ 分解来刻画脉冲响应函数。同时因为 A_t 矩阵是一个时变矩阵，这表明第 j 个变量对第 i 个变量冲击的响应也是时变的。

7.3　世界经济景气冲击对中国经济增长的时变影响

本节将选取五个变量分别建立三个 TVP-VAR 模型进行实证研究。具体的观测变量分别为：世界实际产出同比增速、中国实际产出同比增速、广义货币 M2 期末累计同比增速、人民币各项贷款期末同比增速以及 7 天期银行间同业拆借利率季度加权值。样本期间为 1996 年 1 季度到 2021 年 4 季度，数据处理如下。

首先，实证建模采取季度频率数据，其中世界实际产出同比增速和中国实际 GDP 同比增速数据可从 IMF 官方网站（https://www.imf.org/en/Home）和中经网统计数据库（http://db.cei.gov.cn/）直接下载。

而对于 7 天期银行间同业拆借利率，本章首先在中经网统计数据库获取其原始月度频率数据，随后根据月交易量加权，计算其季末数据。至于广义货币累计同比增速和人民币各项贷款期末同比增速，考虑到该数据为时点数据，故采用相应变量每一个季度最后一个月份的数据代替季度数据。

至于 VAR 模型滞后阶数的选取，综合 AIC 准则和 SC 准则，将滞后阶数设定为 2 阶；同时设定 MCMC 模拟次数为 10 000，其中前 1 000 次计算为预烧样本。参照中岛等（Nakajima *et al.*，2011）的处理方法，构建 CD 统计量进行收敛诊断：

$$CD = (\bar{x}_0 - \bar{x}_1)/\sqrt{\hat{\sigma}_0^2/n_0 + \hat{\sigma}_1^2/n_1}\,,\ \bar{x}_j = 1/n_j \sum_{i=m_j}^{m_j+n_j-1} x^{(i)} \quad (7.7)$$

表 7-1　TVP-VAR 模型的参数估计结果

变量	均值	标准差	95％下限	95％上限	Geweke	Inef.
sb1	0.178 4	0.050 8	0.099 4	0.295 6	0.030	34.49
sb2	0.136 2	0.046 5	0.067 9	0.248 7	0.001	33.79
sa1	0.007 3	0.004 1	0.003 6	0.018 4	0.176	70.85
sa2	0.006 4	0.002 4	0.003 6	0.012 4	0.766	44.86
sh1	0.480 4	0.119 1	0.280 1	0.740 9	0.254	23.67
sh2	0.489 5	0.119 5	0.281 2	0.751 4	0.499	23.09

表 7-1 报告了 TVP-VAR 模型中各主要参量的估计结果，除一些基本的统计信息外，本节还根据格韦克（Geweke，1991）的研究构造了无效率因子，它的构建原理是用前 n_0 个样本和后 n_1 个样本进行比对。式（7.7）中的 $x^{(i)}$ 代表第 i 个样本，$\sqrt{\hat{\sigma}_j^2/n_j}$ 是 $\bar{x}_j$ 的标准差。倘若 MCMC 过程生成了平稳的时间序列，那么其分布将渐进收敛于正态分布。特别地，令 $m_0 = 1$，$n_0 =$

$1\,000$，$m_1 = 5\,001$，$n_1 = 5\,000$。无效率因子定义为：

$$1 + 2 \sum_{s=1}^{B_m} \rho_s \tag{7.8}$$

令 $B_m = 500$，ρ_s 是滞后 s 阶的自回归系数，由式(7.8)不难看出，无效率因子越大模拟收敛性越差，反之表明收敛性较好。中岛等(Nakajima *et al.*, 2011)指出，当模拟次数为 $10\,000$ 次时，无效率因子低于 100 则表明模型收敛性较好。

观察表 7-1 不难发现，所有变量的无效率因子均低于 100，表明模型估计有效。接下来我们将使用脉冲响应函数分析世界经济景气冲击对中国经济增长率的时变影响。图 7-3 和 7-4 分别刻画了世界经济景气一单位正向冲击的等间隔脉冲响应函数和时点脉冲响应函数。以此二变量的冲击反应为例，时点脉冲响应函数描绘了在样本期间内某一时点下引入一单位世界经济景气冲击后，中国实际产出增速在之后若干期内的反应状况，对比不同时点下的时点脉冲响应函数有利于我们发现在何种宏观条件下，世界经济景气冲击

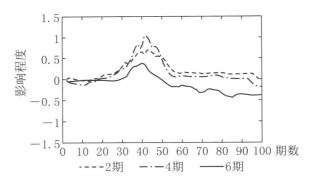

图 7-3　GDP 对世界经济冲击的等间隔脉冲响应

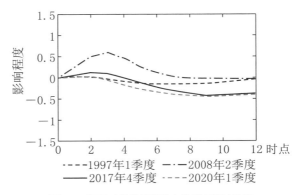

图 7-4　GDP 对世界经济冲击的时点脉冲响应

对中国实际产出增速的影响最强烈。等间隔脉冲响应函数是指,在样本期间内的每一个时点下都给以一单位世界经济景气冲击,观察某一特定时间间隔后中国实际 GDP 同比增速的反应状况,它的主要特性是具有遍历性。倘若等间隔脉冲响应曲线是一条直线,这表明世界经济景气冲击的影响恒定;倘若在绝大多数时期平稳,而仅在某些时期出现波动,这表明在这些特殊时点下,世界经济景气冲击对中国实际产出增速的影响出现了结构性改变。

如图 7-3 所示,当出现一单位世界经济景气正向冲击后,等间隔脉冲响应曲线呈现出如下几个典型特征:第一,无论在短期、中期还是长期,脉冲响应曲线在 2004～2008 年间(30～50 期)均出现了典型的形态变异,并且冲击反应最强,这说明尽管近 10 年来全球范围先后出现了多次贸易争端、政治冲突和罕见灾难危机,但从经济波动的国际溢出和传染视角来看,"次贷危机"前后世界经济景气变动对中国经济的影响仍最为强烈,同时也表明随着中国经济的不断成熟和完善,产出抵御外部冲击的能力得到了实质性提高;第二,从冲击反应的长短期特征来看,短期和中期等间隔脉冲响应曲线基本位于长期脉冲响应曲线的上方,这说明世界经济景气冲击的影响多以中短期效应为主;第三,值得注意的是,在"次贷危机"之后,长期等间隔脉冲响应曲线具有不断下探的趋势,这意味着目前世界经济景气回升反而会对中国经济产生长期不利影响,这深刻地体现在当前百年未有之大变局下,世界各主要经济体的发展存在着对抗、冲突、制衡和博弈。

为进一步对比世界经济景气冲击对中国实际产出增速影响的时变性,本章结合选取 1997 年 1 季度、2008 年 2 季度、2017 年 4 季度和 2020 年 1 季度作为典型化时点进行时点脉冲响应分析,这样进行时点选择的原因在于:这四个时点富有经济意义,能够分别代表经济"软着陆"时期、"次贷危机"时期、贸易争端时期和新冠疫情时期,有利于我们深入分析各种事件的冲击效应。

图 7-4 刻画了四个典型时期下世界经济景气冲击的时点脉冲响应函数,观察图 7-4 可以清晰地发现如下几点事实:首先,"次贷危机"时期的脉冲响应最为强烈,并且全程为正,收敛极快,这一方面表明"次贷危机"的影响极为强烈和深远,另一方面也说明,该段时期内世界各国的经贸关系更多地体现为紧密协作,共荣共退,此时世界经济景气复苏会显著拉动中国经济增长,具有良好的正反馈循环机制;其次,经济"软着陆"时期,整个脉冲响应的力度最弱,几乎是围绕零线波动,这同样符合经验认知,因为彼时中国尚未加入世贸组织,与世界发达经济体的经贸合作相对较少,经济变动更多地取决于自身主体特征,受世界经济变动影响较弱;最后,从近期的反应来看,无论是在贸易保护主义复兴阶段还是在疫情出现之后,世界经济景气变动对中国实际产

出增速的影响都十分接近,都表现为正向促进作用越来越小和负向影响时间拉长,这意味着全球经济景气复苏反而不利于中国经济增长。产生这一结果的原因主要在于两条渠道:一是贸易渠道,在当下贸易保护主义复兴阶段,发达经济体的贸易保护在促进本国就业和提升自给产品需求的同时抑制了中国制造业出口,产生了典型的"以邻为壑"效应;二是相对价格波动渠道,2015年后,受自身体制因素影响,中国历经了一段"去杠杆"阵痛期,而美联储加息预期不断升级,使得人民币面临着趋势性贬值压力,进而导致外商直接投资锐减,从而通过投资端抑制了经济增长。总的来看,在当前复杂多变的经济格局下,世界经济变化与中国经济增长之间的确存在着一定的对抗冲突关系,这也是中国必须坚持走"双循环"发展之路的内在逻辑。

7.4　三种货币政策冲击对实际产出增速的时变调节效应

在明晰世界经济景气冲击对中国实际产出增速的影响后,我们将深入分析本章拟回答的第二类问题,即广义货币调控在平抑产出波动的过程中是否已然失效? 倘若存在广义货币失效困境,广义货币调控的失效是否意味着信贷调控也出现了问题? 在货币政策量价转型的大背景下,价格型货币政策调控是否能取得良好的调控效果?

图 7-5 给出了 M2 一单位正向冲击的等间隔脉冲响应曲线,这里需要说明的是,此处使用的模型与 7.3 节中的模型一致,因此不再进行参数估计报告。图 7-5 显示,无论是短期、中期还是长期等间隔脉冲响应曲线,它们都存在两个典型的局部波峰,并且样本期间内走势极不平稳,这说明广义货币调控的经济效应的确存在显著的时变特征。此外,从事实表象来看,广义货币

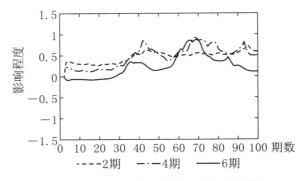

图 7-5　GDP 对 M2 冲击的等间隔脉冲响应函数

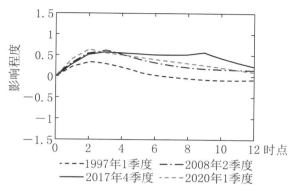

图 7-6　GDP 对 M2 冲击的时点脉冲响应函数

调控效率最低的阶段似乎集中在 35 期(2004 年)之前,也即是中国广义货币严重超发的历史阶段。其效率高峰出现在 70 期左右(2012 年),之后作用力度明显下降。这一方面表明,广义货币调控失效的确存在,但另一方面也说明,相比于早期数量调控的严重低效,现阶段的数量调控效率下降只是一种相对表象,并不意味着广义货币调控彻底丧失了提振经济活力的职能。

进一步结合本节选取的四个典型化时点来看,其中经济"软着陆"和中美经贸摩擦时段,广义货币调控存在着明显的变异性。首先,在经济"软着陆"时段,当出现一单位广义货币供给增加时,实际 GDP 同比增速的最大反应仅在 0.3 左右,经济增长对货币扩张的反应具有明显的惰性特征,这说明当广义货币处于严重超发阶段,它对实体经济的影响力会大幅下降。而在中美经贸摩擦期间,一单位广义货币正向冲击将引起 GDP 增长率的长期反应,具体表现为脉冲响应函数收敛极慢,即便是在冲击出现的 3 年之后,脉冲力度仍保持在 0.3 左右,甚至与样本初期的最强反应力度持平。这说明此时的广义货币调控具有明显的长记忆性,根据古典二分理论,货币政策通常是针对短期内的经济变化进行调控,极长的政策反馈时间显然不利于中央银行迅速实现政策目标,反而还会在长期内造成调控偏差,因此,这才是货币当局审慎使用广义货币调控的根本原因。

最后,从近期广义货币调控的效果来看,整个脉冲响应曲线的走势与"次贷危机"期间高度耦合,均呈现出短扩张、长收缩的基本态势,并且作用力度也与前期相仿,这一结果表明,得益于持续性的"去杠杆"治理和连年稳健中性的货币政策,广义货币调控效率明显回升,现阶段中央银行审慎使用广义货币调控的本质原因更多地在于预防再度出现"三期叠加"困境等结构性问题,若是仅从政策效率角度考虑,现阶段广义货币调控效果已逐渐回归至常态化阶段,能够发挥基本职能,这为中央银行的危机管理提供了重要的政策储备和政策空间。

出于稳健性考虑,我们进一步刻画了信贷扩张冲击的等间隔脉冲响应函数和时点脉冲响应函数,如图 7-7 和图 7-8 所示。首先,从等间隔脉冲响应曲线的形态来看,短期和中期内的等间隔脉冲响应均呈波动上升态势,这说明信贷调控有效性在逐步增强;其次,长期内等间隔脉冲在样本末期基本归零,这说明现阶段的信贷调控具有见效快、收敛快的特征,政策反馈以中短期效应为主,不存在长期内的过度反应;最后,对比信贷曲线的脉冲响应函数和广义货币冲击的脉冲响应函数不难发现,信贷冲击的脉冲响应可达到 1 以上,这一数值明显高于广义货币调控,表明调整信贷供给增速对实体经济的影响更强,它要优于整体上地调整 M2 这一货币中介目标。实际上,本着机制溯源的基本原则,对这一现象的解释还要回归到对 M2 基本构建的解读上:

广义货币供给 M2＝国内净资产＋国内信贷＋国外净资产

－不纳入广义货币的存款－债券－实收资本－其他(净)

$$(7.9)$$

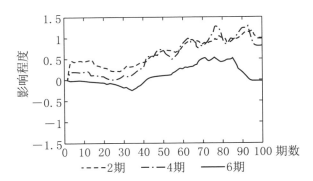

图 7-7　**GDP 对贷款增速冲击的等间隔脉冲响应**

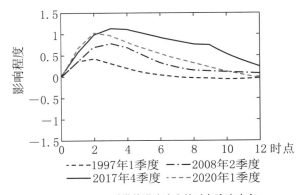

图 7-8　**GDP 对贷款增速冲击的时点脉冲响应**

　　倘若从这个角度来看,便不难理解 M2 调控效果缘何不稳定。其中,M2 调控的高峰出现在 70 期左右(2012 年),彼时信贷在 M2 中的占比处于历史高位,而在 2013 年后,由于银行端表外业务和非正规融资激增,这在很大程度上降低了信贷在 M2 中的比重,从而也就削弱了 M2 变动对经济的调控力度。实际上,作为 M2 的最主要成分,信贷供给扩张始终是提振实体经济活力的有效途径。而近年来,货币当局对信贷管制较强的原因并不是信贷调节失效,而是出于宏观经济稳增长和金融系统防风险之间的权衡考虑。

　　结合图 7-8 不难发现,无论是在经济"软着陆"时期、"次贷危机"时期、中美经贸摩擦时期还是在新冠疫情时期下,信贷脉冲响应曲线的走势均高度一致,这说明信贷调控始终保持着稳定职能。若是从力度上进行对比,在中美经贸摩擦期间,信贷调控对实体经济的影响最强,新冠疫情期间次之,"次贷危机"期间再次,而经济"软着陆"时期最弱。这一结果揭示了两个重要规律:第一,信贷供给对经济的调控能力同样遵循边际效用递减规律,在经济"软着陆"时期,中国信贷供给增速最高,此时信贷变动对实际产出的影响最弱,而在中美经贸摩擦期间,中国正处于信贷收紧和降杠杆的关键时期,此时信贷同比增速曾一度降至 10% 左右,从短期看,改革的确引发了阵痛反应,但是从长期看这不但提高了信贷调整的活力,同时也为未来的信贷供给调控争取了宝贵空间;第二,就现阶段的信贷供给调控而言,脉冲响应曲线具有较大的反应强度,并且会迅速到达高点,同时收敛速度较快,这说明现阶段的信贷调整达到了最优状态,具有反馈及时、力度适中和不存在后续政策反噬等优点,是一种较为安全的宏观调控工具。

　　最后来看利率的脉冲响应状况,根据图 7-9 不难发现,除在 40～50 期这一区间外,整个等间隔脉冲响应函数的走势均较为平稳,这一方面说明利率调控的稳健性较高,始终能够发挥较为稳定的职能,另一方面也表明在次贷危机期间,利率变动对经济的刺激效果最为强烈。结合图 7-10 不难发现,四条时点脉冲响应曲线的走势高度耦合,这再次证明了利率调控具有稳健性,是比较适宜的宏观调控手段。此外,在 2017 年中美经贸摩擦时期和 2020 年新冠疫情时期,利率的脉冲响应曲线已几乎重合,同时具有收敛速度大幅提升的特点,这深刻地说明利率调控具有反馈及时,见效快和政策持续性短等优势,这大幅降低了政策的后续超调风险。由此可见,在当下货币政策坚持稳健中性总基调的背景下,使用名义利率调整宏观经济波动的确是中央银行货币政策调控的占优选择。

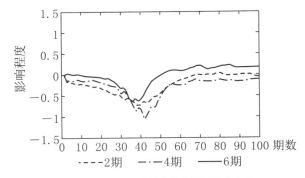

图 7-9　GDP 对利率冲击的等间隔脉冲响应

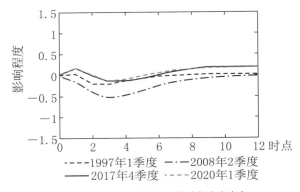

图 7-10　GDP 对利率冲击的时点脉冲响应

但需注意的是,利率调控对经济波动的影响幅度也最为轻微,相比于信贷供给调控,同样一标准差的利率冲击对经济增速的影响尚不足信贷供给调控的一半,这说明当宏观经济面临经济增速失速下滑等重大风险时,货币供给仍应以组合的方式出现,特别是要保障信贷供给先行,这是平抑大幅实体经济波动的最优良方。目前,面对中国宏观经济层面需求收缩、供给冲击和预期转弱的"三重压力",政府已将宏观经济增速的预期目标下调至 5%～5.5%。需要注意的是,5% 实际上已经触及了中高速增长的底线,这已经不仅仅是一个速度指标,更是一种预期信号,因此保住这个底线至关重要。而从近期国际争端不断、有效内需不足的复杂局面来看,在中短期内稳定保持全年经济增长 5% 仍是一个重要挑战,这不仅考验着中国经济增长的内需能力,同样也在很大程度上对经济政策的协调搭配提出了更高的要求。其中,来自实体经济层面的冲击和压力将是经济政策组合所需关注的首要目标。根据量价权衡理论,倘若一国经济风险主要来源于实体经济层面,那么宏观调控的核心和重点就应该落脚于数量型货币政策,因为这可以直接作用于货币供给,进而调控供需水平;然而,倘若一国经济风险主要来源于虚拟经济,那么利率调控则更为有效,因为利率是资金交易的价格和投资的机会成本,它能够有效地引导公众预期,继而改变投资决策。

由此可见,面对当前实体经济冲击为主,预期转弱压力为辅的总体局面,中央银行应适度重启数量型货币政策工具,以价格型政策和数量型政策的协调搭配为主要宏观调控手段,有序缓解经济的“三重压力”。纵然量价转型是中国货币政策调控体系在过去 10 年乃至是未来几十年内的主旋律,但永远不要忽视常态化管理和危机管理的对偶关系,在面对罕见灾难危急时,数量型政策依然具有调控力度强的优势。特别是在面对以实体经济冲击为主的危机时,货币数量工具的效率将进一步凸显。然而,考虑到广义货币供给 M2的组成成分十分复杂,不同组成成分对经济波动的调控力度又明显存异,这意味着监测广义货币调控的意义将大打折扣。一方面,广义货币是一个综合型中介指标,它的调整幅度难以被准确控制;另一方面,考虑到广义货币中的不同成分对经济波动的影响差异较大,这使得它的最终调控效果也难以把控和估计。因此,在必须要重启数量型货币政策工具时,中央银行若想实现更加精准化、细致化的定点调控,就应该适度转变数量型调控思路,放弃传统的总量型货币中介目标,转而盯住数量型调控的具体项目(如:信贷供给、存款准备金率),这不仅有利于宏观调控的精准化,同时也能为货币政策转型时期下的危机管理提供新模式与新思路。

7.5　本章小结

目前,面对全球百年未有之大变局,世界经济景气变动对中国经济的影响已变得越发强烈和不容忽视。为充分反映世界经济景气变动对中国实际产出增速的影响,同时明晰不同种货币政策在平抑产出波动过程中的真实效能,本章完全基于数据真实关联机制,使用 TVP-VAR 模型,在未施加任何约束的前提下探讨变量间的真实冲击反馈机制,主要得出如下结论。

第一,就世界经济景气变动对中国实际产出增速的影响而言,其影响机制大致历经了如下三个阶段:(1)弱影响阶段,主要集中于经济“软着陆”到中国加入世贸组织之前,该段时期内,中国经济运行更多地受到自身固有特征的影响,而受到外界冲击的影响相对有限;(2)彼此增进阶段,主要集中于2001~2015 年,这 15 年是全球经济一体化加速发展的主体时段,中国以积极的方式融入全球产业链当中,为全球初级产品加工提供了重要便利,并节约了巨额成本,同时 FDI 引入和技术吸收亦使中国经济连年保持高速增长,迅速形成后发赶超,中国与全球经济协同共进,产生了良好的正反馈循环和耦合效应;(3)对抗冲突阶段,自 2016 年后,受逆全球化思潮影响,全球经济一体化格局遭到严重破坏,局部冲突、多边博弈不断,中国亦受到一定波及和影响,目前与世界部分主流经济体之间存在一定的矛盾和冲突,这也是新时期中国要坚定不移走"双循环"发展战略的本质原因。

第二,就传统数量型货币政策调控而言,广义货币调控效果不稳定的根源在于:不同时期下的广义货币结构存有较大差异,倘若广义货币变动更多地来源于信贷端,那么它仍能对实体经济产生良好的调控效果,但若是广义货币变动主要来源于外汇储备等与实体经济关联较弱的科目,那么它对实体经济的影响就将大幅减弱。考虑到广义货币供给本质上是一个综合性的货币中介指标,它的变动本身就难以事前估量,并且对经济的调控效果又会受制于具体科目的变化,这就使得在当下货币结构越发复杂化和多变化的情况下,广义货币调控的效果越发难以估计。

第三,就信贷供给调控而言,得益于中国连年稳健中性的货币政策,信贷供给增速已降至合理水平,同时也使得信贷供给调控的效率得到大幅度提升,这为货币当局的危机管理预留了宝贵的政策空间。考虑到当前宏观经济层面的核心压力来自实体经济层面,因此在合理范围内适度重启信贷供给先行必将成为守住中高速增长底线的重要政策支柱。

第四,从利率调控效果来看,利率调控的最大优势是稳定性强和见效快,这与中央银行在常态化时期强调定向微调和精准化调控的理念不谋而合。因此,名义利率调整逐渐成为最常用的政策操作手段。但需注意的是,货币政策调控体系量价转型是一个较为漫长的过程,它的本质理念和实施条件在于三点:一是宏观调控越发强调精准化、定向化;二是资产价格波动逐渐取代实体经济波动成为最常见的经济波动;三是货币政策调控倾向于小规模调控和预期管理。但是这并不意味着完全放弃货币数量端的调整,同时更不意味着单边的利率调控能够完全熨平罕见灾难危机带来的大幅经济波动。因此,在面对当前"需求收缩、供给冲击和预期转弱"的三重压力局面,宏观调控的组合方式必须要在审慎中灵活,在灵活中求变,特别是在面对重大的实体经济冲击时,信贷端的调控与利率预期引导相互配合必将成为有序化解"三重压力"过程中的有益尝试。

第8章 货币政策调控的非对称性特征 与中央银行政策偏好识别

一直以来,当谈起宏观调控之时,最为重要的就是稳定产出和通胀,而围绕这两个核心经济目标,最广为人知的就是货币政策调控和泰勒规则。泰勒规则是中央银行针对产出缺口和通胀偏离来调整名义利率的准则(Taylor, 1993),它自诞生以来便得到了多国中央银行和政策当局的青睐和使用。本章则是要系统地梳理"泰勒规则"这一著名货币政策规则方程的由来,同时利用中国数据估计中国的真实泰勒规则形态,以期明晰中央银行政策调整的实际模式与偏好。

本章拟解决如下三个问题:(1)采取什么变量来描述通货膨胀? 多数研究都采用CPI作为通胀水平的代理变量,但自2011年以来CPI与PPI走势持续背离,出现了"剪刀差"形态,同时CPI中占比最高的食品部分又波动得极为频繁,这使得CPI很难准确地反映通胀变动趋势,因此,合意的通胀代理指标亟待重新遴选。(2)产出缺口,也即经济周期成分如何刻画。尽管这在第2章中得到了充分讨论,但现实中的问题是,计量估计的产出缺口是否是中央银行关注的目标?(3)在准确地测定了产出缺口和通胀偏离后,中央银行的最优政策规则和政策偏好具有何种特征? 下面,本章将围绕上述问题进行一一解答。

8.1 泰勒规则的由来

首先,给出泰勒(Taylor, 1993)描述的经典泰勒规则:

$$\frac{r_t - r^*}{r^*} = \kappa \frac{\pi_t - \pi^*}{\pi^*} + \tau \frac{Y_t - Y^*}{Y_t^*} \tag{8.1}$$

式(8.1)中,r_t 代表 t 时期下的实际利率水平,r^* 则描述了均衡状态下的实际利率,π_t 和 Y_t 分别是该时期下的通胀水平和实际产出,π^* 和 Y_t^* 则是二者的目标值,也即目标通货膨胀和潜在产出,κ 和 τ 是一组偏离调整系数。式(8.1)的含义是:中央银行会根据通胀以及产出水平较目标值的偏离来调整实际利率。这也就是最初的泰勒规则。然而,泰勒(Taylor,1993)认为,用比例形式描述变量间的关系不够精确,于是泰勒对式(8.1)进行了处理,把它改成了式(8.2)的形式:

$$r_t = r^* + \frac{\kappa r^*}{\pi^*}(\pi_t - \pi^*) + \tau r^* \left(\frac{Y_t - Y_t^*}{Y_t^*}\right) \tag{8.2}$$

观察式(8.2)不难发现,如果把系数 $\kappa r^*/\pi^*$ 与 τr^* 均看成一个整体,式(8.2)便清晰描绘了实际利率如何根据通胀偏离和产出偏离进行调整。其中,将 r^* 由式(8.1)的左侧移动到右侧时,应分别与 κ/π^* 和 τ 相乘,这是因为稳态通胀率通常是一个不随时间 t 变化的常数,而最优潜在产出却是一个与时间 t 相关的变量。分别将 $\kappa r^*/\pi^*$ 和 τr^* 记为 κ^* 和 τ^*,式(8.2)可进一步写为:

$$r_t = r^* + \kappa^*(\pi_t - \pi^*) + \tau^* y_t \tag{8.3}$$

泰勒(Taylor,1993)正是在对式(8.3)进行拟合的基础上发现了泰勒规则。研究发现,如果令长期均衡实际利率恒等于 2%,并令 κ^* 与 τ^* 为 0.5 和 0.25,那么式(8.3)基本就可以模拟出美联储的实际利率波动。最后,鉴于用实际变量捕捉政策变量不够精确,泰勒(Taylor,1993)根据费雪关系将式(8.3)改写成了式(8.4):

$$R_t^* = r^* + \pi_t + \kappa^*(\pi_t - \pi^*) + \tau^* y_t \tag{8.4}$$

这里,R_t^* 就是 t 时期下的最优名义利率水平,而考虑到名义利率的真实值可能并不等于实际值,故将名义利率写为如下形式:

$$R_t = r^* + \pi_t + \kappa^*(\pi_t - \pi^*) + \tau^* y_t + \mu_t \tag{8.5}$$

至此,我们应该能够明确几个结论:(1)泰勒规则是经验方程,不是一个理论模型,纵使之后存在着很多理论描述,但本质是理论后置过程,泰勒试图为这种合理的线性方程寻求理论解释,而这并不代表这个方程是由理论推导而来的;(2)泰勒规则最初描述的是实际变量间的比例关系,后来转换成线性方程;(3)泰勒规则最初描述的是实际经济行为之间的关系,只是为便于估算,后来通过费雪转换变成了名义利率与实际经济行为之间的关系。

此后,一个最具代表性的文献是克拉里达等(Clarida *et al.*,2000)的研究,其发现名义利率序列通常是一个十分平滑的时间序列,这意味着中央银行在进行利率调整时可能还会考虑前期利率水平。为此,他们提出应该把名义利率的滞后一期引入方程之中,而这一项的意义就是利率平滑:

$$R_t = (1-\rho)[rr^* + (1+\kappa^*)\pi_t + \tau^* y_t] + \rho R_{t-1} + \mu_t \qquad (8.6)$$

式(8.6)中,$rr^* = r^* - \kappa^* \pi^*$,这就是经典的克拉里达(Clarida)变形。由于这个形式并不直观,因此需要对其进行整理,将$(1-\rho)rr^*$、$(1-\rho)(1+\kappa^*)$以及$(1-\rho)\tau^*$均视为一个整体,式(8.6)就变回了类似于(8.5)描述的情形,只不过是在(8.5)中增加了利率滞后项。进一步地,式(8.6)中还缺了一个部分,就是目标通货膨胀,于是张屹山和张代强(2007)又对式(8.6)进行了扩写,最终锁定为式(8.7)的形式:

$$R_t = c_t + \rho R_{t-1} + \kappa_\pi^* (\pi_t - \pi^*) + \tau_y^* y_t + \mu_t \qquad (8.7)$$

式(8.7)中,$c_t = (1-\rho)(r^* + \pi_t)$,$\kappa_\pi^* = (1-\rho)\kappa^*$,$\tau_y^* = (1-\rho)\tau^*$。后续大量研究均是在式(8.7)及其扩展型的框架下展开分析,研究发现式(8.7)的拟合优度要明显高于经典泰勒规则,并且其描绘的名义利率变动过程也与现实更加相符。

8.2　泰勒规则的理论解释:一个经典的福利框架

斯文松(Svensson,1999)、伍德福德(Woodford,2000)曾指出,中央银行进行名义利率调整的初衷应该是最小化货币政策调控的福利损失。那么若是从产出和通胀二元框架下来看,也就是最小化通胀和产出损失。既然是求解福利损失,那么必然就要有约束条件,于是斯文松(Svensson,1999)率先在线性总供给曲线和二次型损失函数下对这个问题作出了解答:

$$\pi_{t+1} = \pi_t + \kappa y_t + \varepsilon_{\pi,\,t+1} \qquad (8.8)$$

式(8.8)描述了菲利普斯曲线形式的供给曲线,这里π_t依然代表t时期的通胀水平,y_t是实际产出较潜在产出的相对偏离,也即产出缺口,参数$\kappa > 0$,这意味着总供给曲线是向右上方倾斜的,$\varepsilon_{\pi,\,t+1}$刻画了供给冲击,它每一期的变动服从独立同分布。

需求方面,令:

$$y_{t+1} = \theta y_t - \delta r_t + \varepsilon_{y,\,t+1} \qquad (8.9)$$

式(8.9)中，θ代表着产出缺口的平滑意愿，$0<\theta<1$，δ代表着利率调整对产出缺口的影响，$\delta>0$，表明二者之间具有反向依存关系，$\varepsilon_{y,t+1}$是相应的总需求冲击，与供给冲击类似，它的变动也服从独立同分布。r_t刻画了t时期下的实际利率，它与名义利率之间的关系同样由费雪方程刻画：

$$R_t = r_t + E\pi_{t+1} \tag{8.10}$$

式(8.10)中，R_t仍是t时期下的名义利率，$E\pi_{t+1}$是基于t期信息集对$t+1$期通胀水平的预测。斯文松（Svensson，1999）根据后顾法则，令$E\pi_{t+1}$等于π_t，这样便实现了去期望处理，于是总需求曲线可重述为：

$$y_{t+1} = -\delta(R_t - \pi_t) + \theta y_t + \varepsilon_{y,t+1} \tag{8.11}$$

随后，就是关于福利损失函数的设定。由于我们要研究中国问题，因此要根据实际问题对损失函数进行修改，而不是简单采用二次形式的损失函数。这是因为二次损失函数的意义是：政府对通胀（产出）的偏离不存在方向上的偏好。但在现实中往往不是这样，货币政策执行报告或中央经济工作会议在对下一年工作进行展望时，通常作出"将年内通胀控制在$X\%$之内，将实际GDP同比增速维持在$Y\%$以上"的表述。这意味着中央银行通常具有规避通货膨胀和经济收缩的偏好，故本节采取博因特和马丁（Boinet & Martin，2008）的损失函数形式进行刻画：

$$L_t = \{\exp[\tilde{\alpha}_\pi(\pi_t - \pi^*)^{\tilde{\beta}_\pi}] - \tilde{\alpha}_\pi(\pi_t - \pi^*)^{\tilde{\beta}_\pi} - 1\}/\tilde{\beta}_\pi\tilde{\alpha}_\pi^2$$
$$+ \varphi\frac{1}{\tilde{\beta}_y\tilde{\alpha}_y^2}[\exp(\tilde{\alpha}_y y_t^{\tilde{\beta}_y}) - \tilde{\alpha}_y y_t^{\tilde{\beta}_y} - 1] \tag{8.12}$$

式(8.12)中，$\tilde{\beta}_\pi$和$\tilde{\beta}_y$分别是通胀偏离与产出缺口的高次幂系数，这两个参数的取值事关福利损失函数的形态，它们共同决定着损失函数的非对称性和惰性特征。而参数$\tilde{\alpha}_\pi$与$\tilde{\alpha}_y$是缺口项系数，它们是幅度系数，能够决定损失函数的倾斜程度、惰性区间大小等。当$\tilde{\beta}_\pi = \tilde{\beta}_y = 1$，$\tilde{\alpha}_\pi \to 0$，$\tilde{\alpha}_y \to 0$时，式(8.12)描绘的损失函数就将变成经典的二次型损失函数[图8-1(a)]。若不限定$\tilde{\alpha}_\pi \to 0$，$\tilde{\alpha}_y \to 0$，损失函数形态将由图8-1(a)向8-1(b)转化，即出现了倾角，变成线性指数型非对称函数。再来分析变量α大小的影响，以通货膨胀为例，若$\alpha>0$，可知$f(+x,\alpha)>f(-x,\alpha)$，$x>0$，此时一单位正向变动的损失更大，可以理解为中央银行具有规避通货膨胀偏好；相反倘若$\alpha<0$，易知$f(+x,\alpha)<f(-x,\alpha)$，$x>0$，这说明同等幅度的负向变化将造成更大的福利损失，此时中央银行具有规避通货紧缩偏好，函数具有左侧高右侧低的特征。进一步地，8-1(b)中的模拟结果显示，α的绝对值越大，这种倾斜的幅度就会越大。继续放开 $\tilde{\beta}_\pi(\tilde{\beta}_y)=1$ 的假设,损失函数中就会出现惰性区域,如图 8-1(c) 和 8-1(d)。它描述的现象是:只要通胀或产出较目标值的偏离不超过一定区间,福利损失就可以忽略不计。各种情形描述的福利损失图像参见图 8-1(a)～(d),函数形态与 $\tilde{\beta}_\pi(\tilde{\beta}_y)$ 之间的对应关系由表 8-1 给出。

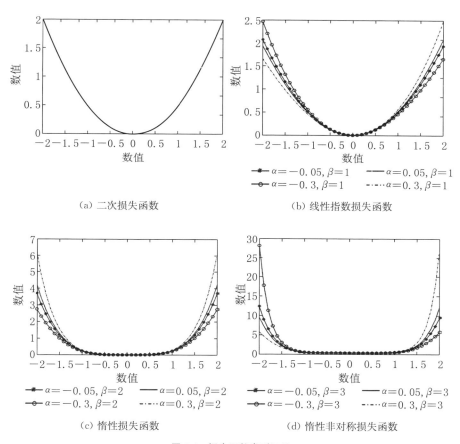

(a) 二次损失函数　　　　　　　　　(b) 线性指数损失函数

(c) 惰性损失函数　　　　　　　　　(d) 惰性非对称损失函数

图 8-1　损失函数类型汇总

表 8-1　$\tilde{\beta}_\pi(\tilde{\beta}_y)$ 取值与损失函数形态

参数取值	$\tilde{\alpha}_\pi(\tilde{\alpha}_y)=0,\tilde{\beta}_\pi(\tilde{\beta}_y)=1$	$\tilde{\beta}_\pi(\tilde{\beta}_y)=1$	$\tilde{\beta}_\pi(\tilde{\beta}_y)=2$	$\tilde{\beta}_\pi(\tilde{\beta}_y)=3$
非对称性	对称	非对称	对称	非对称
惰性区域	不存在	不存在	存在	存在

有了福利损失函数和总供给、总需求约束,便可求得最优利率反应函数:

$$R_t^* = \tilde{\alpha}_0 + \lambda_\pi E_t G(\pi_{t+1}-\pi^*)(\pi_{t+1}-\pi^*) + \lambda_y E_t G(y_{t+1})y_{t+1} \quad (8.13)$$

式(8.13)中,$\lambda_\pi E_t G(\pi_{t+1}-\pi^*)$ 与 $\lambda_y E_t G(y_{t+1})$ 是通胀偏离与产出缺口

对最优利率的影响系数。而我们可以通过设定不同 $\tilde{\beta}_\pi$ 与 $\tilde{\beta}_y$ 的组合对方程进行改写，从而刻画含有惰性和非对称性偏好下的利率反应函数。但因为 (8.13) 中存在着超参数问题，因此在估计前需要作一步近似处理，即在 $\tilde{\alpha}_\pi = \tilde{\alpha}_y = 0$ 处做二阶泰勒近似，进而获取一个具有线性形式的方程：

$$R_t^* = \tilde{\alpha}_0 + \lambda_\pi E_t \left[(\pi_{t-1} - \pi^*)^{2\tilde{\beta}_\pi - 1} + \tilde{\alpha}_\pi (\pi_{t-1} - \pi^*)^{3\tilde{\beta}_\pi - 1}/2 \right] \tag{8.14}$$
$$+ \lambda_y E_t (y_{t+1}^{2\tilde{\beta}_y - 1} + \tilde{\alpha}_y y_{t+1}^{3\tilde{\beta}_y - 1}/2)$$

经简化处理后有：

$$R_t = \beta_0 + \beta_1 (\pi_t - \pi^*)^{2\tilde{\beta}_\pi - 1} + \beta_2 (\pi_t - \pi^*)^{3\tilde{\beta}_\pi - 1} + \beta_3 y_t^{2\tilde{\beta}_y - 1} + \beta_4 y_t^{3\tilde{\beta}_y - 1} + \upsilon_t \tag{8.15}$$

式 (8.15) 中，$\beta_0 = \lambda_0$，$\beta_1 = \lambda_\pi$，$\beta_2 = \lambda_\pi \tilde{\alpha}_\pi/2$，$\beta_3 = \lambda_y$，$\beta_4 = \lambda_y \tilde{\alpha}_y/2$。这一方程的优势在于，可以刻画中央银行的偏好和调控的惰性特征。最后结合式 (8.7) 关于利率平滑意愿的设定，本节将后续用于实证检验的方程形式设定如下：

$$R_t = \gamma_0 + \gamma_1 R_{t-1} + \gamma_2 (\pi_t - \pi^*)^{2\tilde{\beta}_\pi - 1} + \gamma_3 (\pi_t - \pi^*)^{3\tilde{\beta}_\pi - 1} \tag{8.16}$$
$$+ \gamma_4 y_t^{2\tilde{\beta}_y - 1} + \gamma_5 y_t^{3\tilde{\beta}_y - 1} + \upsilon_t$$

8.3 最优产出缺口和通胀变量遴选的理论思辨

8.3.1 传统产出缺口与伪产出缺口

事实上，本书的第 2 章中提出过计量评价的思想，我们也完全可以根据各类滤波法、生产函数法和结构化模型来刻画不同的产出缺口，进而通过计量评价来遴选最优的产出缺口。但是这样研究就会陷入一种自娱自乐的死循环。而在政策研究中，我们首先要跳出的是一个思维困境，就是政策制定者并非进行纯学术研究，如果在政策制定过程中一味盯住莫须有的产出缺口，这似乎与实际经济状况严格相悖。在现实政策制定过程中，中央银行不太可能忽视实际存在的经济指标，而去盯住一些莫须有的指标。这意味着真实盯住的产出缺口不仅应该具有产出缺口的特征，同时还应该是与经济增长率相关的指标。围绕上述判断，本节提出一个伪产出缺口的概念，当然，这还是要从产出缺口的基本定义说起，首先给出产出缺口的定义式：

$$y_t = 100\% \times \frac{Y_t - Y_t^*}{Y_t^*} \tag{8.17}$$

式(8.17)中，Y_t 和 Y_t^* 分别是 t 时期下的实际产出与潜在产出。其中潜在产出是指充分利用生产中各种要素所能达到的理论最大产出。由此可见，产出缺口的理论释义即是实际产出较潜在产出的相对偏离。但我们知道，潜在产出毕竟是基于上一期可获取资源进行计算获取的，这意味着我们可以定义一个理论上的最大经济增速 g_t^*，令 g_t^* 满足：

$$Y_t^* = (1 + g_t^*) Y_{t-1} \tag{8.18}$$

这样一来，产出缺口就可以改写如下：

$$y_t = 100\% \times \frac{Y_{t-1}(1+g_t) - Y_{t-1}(1+g_t^*)}{Y_{t-1}(1+g_t^*)} = 100\% \times \frac{g_t - g_t^*}{1 + g_t^*} \tag{8.19}$$

式(8.19)中，g_t 和 g_t^* 分别是 t 时期下的实际产出增长率和实际产出的最优理论增长率。这里由于分母中的 g_t^* 通常是一个比较小且接近于 0 的常数，故当其处于分母端时可以近似略去，那么就可以得到一个更加简单的形式：

$$y_t \approx g_t - g_t^* \tag{8.20}$$

式(8.20)具有直观的经济学含义，即我们可以把产出缺口近似理解为实际产出增速与潜在产出增速之差。这不由得引发我们的一个思考，即中央银行盯住的潜在产出增速到底是什么？难道真是这个莫须有的充分发挥各种要素条件下所能实现的最大产出增速吗？从货币政策的实际调控经验来看，这显然不是正解。事实上，政府工作报告中每年都会发布有关于经济增长的预期，而这个预期中包含了对经济结构、经济状态、前期经济基础和内外部综合环境等多方因素的现实思考。显然，与充分发挥各种要素潜能来比，这个增速实际得多。最后，也是一个最基本的问题，经济政策需要被公众识别，只有这样政策才能产生预期效应，从这个角度来看，潜在产出和产出缺口都过于抽象，不太可能是中央银行真实盯住的政策缺口。为此，本节将把中国历年政府工作报告中发布的关于全年实际 GDP 增长率的预期作为目标，利用实际 GDP 增长率与该目标之差构建一个新型的产出缺口，并将其命名为伪产出缺口：

$$\tilde{y}_t = g_t - g_{t,\,goal} \tag{8.21}$$

式(8.21)中，$\tilde{y}_t$ 就是本书构建的伪产出缺口，g_t 依旧是实际 GDP 同比增速，$g_{t,\,goal}$ 是发布的实际 GDP 目标增速。相比于传统的产出缺口，伪产出缺口具有两个优势：第一，它的数据能够准确获取，因为无论是实际 GDP 同比增速还是实际 GDP 目标增速，它们都是官方发布数据；第二，它的经济含义十分明确，它描述了实际经济执行情况较目标情况的偏离，这显然就是货币当局实施货币政策的初衷，也即是说它更贴合货币当局的实际意图。纵使从构建原理来看，伪产出缺口也未超出产出缺口的基本定义，观察式（8.21）和式（8.20）不难发现，二者具有强学理同源性，这也意味着它并没有偏离产出缺口的基本概念内涵。

8.3.2　关于通货膨胀指标的遴选思辨

这部分指标遴选要依赖后文的福利损失估计，毕竟能够最小化通货膨胀成本的通胀指标才是最优的通胀目标。既然说到最小化货币政策执行成本，那么就不得不提一提核心通货膨胀这个概念。提出核心通货膨胀的初衷就是为了剔除物价变化中的频繁波动，使通胀指标更易于反映物价的持续性变化和普遍性变化。从这一概念出发，大量研究曾采用 S-VAR 法、因子模型等构建核心通货膨胀。当然，这是另一个研究范畴，而我们最为关心的是，中央银行在进行实际货币政策操作过程中，到底更愿意盯住哪种类型的通货膨胀。首先，我们第一个排除的就是用各种计量方法计算的核心通货膨胀。原因与前述相同，中央银行的政策是要对实际经济行为进行调控，它不太可能盯住一个莫须有的指标，因为这些拟合的指标技术性太强，公众无法捕捉到它的变化，那么构建这些指标自然也就失去了意义，起不到预期管理的作用。

由此可见，合意的通胀指标还是应该在现存的通货膨胀指标中遴选，CPI 自然是其中之一，那么余下的两个指标分别是去除食品价格的 CPI_f，以及剔除食品和能源价格的 CPI_{fe}。但事实上，中国国家统计局自 2013 年才开始统计 CPI_{fe}，客观年限决定着还不适合用这个数据进行研究，另外一方面，中国具有较强的能源进口依赖，特别是在俄乌战争爆发后，能源价格的暴涨已引发了一定的趋势性通货膨胀，这说明把它剔除也并不科学，故本章后续在进行指标遴选时也将着重考察 CPI 与 CPI_f 之间的差异（当然 CPI_{fe} 也可用于参考）。

8.4　央行货币政策最优反应函数的遴选

8.4.1　数据的选取、处理与描述

本节选取 2005 年 1 月至 2022 年 6 月的数据进行实证研究。在此选择

上海银行间同业拆放利率(SHIBOR)作为市场利率的代理变量,由于
SHIBOR 首次发布是在 2007 年 1 月,因此我们使用全国银行间债券回购利
率(R007)来补充 2005 年 1 月至 2006 年 12 月的数据。产出缺口方面,本节
引入伪产出缺口,由于其他指标均是月度频率的,因此为尽可能保持整体数
据集的完整性,将实际 GDP 增速的原始季度数据通过二次插值转化为月度
数据,目标产出增速数据源自每年的《政府工作报告》。需要特别说明的是,
2020 年由于新冠疫情原因,政府工作报告中没有给出目标经济增速,我们采
用 IMF 预测的 1.9% 作为代替,二者的差值即为伪产出缺口。为证明伪产出
缺口具有合意性,我们还利用最经典的方法构建了传统的产出缺口,即首先
将季度产出数据采用总量分解匹配的方式转化为月度数据,随后采用 H-P
滤波(λ 取 14 400),计算了月度产出缺口。一方面,这个数据可以用于直观
的图像比较,另一方面,它的估计效果也可以与伪产出缺口进行对比。

　　通胀端,我们使用的三个指标主要是前文所述的 CPI、CPI_f 与 CPI_{fe},进
而利用这些指标与每年政府工作报告中公布的目标通货膨胀作差,获取通胀
稳态偏离值。需要注意的是,由于三个通胀和两个产出缺口会派生 6 种组
合,再结合多种福利损失形态,可能需要估计 70 多组方程,这过于麻烦。因
此,在实际处理中,我们进行了有序变量筛选,也即先确定产出缺口代理变
量,再确认通胀代理变量。

　　图 8-2 率先给出了伪产出缺口和传统 H-P 滤波产出缺口在样本期间
内的走势。对比图 8-2(a)和 8-2(b)可以清晰地发现如下几个典型化事实:
(1)首先,无论是产出缺口还是伪产出缺口,二者均是正负交替错落分布,不
具有显性趋势,说明它们都可以还原产出缺口的基本概念,是合意的缺口代
理指标;(2)传统产出缺口基本呈随机正负交替趋势,缺乏显著的经济意义,

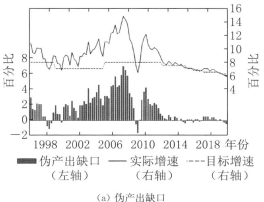

(a) 伪产出缺口

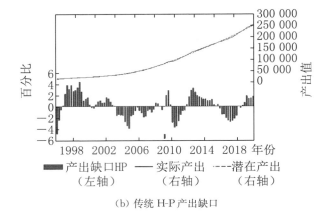

（b）传统 H-P 产出缺口

图 8-2　伪产出缺口和传统产出缺口走势

而伪产出缺口在经济繁荣期时基本表现为正向,在经济紧缩期时基本表现为负向,能够与经济事实相互匹配。具体来讲,例如在 2007 年经济繁荣期,政府对产出增速的预期仍在 8% 左右,但当年的实际 GDP 同比增速高达14.2%,因此伪产出缺口高达 6.2%,但是在产出缺口端则不然,2007 年的产出缺口居然为负,而在 2019 年,产出缺口则高达 2%,这意味着 2019 年中国的潜在 GDP 增长率仅为 4%,这与疫情之前的经济数据严重不符。由此可见,伪产出缺口是更能反映经济事实的产出缺口,它更适合作为中央银行盯住的政策目标。

　　进一步来看通货膨胀端的变化,如图 8-3 显示,样本期内中国 CPI 的波动较大,呈大起大落态势,而两类核心通货膨胀指标 CPI_f 与 CPI_{fe} 的变化则要缓和得多。进一步地,在样本期内的绝大部分时期,通胀偏离均为负值,

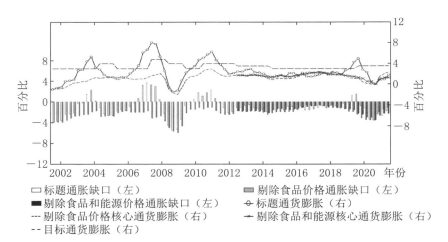

图 8-3　通货膨胀与通胀缺口

这说明中央银行对通胀目标的执行具有明显的从紧意愿,这很可能表明中央银行具有规避通货膨胀偏好。此外,可以看出在 2012～2018 年内,通胀与目标值之间始终保持 2 个百分点左右的负向偏离,中央银行似乎并没有纠正这种偏离的意愿,这很可能表明在通胀端,中央银行的政策反应具有惰性特征,也即只要通胀距离目标值未发生大幅度偏离,中央银行就不会采取相应的手段予以治理。当然,具体情况还有待进一步检验。

8.4.2　最优央行政策反应函数的遴选

本节关于最优反应函数的遴选主要从以下几步展开:(1)利用 CPI 和产出缺口以及 CPI 和伪产出缺口组合,先对产出缺口指标进行遴选;(2)在遴选好产出缺口后,利用合意的产出缺口和两类不同的通货膨胀指标进行组合,并根据 β_y 和 β_π 的 9 种组合形式遴选最优的方程形式。

首先来看产出缺口和伪产出缺口,表 8-2 给出了伪产出缺口和 CPI 组合下 β_y 和 β_π 的 9 种组合的估计结果。这里为避免由互为因果关系引发的内生性问题,我们使用系统 GMM 估计来估计模型 1～9 中各参数的系数,同时选取通胀偏离滞后 2～4 期和伪产出缺口滞后 2～4 期作为工具变量。这里重点观察 γ_4 和 γ_5 的表现,因为它们分别代表着伪产出缺口一次项和高次项的系数。不难发现,在模型 1～9 中,γ_4 的系数全部显著,这说明无论是基于何种偏

表 8-2　伪产出缺口与 CPI 组合

参数	模型 1	模型 2	模型 3	模型 4	模型 5	模型 6	模型 7	模型 8	模型 9
$\beta_{\pi,y}$	(1, 1)	(1, 2)	(1, 3)	(2, 1)	(2, 2)	(2, 3)	(3, 1)	(3, 2)	(3, 3)
γ_0	0.089 [0.097]	0.121 [0.096]	0.176 ** [0.080]	0.023 [0.096]	0.065 [0.089]	0.099 [0.075]	0.029 [0.093]	0.060 [0.084]	0.097 [0.071]
γ_1	0.969 *** [0.025]	0.969 *** [0.027]	0.956 *** [0.026]	0.971 *** [0.023]	0.968 *** [0.027]	0.962 *** [0.025]	0.968 *** [0.022]	0.967 *** [0.024]	0.961 *** [0.023]
γ_2	0.040 * [0.024]	0.054 ** [0.027]	0.062 ** [0.027]	0.003 [0.003]	0.006 [0.004]	0.005 [0.004]	2.0e-04 ** [7.3e-05]	2.0e-04 ** [9.2e-05]	2.0e-04 ** [8.8e-05]
γ_3	−0.016 *** [0.006]	−0.015 ** [0.007]	−0.012 * [0.007]	4.9e-05 [9.4e-05]	−6.4e-05 [1.0e-04]	−3.8e-05 [1.0e-04]	2.1e-07 [3.4e-07]	4.3e-07 [4.4e-07]	3.4e-07 [4.2e-07]
γ_4	0.098 * [0.054]	0.008 ** [0.003]	2.0e-04 ** [1.0e-04]	0.138 ** [0.062]	0.007 ** [0.003]	2.0e-04 ** [9.1e-05]	0.144 ** [0.062]	0.006 ** [0.003]	2.0e-04 ** [8.4e-05]
γ_5	−0.013 [0.011]	−2.0e-04 ** [1.0e-04]	−9.0e-07 * [5.1e-07]	−0.024 * [0.013]	−2.0e-04 ** [9.4e-05]	−8.3e-07 * [4.3e-07]	−0.025 * [0.013]	−2.0e-04 * [8.7e-05]	−7.9e-07 ** [3.8e-07]
R^2	0.953	0.952	0.952	0.952	0.950	0.950	0.950	0.948	0.949
S.E.	0.433	0.442	0.441	0.440	0.447	0.447	0.446	0.458	0.455
J-Sta	13.356	11.458	10.715	13.301	12.421	11.424	12.796	12.176	11.342
prob	0.575	0.720	0.773	0.579	0.647	0.722	0.618	0.666	0.728
D.W.	2.256	2.153	2.146	2.198	2.120	2.103	2.166	2.081	2.063

好与惰性假设,伪产出缺口始终是中央银行盯住的政策目标,这一结果至少说明伪产出缺口是产出缺口的合意代理变量。同时,由于 9 个方程的 $D.W.$ 值都与 2 高度接近,这也表明本节的识别是有效的,不存在估计结果有偏的问题。

再来看产出缺口端,我们采用相同方法估计了模型 1~9,不难发现表 8-3 中 γ_4 和 γ_5 无一显著,这说明产出缺口并不是中央银行盯住的政策目标,故后文将把伪产出缺口设定为合意的产出端代理变量。

表 8-3　产出缺口与 CPI 组合

参数	模型 10	模型 11	模型 12	模型 13	模型 14	模型 15	模型 16	模型 17	模型 18
$\beta_{\pi,\,y}$	(1, 1)	(1, 2)	(1, 3)	(2, 1)	(2, 2)	(2, 3)	(3, 1)	(3, 2)	(3, 3)
γ_0	0.243 ***	0.338 ***	0.346 ***	0.100	0.121	0.170 **	0.107	0.115	0.177 **
	[0.091]	[0.072]	[0.071]	[0.083]	[0.086]	[0.082]	[0.079]	[0.085]	[0.079]
γ_1	0.942 ***	0.918 ***	0.914 ***	0.965 ***	0.968 ***	0.949 ***	0.960 ***	0.967 ***	0.9437 ***
	[0.037]	[0.023]	[0.024]	[0.032]	[0.027]	[0.026]	[0.032]	[0.029]	[0.026]
γ_2	0.088 ***	0.100 ***	0.107 ***	0.004	0.004	0.004	2.4e-04 **	2.4e-04 ***	2.6e-04 ***
	[0.032]	[0.030]	[0.028]	[0.004]	[0.004]	[0.003]	[1.0e-04]	[8.5e-05]	[8.3e-05]
γ_3	−0.001	−0.005	−0.004	4.4e-06	3.0e-05	3.0e-05	5.8e-07	4.9e-07	5.4e-07
	[0.007]	[0.007]	[0.008]	[1.1e-04]	[1.1e-04]	[1.0e-04]	[4.3e-07]	[3.9e-07]	[3.7e-07]
γ_4	−0.015	−0.006	6.0e-04	−0.022	−0.012	5.0e-04	−0.018	−0.013	3.9e-04
	[0.043]	[0.011]	[3.0e-04]	[0.040]	[0.010]	[3.0e-04]	[0.045]	[0.010]	[2.7e-04]
γ_5	−0.004	0.001	6.1e-07	0.009	0.001	4.6e-06	0.009	0.001	4.8e-06
	[0.020]	[0.001]	[6.0e-06]	[0.015]	[7.7e-04]	[4.7e-06]	[0.016]	[7.7e-04]	[4.5e-06]
R^2	0.950	0.944	0.946	0.951	0.945	0.943	0.949	0.944	0.942
S.E.	0.450	0.475	0.467	0.443	0.472	0.477	0.454	0.476	0.482
J-Sta	13.689	13.725	14.293	12.765	11.803	12.564	12.551	11.637	12.284
prob	0.549	0.547	0.503	0.620	0.694	0.636	0.637	0.706	0.657
D.W.	2.082	2.116	2.071	2.211	2.260	2.202	2.186	2.230	2.162

在明确了产出端的变量选用后,我们针对 β_y 和 β_π 的 9 种组合,分别以 CPI 和 CPI_f 作为通胀代理变量,以通胀偏离与伪产出缺口的滞后 2~4 期作为工具变量进行 IV-GMM 估计,通过系数显著性、拟合优度等多方面比较遴选出各通胀口径下的央行最优货币政策反应函数。其次,通过比较两种央行最优货币政策反应函数的系数显著性以及二者与现实经济的契合度,遴选出最优通货膨胀代理指标。表 8-4 给出了两种通货膨胀代理指标下的中央银行利率反应函数估计。首先从系数显著性角度来看,以 CPI 为通货膨胀代理指标的货币反应函数估计除常数项与利率项系数外,基本均不显著[①],而当

---

① 表 8-2 和表 8-3 的基准回归中,考虑到核心比较的是产出缺口,故为了保持产出数据的基本属性,表 8-2 和表 8-3 的回归均是采用季度数据进行的,而表 8-4 中主要是为了反映通胀数据的客观属性,故此表中的回归是采用月度数据进行的。所以,尽管变量选择相同,表 8-2 和表 8-4 的结果还是会存在差异。

表8-4　中央银行利率反应函数估计

参数	CPI指标下的最优货币反应函数估计								
	模型 1-1	模型 1-2	模型 1-3	模型 1-4	**模型 1-5**	模型 1-6	模型 1-7	模型 1-8	模型 1-9
$\widetilde{\beta}_\pi, \widetilde{\beta}_y$	(1, 1)	(1, 2)	(1, 3)	(2, 1)	**(2, 2)**	(2, 3)	(3, 1)	(3, 2)	(3, 3)
β_0	0.754 ***	0.851 ***	0.795 ***	0.692 ***	**0.938 *****	0.743 ***	0.574 ***	0.695 ***	0.659 ***
β_1	0.762 ***	0.737 ***	0.742 ***	0.786 ***	**0.702 *****	0.740 ***	0.821 ***	0.766 ***	0.755 ***
β_2	0.068 *	0.075 *	0.085 *	0.015 **	**0.022 *****	0.017	−3.03e-06	1.83e-04	5.09e-04
β_3	−2.72e-04	−0.009	−0.009	−4.51e-04 *	**−6.36e-04 ****	−4.87e-04	−4.14e-07	5.83e-07	2.79e-06
β_4	−0.063 *	−0.002 **	−1.67e-05	0.002	**−0.002 ***	−4.58e-05 *	0.011	−0.002	−7.08e-05 **
β_5	0.006	2.19e-05 **	1.30e-08	−0.003	**1.81e-05 ***	2.50e-08 *	−0.006	1.67e-05	3.72e-08 **
R^2	0.962	0.958	0.947	0.965	**0.962**	0.927	0.964	0.962	0.882
J-Sta	9.067	6.037	7.801	10.937	**7.015**	6.456	12.369	10.400	8.547
Prob	0.337	0.643	0.453	0.205	**0.535**	0.596	0.135	0.238	0.382
参数	剔除食品价格CPI指标下的最优货币反应函数遴选								
	模型 2-1	模型 2-2	模型 2-3	模型 2-4	模型 2-5	模型 2-6	**模型 2-7**	模型 2-8	模型 2-9
$\widetilde{\beta}_\pi, \widetilde{\beta}_y$	(1, 1)	(1, 2)	(1, 3)	(2, 1)	(2, 2)	(2, 3)	**(3, 1)**	(3, 2)	(3, 3)
β_0	0.748 ***	0.751 **	1.132 ***	0.649 ***	0.651 ***	0.614 ***	**0.701 *****	0.582 ***	0.599 ***
β_1	0.764 ***	0.781 **	0.774 ***	0.817 ***	0.814 ***	0.812 ***	**0.796 *****	0.817 ***	0.812 ***
β_2	−0.059	0.023	0.438 **	0.016 *	0.013 *	0.014 *	**5.59e-04 *****	4.63e-04 **	4.60e-04 **
β_3	−0.027	−0.013	0.043 *	−4.13e-04 *	−3.36e-04 *	−3.72e-04 *	**2.56e-06 ****	2.11e-06 **	2.12e-06 **
β_4	0.012	−2.96e-04	−6.18e-05	−4.04e-04	−4.06e-04	−1.99e-05	**0.019**	3.04e-04	−1.48e-05
β_5	−0.004	3.63e-06	4.22e-08	0.001	4.42e-06	1.25e-08	**−0.007 ***	−2.43e-06	6.90e-09
R^2	0.965	0.965	0.810	0.965	0.965	0.955	**0.964**	0.966	0.962
J-Sta	9.705	5.897	3.341	13.053	7.890	8.147	**8.721**	9.217	10.752
Prob	0.286	0.658	0.911	0.110	0.444	0.419	**0.366**	0.324	0.216

把 CPI$_f$ 作为通货膨胀的代理指标时,随着通胀偏离指数项系数的加入,其系数开始在 5% 的显著水平下显著,这表明央行更倾向于关注剔除食品价格的核心通货膨胀,同时考虑到指数项系数的存在,这意味着福利损失函数并非简单的二次型,而是具有偏好或是惰性等高级特征。

最后,我们来遴选两类口径下的最优利率反应函数。在 CPI 口径下,无论是在拟合优度还是在系数显著性层面,模型 1~5($\beta_\pi = 2$,$\beta_y = 2$)都是最优选择。对于 CPI$_f$,首先根据系数显著性检验排除模型 2-1~2-6,这是因为通胀的一次项都不显著,抑或是显著性较低。因此,我们把目光聚焦于模型 2-7~2-9。具体而言,模型 2-9 由于拟合优度相对较低,也不纳入考虑范围。由于模型 2-7 和模型 2-8 已经很难通过拟合优度和显著性等几个指标比较,故我们只能结合经济事实对二者进行对比,这里我们要借助福利损失函数的形态完成对比。图 8-4 刻画了模型 2-7 和 2-8 在产出缺口端的福利损失函数图像,模型 2-7 认为央行有规避经济紧缩偏好,而模型 2-8 则认为央行对经济紧缩和经济过热持同样态度,结合中国的经济实际来看,样本期内以正向伪产出缺口为主且持续时间较长,而负向缺口持续期较短,这意味着央行更倾向对经济负向异动进行实时纠正,具有较强的规避经济收缩意愿。鉴于此,本章选用模型 2-7 作为 CPI_f 口径下的货币政策最优反应方程。

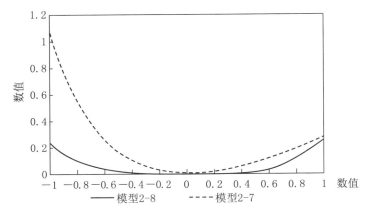

图 8-4　CPI_f 指标下模型 2-7 与模型 2-8 在产出缺口端的福利损失函数图像

在确定各代理指标下的最优货币政策反应函数后,我们进一步进行通货膨胀代理变量遴选,图 8-5 刻画了两种反应函数下通胀端的福利损失形态。首先,CPI 口径下通胀偏离的福利损失表现为惰性对称函数,即央行对通货膨胀与通货紧缩持中立态度,当整体偏离处于(-1,1)区间内,通胀偏离带来的福利损失几乎为 0,超过这一区间后,函数损失值开始呈指数形态上升,福利损失成本亦开始陡然增长。CPI_f 口径下通胀偏离福利损失则呈现出惰性并附加非对称特征,福利损失函数呈左倾形态,也即央行具有规避通货膨胀的偏好。与 CPI 相比,CPI_f 口径下央行对通胀偏离的容忍度也更高,惰性区间在(-1.4,1.4)。结合图 8-3 内中央银行通胀目标的实际执行情况来看,

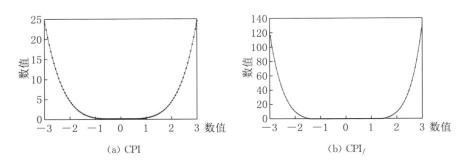

图 8-5　CPI 与 CPI_f 口径下通胀偏离福利损失函数图像

中央银行对通货膨胀的确具有较高的从紧执行意愿,也即允许适度的通胀负向偏离,但轻易不会让通胀超过目标值,这表明 CPI_f 口径下的最优货币政策反应函数与中国经济发展实际更为接近。综上我们采用 CPI_f 作为通货膨胀的代理指标,并将模型 2-7($\beta_\pi = 3$,$\beta_y = 1$)作为中央银行的货币政策反应函数,而下文的福利损失分析也将在这一框架下进行。

最后,通过模型 2-7,我们可以得出以下几点基本判断:(1)通胀偏离的系数均能在 5% 的显著性水平下通过检验,而伪产出缺口只有高次项在 10% 的显著水平下通过检验,这表明如果将样本期视为一个整体来看,在全样本期间央行更加注重对物价端的调控。(2)利率平滑项系数 β_1 显著,它的估计结果为 0.796,该值接近 0.8,表明央行具有较强的利率平滑意愿,政策倾向于持续微调而非即时大幅度调整。(3)根据 $\beta_2 = (1-\rho)\lambda_\pi$,$\beta_3 = (1-\rho)\lambda_\pi \dfrac{\alpha_\pi}{2}$,$\beta_4 = (1-\rho)\lambda_y$,$\beta_5 = (1-\rho)\lambda_y \dfrac{\alpha_y}{2}$,易知 $\alpha_\pi > 0$,$\alpha_y < 0$,这意味着央行具有规避通货膨胀和经济收缩的偏好。(4)模型 2-7 中的 $\beta_\pi = 3$,$\beta_y = 1$,表明央行对通胀变动倾向于采取区间调控,而对产出则倾向于进行即时调控。

8.5 基于最优货币反应函数的福利损失分析

本节研究主要从以下两方面出发:首先刻画该模型下通胀偏离、产出缺口以及利率波动的福利损失特征;随后,将样本时期内每个时点下的福利损失进行加总,分别测算全样本时期下三者的累计福利损失,并观察各项福利损失等权重对全社会福利损失的历史方差贡献;最后,本节还将进行福利损失模拟工作,也即在不同权重组合下(利率损失、产出损失和通胀损失),模拟全社会福利损失分布的变化情况。我们以 10% 为权重的基准变化幅度进行模拟,这是因为现实中权重通常会以整数形式变动,以 10% 作为宽度进行模拟足以反映实际政策操作过程中的福利损失情况。

8.5.1 各目标变量福利损失特征及累计社会福利损失测算

由式(8.15)可以分别求得 α_π,α_y,据此可以得到模型 2-7 下产出缺口、通胀偏离和利率波动三部分的福利损失函数图像。观察图 8-6 不难发现,利率对通胀偏离和产出缺口的调整存在明显的规避通货膨胀与经济收缩的倾向,相比产出缺口端,央行对通胀偏离的容忍度更高,在区间(-2,2)以内,通胀偏离所带来的福利损失都几近于 0,超过这一区间后福利损失函数斜率骤增,表明央行对大幅度的通货膨胀和通货紧缩较为敏感。

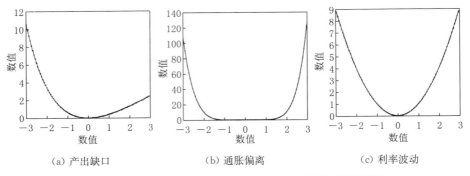

(a) 产出缺口 　　　　(b) 通胀偏离 　　　　(c) 利率波动

图 8-6　全样本下产出缺口,通胀偏离与利率波动的福利损失函数

表 8-5 分别计算了样本期内各目标变量正向偏离、负向偏离以及累计偏离所造成的福利损失,其中三者的权重(通胀偏离、产出缺口和利率波动)暂按 1 ∶ 1 ∶ 1 处理。表 8-5 中的结果显示:福利损失量级从大到小排列依次为通胀偏离(41 871.4)、产出缺口(4 563.79)和利率波动(132.05),且各项的负向损失都远大于正向损失。这是由三方面原因造成的:(1)中央银行对通货膨胀具有明显的从紧执行意愿;(2)产出缺口端负向损失的扭曲程度极大,也即中央银行规避经济收缩的偏好极强,哪怕是微弱的负向产出偏离都会造成极大的损失;(3)利率长期低于目标水平,表明从全样本来看,货币政策相对宽松。

表 8-5　样本期内各部分累计福利损失

	通胀偏离损失	产出缺口损失	利率波动损失
正向损失	—	242.90	23.36
负向损失	41 871.40	4 320.89	108.69
总损失	41 871.40	4 563.79	132.05

图 8-7 进一步给出了各时点下通胀偏离、产出缺口和利率缺口带来的福利损失,可以看出央行对利率波动的控制情况较好,最大的时点福利损失亦不曾超过 10,且在 2014 年中央银行开始尝试构建隐性利率走廊制度后,利率波动进一步趋于微波化,再未超过 2 个基点,基本维持在 1 附近,这说明利率走廊建设对稳定市场主体预期起到了至关重要的作用。

另一方面,通胀偏离和产出缺口的最大时点损失都在千位量级,这意味着过度的通胀偏离和产出缺口都会带来十分沉重的经济成本。以几个代表性时点为例,2020 年 1 季度,产出缺口福利损失迎来峰值,贡献了总产出缺口福利损失的近 90％,时值新冠疫情暴发初期,停产、"封城"等一系列抗疫举措给实体经济带来了强烈的负向冲击,该季度 GDP 同比增速下降至－6.9％,形成中国市场经济体制改革以来的首次经济负增长。福利损失函数准确地识别出了此次危机所带来的危害,它对疫情灾害的评估基本准确,同时也说明本章的福利损失建模具有合意性。通胀偏离成本则主要来源于另一次危机,即美国次贷危机,受次贷危机影响,发达经济体步入了短期的经济衰退,这对中国外需造成严重冲击,引发了一次明显的输入型通货紧缩。该段时期内的主要经济表象为:中国 CPI 步入持续下跌通道,2009 年更是连续 10 个月呈现为负值。由于这次通缩的持续时间较长,因此,这段时期的累计福利损失成本反而要高于疫情初期。

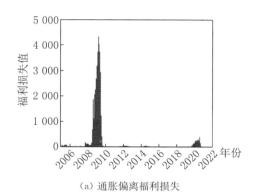

(a) 通胀偏离福利损失

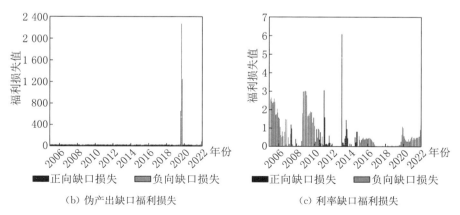

(b) 伪产出缺口福利损失　　　　(c) 利率缺口福利损失

图 8-7　各部分福利损失时点分布

$$L_t = \{\exp[\tilde{\alpha}_\pi(\pi_t-\pi^*)^{\tilde{\beta}_\pi}]-\tilde{\alpha}_\pi(\pi_t-\pi^*)^{\tilde{\beta}_\pi}-1\}/\tilde{\beta}_\pi\tilde{\alpha}_\pi^2$$
$$+\varphi\frac{1}{\tilde{\beta}_y\tilde{\alpha}_y^2}[\exp(\tilde{\alpha}_y y_t^{\tilde{\beta}_y})-\tilde{\alpha}_y y_t^{\tilde{\beta}_y}-1]+\theta(R_t-\bar{R})^2 \tag{8.22}$$

由于此处增加了利率波动成本,因此我们对式(8.12)进行改写,将它重塑成式(8.22),由式(8.22)易知,等权重考察的是一种最特殊的情况,也即是$\varphi=\theta=1$。于是,首先考察这种最特殊的情形,即在通胀偏离、伪产出缺口和利率波动具有相同的权重时,刻画中央银行在各时点下的福利损失。图 8-8 给出了等权情形下,中央银行在各时点下的社会福利损失结构。观察图 8-8 可以初步得到如下几个结论:(1)社会福利总损失的波峰分别位于美国次贷危机与新冠疫情暴发时期,其中,因有效需求不足而产生的通货紧缩是前者福利损失的主要来源,而后者则是由产出增速的断崖式下跌引致,这表明通胀和产出端都可能带来极其高昂的社会福利代价,而在等权下利率波动尚不足以使全社会福利严重受损。(2)2013~2019 年间全社会福利损失成本最小,多数时点全社会福利总损失小于 10,几乎可以忽略不计,这与钱荒之后隐性利率走廊机制的出现密切相关。这一机制的出现在同业市场端产生了积极的风向指示作用,有效减缓了政策波动成本,同时也对产出和物价波动起到了良好的平抑作用。(3)纵观全样本期间全社会福利损失的总体分布状态,通胀偏离带来的政策成本是全社会福利损失的第一贡献者,这表明倘若在等权下审视中央银行的政策调控,通胀仍是货币政策盯住的第一目标。(4)产出端出现大规模损失的情况并不多见,但是一旦出现损失就较为严重,并且会以集中爆发的形式出现。例如 2006~2007 年间的经济过热,2010~2011 年间的超常刺激型短增长,2017~2018 年去杠杆时期的经济预期下调和 2020 年疫情时期的经济断崖式下跌,这四个阶段都出现了产出端的福利损失异动。

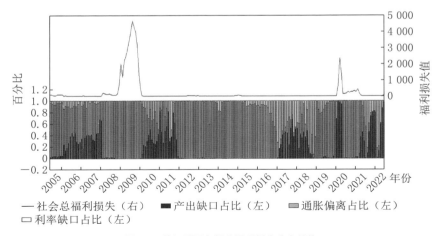

图 8-8　等权重下各部分福利损失分布结构

8.5.2　不同权重组合下的社会福利总损失测算及比较

通过对等权重下社会总福利损失的分析易知,在经济的不同发展阶段,社会福利损失可能来自不同的经济目标。事实上,当某项问题比较突出的时候,中央银行的政策偏好也可能会有所倾斜,例如在经济过热时期,中央银行治理的重点必然落脚于通货膨胀;在疫情等经济极度低迷时期,政策侧重也一定会向产出缺口端倾斜;此外,考虑到金融稳定也是宏观治理的重要目标,那么在钱荒和股灾等金融波动较强的时期,也不排除中央银行会把维稳利率作为首要目标。由此可见,在不同的宏观条件和时代背景下,中央银行赋予产出缺口、通胀偏离以及利率波动的权重也将有所不同。为不失一般性,本节将要进行变权重模拟,我们将对通胀偏离、产出缺口和利率缺口这三大货币政策目标赋予不同权重。

具体地,模拟按如下步骤进行:(1)令三方目标变量的绝对权重和为1;(2)以 10% 作为各目标权重变化幅度,这样做的原因在于,实际政策操作中,权重设定通常有取整倾向,10% 既是整数,同时幅度又不大,具有经济上易于理解和统计上便于操作的优势;(3)通过排列组合得到 36 组不同权重组合,进而以通胀偏离权重为基准将产出和利率缺口的绝对权重转化为式(8.22)中的相对权重,最后利用转化后式(8.22)中的参数重新计算所有样本点下全社会福利损失的结构和分布。

表 8-6 按照上述方式测算了 36 种权重组合下的社会福利损失。观察表8-6 可以得到以下几点结论:第一,最小和最大社会总福利损失分别给到权重组合 1 和 36,前者赋予通胀偏离 0.8 的权重,而后者则将最大权重赋予产出缺口端,二者均能产生较大的福利损失,表明随着权重的变化全社会福利损失构成会发生深刻变化,通胀和产出端均能对福利损失形成绝对主导,这意味着二者都是重要的宏观调控目标,不分主次,它们谁能引起更大的社会福利损失主要取决于具体时期内中央银行的政策倾向。第二,进一步通过行、列以及对角线三个方向分析全社会福利损失的变化不难发现,在对角线方向(即利率端权重一定时),央行权重改变的问题即等价转换为在产出和通胀端权衡的问题,此时沿着对角线向下运动相当于提高产出端的权重并降低通胀端的权重,不难发现随着产出端权重的升高,全社会福利损失成本明显上升,这说明样本期内中央银行对通胀的治理更加有效,而产出端还是偶有大规模和大幅度的偏离。第三,无论给予利率端最大的权重还是最小的权重,全社会福利损失均不会到达极值,这说明利率对全社会福利损失的影响是有限的,它的重要性远不能与产出和通胀相比。

表8-6 不同权重下社会总福利损失

ω_π \ ω_p	$\omega_p=0.1$	$\omega_p=0.2$	$\omega_p=0.3$	$\omega_p=0.4$	$\omega_p=0.5$	$\omega_p=0.6$	$\omega_p=0.7$	$\omega_p=0.8$
$\omega_\pi=0.8$	01.(0.8, 0.1, 0.1) 42 458.38							
$\omega_\pi=0.7$	02.(0.7, 0.1, 0.2) 42 561.01	03.(0.7, 0.2, 0.1) 43 194.21						
$\omega_\pi=0.6$	04.(0.6, 0.1, 0.3) 42 698.06	05.(0.6, 0.2, 0.2) 43 436.68	06.(0.6, 0.3, 0.1) 44 175.31					
$\omega_\pi=0.5$	07.(0.5, 0.1, 0.4) 42 889.80	08.(0.5, 0.2, 0.3) 43 776.15	09.(0.5, 0.3, 0.2) 44 662.49	10.(0.5, 0.4, 0.1) 45 548.84				
$\omega_\pi=0.4$	11.(0.4, 0.1, 0.5) 43 177.42	12.(0.4, 0.2, 0.4) 44 285.35	13.(0.4, 0.3, 0.3) 45 393.28	14.(0.4, 0.4, 0.2) 46 501.22	15.(0.4, 0.5, 0.1) 47 609.15			
$\omega_\pi=0.3$	16.(0.3, 0.1, 0.6) 43 656.77	17.(0.3, 0.2, 0.5) 45 134.02	18.(0.3, 0.3, 0.4) 46 611.26	19.(0.3, 0.4, 0.3) 48 088.51	20.(0.3, 0.5, 0.2) 49 565.75	21.(0.3, 0.6, 0.1) 51 042.99		
$\omega_\pi=0.2$	22.(0.2, 0.1, 0.7) 44 615.49	23.(0.2, 0.2, 0.6) 46 831.36	24.(0.2, 0.3, 0.5) 49 047.22	25.(0.2, 0.4, 0.4) 51 263.09	26.(0.2, 0.5, 0.3) 53 478.96	27.(0.2, 0.6, 0.2) 55 694.826	28.(0.2, 0.7, 0.1) 57 910.69	
$\omega_\pi=0.1$	29.(0.1, 0.1, 0.8) 49 604.51	30.(0.1, 0.2, 0.7) 51 923.37	31.(0.1, 0.3, 0.6) 56 355.10	32.(0.1, 0.4, 0.5) 60 786.84	33.(0.1, 0.5, 0.4) 65 218.57	34.(0.1, 0.6, 0.3) 69 650.31	35.(0.1, 0.7, 0.2) 74 082.04	36.(0.1, 0.8, 0.1) 78 513.78

说明：序号 X 代表第 X 种组合方式，序号后括号内的三个数字依次代表通胀偏离、产出缺口和利率波动的权重。绝对权重按顺序分别为通胀偏离、产出缺口和利率波动福利损失。

图 8-9 进一步刻画了社会总福利损失随三项指标权重变化的走势变化，观察图 8-9 可以清晰地看出，随着伪产出缺口权重的上升，全社会福利损失呈现明显的上升态势。而前文着重描述的等权重组的社会总福利损失介于阴影区间，分别为组合 14 和 18，即央行对通胀偏离与产出缺口同等重视时，组合 14 相比于组合 18 福利损失更小（其中组合 14 内，产出缺口和通胀偏离的权重均是 0.4，而利率波动的权重是 0.2；而组合 18 内二者的权重均是 0.3，利率波动的权重是 0.4），是更优的权重组合选择。这一结果则表明，中央银行还是应该把更多的权重分配给实体经济目标，这样才有利于降低全社会的整体福利损失，这一结论与经验认知高度一致，再次表明本章的福利模拟具有合意性。

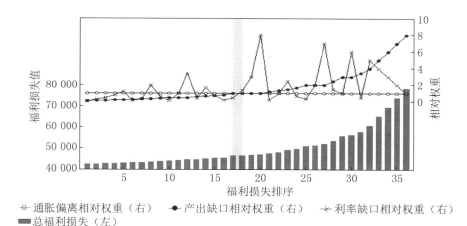

图 8-9　社会总福利损失升序排列下相对权重走势

图 8-10 进一步刻画了 2013～2019 年间与全样本期间，产出缺口福利损失的相对权重走势，该时期相对权重围绕全样本形成倒 V 式波动。为分析这种走势的成因，图 8-11 给出了 2013～2019 年间产出缺口与通胀偏离福利损失的绝对权重，从中不难发现两个重要事实：（1）总福利损失走势与通胀偏离绝对权重呈反向变动，这是由于经济新常态时期伪产出缺口趋近于零，经济增速平稳，此时通胀偏离带来的政策成本成为福利损失的主要来源。（2）在通胀偏离福利损失绝对权重不变时，产出偏离福利损失权重的上升有利于总损失的减少，出现这一结果则是因为这段时间内，受钱荒和股灾的接连影响，防范金融系统风险亦成为宏观调控和货币政策调整关注的主体内容，其间尽管出现了隐性利率走廊，但是利率还是存在着频繁波动，至少市场利率较均衡利率的偏离幅度还是要大于这段时期内产出较目标产出的偏

离幅度,因此利率波动的成本也高于产出。

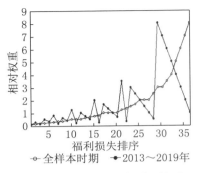

图 8-10　不同时期产出缺口相对权重

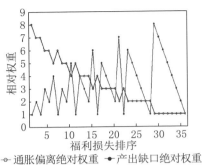

图 8-11　2013～2019 年各部分绝对权重走势

　　综合以上模拟结果可知,纵观全样本时期,除 2013～2019 年间产出是弱目标外,社会总福利损失与产出缺口相对权重呈严格同向变动关系,这意味着产出端较目标水平的偏离仍是中国社会福利成本的核心贡献者。鉴于当下中国正处于经济回升初期,经济增长仍承受着较大压力,可以预见产出端的波动仍将在长期内主导全社会福利成本,并且这种态势还会进一步加剧,因此可以预见的是,维稳产出目标将成为阶段性降低全社会福利损失的关键和突破口。相比而言,通胀波动的重要性列居次席,但是考虑到中国曾出现过几个高通胀时期,因此在后疫情经济反弹期,它同样是不可忽视的要素。相比而言,随着中国隐性利率走廊机制的渐趋成熟,钱荒等金融事件已得到有效控制,无论是从金融基本面还是流动性层面来看,利率走廊实践都在很大程度上降低了利率波动,维稳了金融市场,因此,利率成本并不是也不应是现阶段中央银行政策盯住的首要目标。从模拟的直观状态来看,0.4、0.4 和 0.2 这一权重组合具有科学性,它符合经济学逻辑,而且在这一权重下的全社会福利损失成本也较为可观,属于相对较小的组合,它可以成为未来一定时期内,中央银行福利损失设计的一个有益参照。

8.6　本章小结

　　本章引进伪产出缺口并选择剔除食品项的核心 CPI_f 构建了货币政策最优反应函数模型,并从福利损失角度对通胀、产出以及利率成本进行测度,主要得出如下结论。

　　第一,在通货膨胀代理变量的遴选过程中,相比于 CPI,剔除食品项的核

心 CPI_f 能够更好地反映中央银行的政策意图,它在系数显著性、对经济现实的把握和对中央银行政策偏好的捕捉等方面都有更好和更客观的效果,是刻画泰勒规则中通胀目标的合意选择。第二,中央银行具有规避通货膨胀和经济收缩的正常偏好,对于通货膨胀而言,中央银行具有明显的区间调控意愿;而对于产出,中央银行的容忍度相对较低,基本会采取即时调控,并且在面对产出时,规避经济收缩的偏好要比规避通货膨胀的偏好强烈得多。第三,中国仅在美国次贷危机和新冠疫情时期出现过社会福利成本高企的现象,其余各时点下,全社会福利成本几乎可以忽略不计,这充分体现出央行在常态化时期的经济治理越发精准且有效。进一步对各时点下社会福利损失的结构特征进行反思不难发现,在经济发展的不同阶段,中央银行的政策偏好和侧重很可能是有所不同的。其中在经济平稳发展时期,物价往往是中央银行盯住的首要目标,而当产出端出现大幅度长时期异动时,稳增长则应成为央行政策治理的首要目标。

最后,中央银行不存在绝对占优的政策目标,通胀和产出端的异动都可能成为福利损失的绝对主导者,相比而言,利率波动成本的重要性要小得多,这表明实体经济目标始终是中央银行政策调控的首要目标。但其中存在一个特殊历史时段,也即 2013~2019 年,其间中国产出和通胀波动较为平稳,但是金融端的矛盾相对突出,但纵然如此,利率波动的影响也仅仅是超过了产出端,依然无法撼动通胀的地位,这再次支持了实体经济目标应列首位的基本判断。除此段时期之外,中央银行的福利成本基本上与产出缺口权重呈严格正相关关系,加之当下中国正处于后疫情经济反弹期,经济下行压力和通胀反弹压力并存,经济增长和通货膨胀变动的不确定性极强,这说明在未来很长一段时期内,中央银行都应该赋予实体端更高的权重。根据本章的模拟结果,为通胀偏离、伪产出缺口和利率波动赋予 0.4、0.4 和 0.2 的权重不仅有利于降低全社会福利成本,同时也与当下的经济状态高度吻合,这不失为现阶段中央银行构建福利损失函数时的一个有益参照。

第9章 财政、货币政策的产业调节效应识别

随着经济高质量发展进入深水区、攻坚期,宏观调控的重心和发力点也开始逐渐向产业层面渗透和转移。此外,面对当下国际政治经济军事冲突不断,加之疫情冲击反复,宏观调控的不确定性亦陡然上升。那么,在经济不确定性日趋上升的背景下,政策水平调整与不确定性到底在产业调控中扮演着何种角色便亟待阐明。本章正是以此为切入点,深入理清如下几个问题:第一,如何区分经济政策的水平冲击和不确定性冲击,二者产生的经济调节效应有何异同? 第二,如何正确地理解经济政策不确定性,经济政策不确定性是否就一定意味着不好的结果? 第三,随着中国产业结构升级不断加快,财政、货币等传统经济政策在产业层面的调控效果如何? 第四,面对当下经济结构层面的矛盾和制约,现有的财政货币调控手段是否能够同时优化三次产业布局? 对上述问题的阐述和回答不仅有利于明晰经济政策产生效能和效果的全过程,同时还能使我们深入理解经济政策的结构调整效应。

9.1 经济政策不确定性的概念内涵与作用机制

经济政策不确定性是一个较新的概念,它的定义源自布卢姆(Bloom,2009),他将经济政策不确定性定义为政策执行过程中不可预见的风险,即经济政策的二阶矩。这种不可预见性包含两个方面:一是政策的执行效果不可预见,即政策效果的"好坏"不可预见;二是政策作用的强度不可预知,即政策效果的"强弱"难以判断。

从现有研究来看,经济政策不确定性主要将通过以下几个渠道影响实体经济行为:第一,企业预期渠道。从企业层面来看,企业能够灵活控制产能以适应政策冲击,那么不确定性便会通过影响企业的资本边际收益率影响投资和产出(Abel,1983)。这一渠道的核心机制在于企业调控产能的灵活度。第二,实物期权机制。理论上讲,投资选择是一种实物期权,因此,政策不确

定性可以通过影响不同时期下的投资期权价值从而影响企业决策(Bernanke，1983；Bloom，2014)。第三，增长期权渠道。相较于实物期权，增长期权更注重测度政策不确定性对收益率的非对称作用机制。通常，由于经济主体具有避险情绪，风险规避的基本特征决定着政策不确定性对经济行为的影响存在非对称效应，这也是大量研究认为经济政策不确定性会抑制增长的原因(Bar-Ilan and Strange，1996)。第四，风险溢价渠道。金融市场对经济政策不确定性的反应较为敏感，因此，部分研究指出政策不确定性提升会提高企业违约概率，增加左侧尾部风险，即政策不确定性产生负效应的概率更大(Arellano et al.，2011；Gilchrist et al.，2014)。第五，信息渠道。帕瓦苏蒂帕斯特(Pavasuthipaisit，2010)指出经济政策不确定性对投资的影响主要源于信息渠道，此时政策不确定性到底能产生激励补偿效应还是避险效应则取决于政策的透明程度和政策当局的公信力。

在测度经济政策的产业调控效应方面，VAR 模型的应用最为广泛。易卜拉辛(Ibrahim，2005)发现相比于总产出，正向利率冲击对制造业、建筑业、金融业和服务业等部门的负向影响更大，而对农林牧渔业、采矿业、电气水等产业的影响甚微，这说明不同产业对利率变动的敏感度确实存在差异。埃尔塞格和莱文(Erceg & Levin，2006)、巴斯基等(Barsky et al.，2007)则发现当出现紧缩性利率冲击后，非耐用品产出和耐用品产出的变动幅度同样存在非对称性，其中耐用品产出的下降幅度更大。赛布(Saibu，2011)在建模过程中引入石油价格变动和贸易开放度进一步深入对比了政策冲击对行业产出和总产出的影响，结果发现货币政策和财政政策对三次产业的调节功能存在明显差异，其中货币政策冲击对制造业、服务业和工业部门的影响更为显著，而财政政策冲击则是对农业部门的影响更加持久。

此外，随着计量方法不断丰富，学者们也开始尝试在不同经济状态下考察财政、货币调控的产业非均衡效应。皮尔斯曼和斯梅茨(Peersman & Smets，2005)使用 M-S 模型将经济划分为繁荣与紧缩两种状态，结果发现相比于经济繁荣时期，经济衰退时期下利率上升对各产业的负向影响更大。鲍迈斯特等(Baumeister et al.，2013)使用 TVP-FAVAR 模型探究了各产业物价对紧缩型货币冲击的响应机制，结果发现三次产业物价对货币紧缩的反应具有明显的时变特征。埃利斯等(Ellis et al.，2014)也使用相同方法探究了1975～2005 年英国耐用品、非耐用品和服务价格对政策紧缩冲击的时变响应，研究表明政策冲击对三次产业的影响从大到小排序依次为服务业、耐用品和非耐用品，且这种负向影响在 1992 年之后更为严重。吉文斯和里德(Givens & Reed，2018)为修正因子模型缺乏经济意义的弊端，开始尝试构建大型 VAR 模型来描述经济变量间的作用机制,他们探究了货币政策冲击对不同行业投资数量和价格的影响,结果发现大型 VAR 模型的脉冲响应函数与 FA-VAR 存在较大差异,这说明用因子模型建模存在不能准确刻画变量间依存机制的弊端。可以看出,现有关于经济政策产业调控效应的研究已经日趋丰富,但这些研究的问题在于,它们基本忽略了政策波动对三次产业产出和物价的影响。

事实上,经济政策的波动率同样是不可忽视的,例如蒙塔兹和扎内蒂(Mumtaz & Zanetti,2013)将政策冲击的二阶矩引入模型后发现,纵使利率总体呈波动下行态势,但此时利率的向下变动却不能有效拉动产出,反而会促使产出下行,这意味着政策波动率同样会对实际经济行为产生重要影响,是研究经济政策产业效应时不可忽视的内容。与蒙塔兹和扎内蒂(Mumtaz & Zanetti,2013)类似,克莱尔和吴奎晨(Creal & Wu,2017)也使用服从随机过程的时变方差刻画了政策变量的不确定性,他们又进一步将货币不确定性分解为利率本身和利率期限溢价的不确定性,分解后的测算结果表明,两种不确定性对失业率的影响机制恰好相反。在财政政策方面,霍尔梅尔和马特(Hollmayr & Matthes,2015)认为政策变量的不确定性分别来源于内生冲击和外生冲击,内生冲击常见于财政规则系数的变动,而外生冲击则来自模型残差的时变方差。博恩和法菲尔(Born & Pfeifer,2014)与费尔南德斯-维拉弗德等(Fernández-Villaverde et al.,2015)则是在财政政策自稳定器机制下引入服从随机过程的冲击,并将这种时变波动识别为财政政策的不确定性。

纵览现有研究,尽管人们已逐渐意识到,经济政策的二阶矩过程同样会对经济政策的执行效果产生重要影响,但是相关研究还没有深入产业层面。对于中国而言,明确政策不确定性在产业层面的作用机制至关重要,一方面,这关乎如何合理引导产业结构升级;另一方面,面对当下疫情反复、国际政治经济军事冲突不断的复杂局面,产业链随时都有断裂的可能,而如何精准地使用经济政策确保产业均衡发展无疑是提高经济韧性的重要一环。为此,本章将构建一个能够容纳三次产业产出、通胀和财政货币政策不确定性的大型 VAR 系统,全面分析财政政策和货币政策的产业调节效应。

9.2 含有政策不确定性和产业变量的基准 VAR 模型

本章将构建一个大型 VAR 模型用于探讨经济政策水平冲击和不确定性冲击的产业调节效应。由于要全面考察财政政策和货币政策的产业调节功能,故分别选取了利率、M2 同比增速、财政支出和税收同比增速作为经济政策的代理变量。在产业方面,共涉及 6 个变量,分别是三次产业的实际产出同比增长率和三次产业的通货膨胀率。整个模型包含 10 个变量,是一个较大的 VAR 系统,相比于普通 VAR 模型,大型 VAR 系统包含了更多变量,能够更加准确地识别变量间的作用机制;而相比于各种因子类 VAR 模型,本章模型中的变量都是具有具体经济含义的,在经济释义方面具有优势。后文将这一模型称为基准模型。最后需要说明的是,本章在基准模型的估计过程中进一步独立提取了经济政策变量的残差信息,这使得模型能够很好地刻画政策二阶矩变动对经济行为的影响,由此本章实现了对经济政策冲击的有效分离,将复合的经济政策冲击分解成了一阶矩冲击和二阶矩冲击,其中一阶矩冲击的脉冲响应致力于描述经济政策的水平变动对实际经济行为的影响,而二阶矩冲击的脉冲响应则重在刻画政策波动率对实际经济行为的作用机制。

9.2.1 基准 VAR 模型的建模原理与估计

首先,构建一个经典的 SV 模型刻画均值和方差波动,如式(9.1)～(9.4)所示:

$$y_t = \mu_t + \sigma_t \varepsilon_t, \quad \varepsilon_t \sim NID(0, 1) \tag{9.1}$$

$$\mu_t = c + \sum_{i=1}^{k} \beta_i x_{i,t} \tag{9.2}$$

$$\sigma_t^2 = \sigma^{*2} \exp(h_t) \tag{9.3}$$

$$h_t = \theta h_{t-1} + \sigma_\eta \eta_t, \quad \eta_t \sim NID(0, 1) \tag{9.4}$$

这里,μ_t 代表 SV 模型的条件均值,$x_{i,t}$ 代表影响条件均值的外生变量,β_i 则是各外生变量的系数,各期随机干扰项 ε_t 之间相互独立。σ^* 可以理解成一个常态化方差,h_t 则代表 t 时期下复合残差波动率的自然对数,令其服从于一阶自回归过程。θ 是复合残差波动率的自回归系数,$|\theta| < 1$ 确保了系统的稳定性。为简单起见,令 ε_t 和 η_t 不相关,这避免了由复杂序列相关性引发的模型识别问题。

考虑到经济政策的波动率能够影响实际经济行为的水平值,所以可以将方差波动引入均值方程当中,于是有:

$$\mu_t = c + \sum_{i=1}^{k} \beta_i x_{i,t} + d\sigma^{*2} \exp(h_t) \tag{9.5}$$

这里,d 就是平均方差波动率对均值水平的影响系数。经这一设定后,均值方程中含有方差波动率的 SV 模型可由式(9.6)～(9.7)重述:

$$y_t = a + \sum_{i=1}^{k} b_i x_{i,t} + d\sigma^{*2} \exp(h_t) + \sigma^* \exp(0.5h_t)\varepsilon_t, \ \varepsilon_t \sim NID(0, 1)$$

$$(9.6)$$

$$h_t = \phi h_{t-1} + \sigma_\eta \eta_t, \ \eta_t \sim NID(0, 1) \tag{9.7}$$

将二阶矩及其滞后纳入传统的结构化 VAR 模型之中,便可得到基准 VAR 模型的一般化表达:

$$Z_t = c + \sum_{j=1}^{P} \beta_j Z_{t-j} + \sum_{j=0}^{J} \gamma_j \widetilde{h}_{t-j} + \Omega_t^{1/2} e_t, \ e_t \sim N(0, 1) \tag{9.8}$$

$$\Omega_t = A^{-1} H_t A^{-1\prime} \tag{9.9}$$

$$\widetilde{h}_t = \theta \widetilde{h}_{t-1} + Q^{1/2}\eta_t, \ \eta_t \sim N(0, 1), \ E(e_t, \eta_{i,t}) = 0, \ i = 1, 2, \cdots, N$$

$$(9.10)$$

这里 $Z_t = \begin{bmatrix} z_{1t} \\ z_{2t} \\ \vdots \\ z_{Nt} \end{bmatrix}$, $I_N = \begin{bmatrix} 1 & 1 & \cdots & 1 \\ 1 & 1 & \cdots & 1 \\ \vdots & \vdots & \ddots & \vdots \\ 1 & 1 & \cdots & 1 \end{bmatrix}$, $\widetilde{h}_t = \begin{bmatrix} h_{1t} \\ h_{2t} \\ \vdots \\ h_{Nt} \end{bmatrix}$, $H_t = $

$\begin{bmatrix} e^{h_{1t}} & 0 & \cdots & 0 \\ 0 & e^{h_{2t}} & \cdots & 0 \\ \vdots & \vdots & \ddots & \vdots \\ 0 & 0 & \cdots & e^{h_{Nt}} \end{bmatrix}$, $A = \begin{bmatrix} 1 & 0 & \cdots & 0 \\ a_{21} & 1 & \cdots & 0 \\ \vdots & \vdots & \ddots & \vdots \\ a_{N1} & a_{N2} & \cdots & 1 \end{bmatrix}$。

由于基准 VAR 模型中涉及很多变量,为便于参数识别,本文将使用贝叶斯估计配合蒙特卡洛模拟来完成参数估计。在进行模型估计前,首先要设定待估计参数的先验分布。考虑到最简单有效的方法就是使用预烧样本获取先验分布,故在此使用 1996 年 1 季度~2000 年 4 季度的数据作为预烧样本。随后,分两步获取参数先验值:(1)将基准 VAR 模型视为普通 VAR 模型,率先识别普通 VAR 模型中各参量的系数,并将其作为水平冲击参数的先验值;(2)直接估计方差波动率的自回归方程,利用得到的系数作为方差方程系数的先验值。据此我们便获取了后续待估计样本(2001 年 1 季度~2020 年 4 季度)中各参数的先验值。进一步地,利用 50 000 次 MCMC 模拟获取更为稳定的参数先验值,并将前 40 000 次计算作为预处理样本,只保存最后 10 000 次计算结果。最后将估计获取的对数方差波动率作为变量引入基准 VAR 模型之中,从而获取整个基准 VAR 系统的初值,记为 $\Gamma_0 = vec(\beta_0, \gamma_0, c)$。记 $t = 0$ 时期(2001 年 1 季度)下的 $\widetilde{h}_t$ 的先验值为 $\widetilde{h}_0 \sim N(\ln \mu_0, I_N)$,矩阵 A 的先验值为 $A_0 \sim N[\hat{a}, V(\hat{a})]$。

在获取了全部先验值后,利用 *Gibbs* 抽样获取整个模型参数集的后验分布 $H(\Gamma, A, H_t, \theta, Q)$,具体过程如下。

(1) 估计基准 VAR 模型系数:$H(\Gamma | A, H_t, \theta, Q)$。

(2) 获取矩阵 A 中的相关元素。

当把其他参数视为既定参数时,VAR 系统可以简写为 $A \upsilon_t = e_t$,这里 $\upsilon_t = Z_t - (c + \sum_{j=1}^{P} \beta_j Z_{t-j} + \sum_{j=0}^{J} \gamma_j \widetilde{h}_{t-j})$,$\mathrm{var}(e_t) = H_t$。此时,原 VAR 模型中第 i 个等式可改写为 $\upsilon_{it} = -\alpha \upsilon_{-it} + e_{it}$,其中角标 i 表示第 i 列,角标 $-i$ 代表从第 1 列到第 $i-1$ 列,e_{it} 来自 $\exp(\widetilde{h}_{it})$,它是一个随时间变化的扰动项。考虑到依时间变化的误差项可能存在异方差,故在此首先应用 GLS 进行处理 (Cogley & Sargent,2005),将波动转化为同方差形式,即在方程两侧同时除以 $\sqrt{\exp(\widetilde{h}_{it})}$,获取一组新的方程 $\upsilon_{it}^* = -\alpha \upsilon_{-it}^* + e_{it}^*$,此处 $\mathrm{var}(e_{it}^*)$ 将被标准化为 1。

参数 α 的条件后验均值满足:

$$M^* = [V(\hat{a}^{ols})^{-1} + \upsilon_{-it}^{*'} \upsilon_{-it}^*]^{-1} [V(\hat{a}^{ols})^{-1} \hat{a}^{ols} + \upsilon_{-it}^{*'} \upsilon_{-it}^*] \tag{9.11}$$

$$V^* = [V(\hat{a}^{ols})^{-1} + \upsilon_{-it}^{*'} \upsilon_{-it}^*]^{-1} \tag{9.12}$$

(3) 估计转移方程中的参数 $H(\theta | \Gamma, A, H_t, Q)$ 与 $H(Q | \Gamma, A, H_t, \theta)$。

同样,在假定其他参数不变的条件下,式 (9.10) 描述的是一个方差协方差矩阵为对角阵的稳定 AR(1) 系统,同时有 $H(\theta | \Gamma, A, H_t, Q) \sim N(\theta^*, \upsilon^*)$。这里 $\theta^* = (x^{*'} x^*)^{-1} (x^{*'} y^*)$,$\upsilon^* = Q \otimes (x^{*'} x^*)^{-1}$,$y^* = [\widetilde{h}_t; y_d]$,$x^* = [\widetilde{h}_{t-1}; x_d]$,$y_d$ 和 x_d 均是根据预烧样本构建的虚拟样本。$H(Q | \Gamma, A, H_t, \theta) \sim IW(S^*, T^*)$,这里 $S^* = (y^* - x^* b^*)'(y^* - x^* b^*)$,$T^*$ 是去除预烧样本后余下的实际参与估计的样本。

(4) 估计 H_t 中元素:$H(H_t | A, \Gamma, \theta, Q)$。

令其他参数给定,将模型转为状态空间形式,这样状态变量的条件分布可以转化为 $f(\widetilde{h}_t | Z_t, \Xi) \propto f(\widetilde{h}_t | \widetilde{h}_{t-1}) \times f(\widetilde{h}_{t+1} | \widetilde{h}_t) \times f(Z_t | \widetilde{h}_t, \Xi)$。进一步带入随机波动,条件分布将变为 $f(\widetilde{h}_t | \widetilde{h}_{t-1}, \widetilde{h}_{t+1}, \Xi) \propto f(\widetilde{h}_t | \widetilde{h}_{t-1}) \times f(\widetilde{h}_{t+1} | \widetilde{h}_t)$,其中 $f(\widetilde{h}_t | \widetilde{h}_{t-1}, \widetilde{h}_{t+1}, \Xi) \sim N(B_{2t} b_{2t}, B_{2t})$,这里 $B_{2t}^{-1} = \widetilde{Q}^{-1} + \widetilde{F}' \widetilde{Q}^{-1} \widetilde{F}$,$b_{2t} = \widetilde{h}_{t-1} \widetilde{F}' \widetilde{Q}^{-1} + h_{t+1} \widetilde{Q}^{-1} \widetilde{F}$。$\widetilde{F}$ 与 $\widetilde{Q}$ 分别代表转移方程系数矩阵 θ 和方差矩阵 Q 的伴随矩阵。在此使用 *M-H* 算法完成抽样。

由于本章需要识别的内生参数较多,故将系统滞后期数 P 和 J 分别设定在 2 和 1。为确保整个模拟过程收敛,在利用实际数据估计过程中进行 500 000 次迭代,其中前 100 000 次作为预烧样本。

9.2.2　数据处理、系统设定与均化脉冲响应函数

如前述小节所述,本章的大型基准 VAR 系统共包含 10 个内生变量,分别是三次产业实际产出 GDP 同比增长率、三次产业通货膨胀率,公共财政支出同比增长率、总税收同比增长率、名义利率和 M2 累计值同比增长率,样本期间为 1996 年 1 季度到 2020 年 4 季度。基础数据集的处理过程如下。

(1) 三次产业实际 GDP 同比增长率。首先,将 1996 年设定为基期,利用中经网统计数据库发布的三次产业实际 GDP 增加值累计同比增速和基期数据逐年递归获取每一年的三次产业实际 GDP 累计值。随后对三次产业实际 GDP 累计值进行逐季差分,获取样本期间内每个季度下的三次产业实际 GDP,最后利用当年与前一年同季度下的三次产业实际 GDP 之差除以前一年的三次产业实际 GDP,获取三次产业实际 GDP 同比增长率。

(2) 三次产业通货膨胀率、公共财政支出同比增长率、总税收同比增长率可以直接从中经网统计数据库获取,因数据均为同比增长率,故无须进行季节调整。其中,对于月度频率的数据采取求几何平均值的方法转换为季度数据。

(3) 名义利率。选取 7 天期银行间同业拆借利率作为代理变量。这里考虑到中经网同时会发布 7 天期银行间同业拆借月度交易量,故在将月度数据转化为季度数据时,使用交易量进行算数加权。

模型设定方面,本章将基准 VAR 系统中的变量顺序设定如下:排在第一位的是公共财政支出同比增长率,这是因为财政支出通常要服从财政预算,而财政预算安排通常是提前进行的,它的变动要先于产业级次的经济波动,故不应该受任何其他变量的影响(Blanchard & Perotti, 2002);排在第二至七位的分别是第一、第二、第三产业的实际产出同比增速和三次产业的通胀率,这样做的原因在于,受人力和土地制约,第一产业的生产通常具有刚性特征,变化相对较小,不易受到第二产业和第三产业变动的影响,相比于第二产业,第三产业的产值和就业吸纳力更大,更加富有弹性,因此位列最后;至于将产出变量整体置于通胀变量之前则是因为三型菲利普斯曲线表明,产出波动会引发通胀变动;对于最后三个经济政策变量,它们的排序依次为总税收同比增长率、名义利率和 M2 期末值累计同比增速。这样排序的原因在于,税收是对扣除利息部分的净收益课税,这意味着它对利率等因素的变动并不敏感,而利率变动的结果是全社会广义货币供应量的变动,它的变化会引发货币供给的变化,故将名义利率置于广义货币变量之前。

本章构建的脉冲响应函数有别于以往的 VAR 模型,它的实现过程如下。

（1）选取历史实现 ω_{t-1} 和混合冲击 υ_t（这里 υ_t 是经典 VAR 模型中的冲击，既包含政策水平冲击又包含不确定性冲击）。

（2）令脉冲期数为 N，根据随机冲击值分别计算未来各期的脉冲响应值 $z_{t+n}^0(\omega_{t-1}, \upsilon_t)$，$n=1, 2, \cdots, N$ 与 $z_{t+n}^0(\omega_{t-1})$，$n=0, 1, \cdots, N$。

（3）反复进行第（2）步操作 R 次，在每一个冲击反应时点计算 R 次脉冲响应的平均值并记录，当 $R \to \infty$ 时，该平均值就会收敛于条件期望 $E[Z_{t+n} | \omega_{t-1}, \upsilon_t]$ 和 $E[Z_{t+n} | \omega_{t-1}]$，且：

$$\bar{z}_{R, t+n}(\omega_{t-1}, \upsilon_t) = \frac{1}{R} \sum_{i=0}^{R-1} z_{t+n}^i(\omega_{t-1}, \upsilon_t), \ n = 1, 2, \cdots, N \quad (9.13)$$

$$\bar{z}_{R, t+n}(\omega_{t-1}) = \frac{1}{R} \sum_{i=0}^{R-1} z_{t+n}^i(\omega_{t-1}), \ n = 1, 2, \cdots, N \quad (9.14)$$

（4）选定冲击变量与响应变量，根据步骤（3）中两个均值之差计算某一特定时点下的脉冲状况。

（5）获取所有时点下的 N 期脉冲响应结果，在同一脉冲期下对所有 R 次计算结果进行算数加权，继而获取时变脉冲响应函数的均化值。

由此可见，本章构建的脉冲响应函数实际上是时变脉冲响应函数的算数加权，是具有遍历性的脉冲响应函数，这种均化解更能反映样本期间内冲击变量与反应变量的一般对应关系。

9.2.3　基准 VAR 模型的计量评价

在构建大型基准 VAR 模型后，我们还需证明这种建模方式的确能够提高模型的估计精度。为此，本节将率先比较基准 VAR 模型和普通 S-VAR 模型的建模效率。这里首先借助 DIC 指数进行评价，如式（9.15）～（9.17）显示，DIC 指数一共由两个部分构成，其中 $\bar{D}$ 是拟合效率评价指标，它取值越低代表模型估计精度越高；p_D 是建模复杂度指数，它取值越低代表模型结构越简单。由此可见，两个指标的判别标准是同向的，均是取值越小代表越好的结果。因此，我们可以利用 DIC 指数评判基准 VAR 模型和普通 VAR 模型的建模效率。如表 9-1 所示，首先，在数据拟合度层面，普通 VAR 模型的建模损失高达 1 467.23，而基准 VAR 模型的建模损失仅为 68.65，二者相差 20 余倍，这足以说明相较于普通 VAR 模型，基准 VAR 在建模精度上具有无可比拟的优势。在计算效率方面，普通 VAR 模型的效率损失为 488.74，基准 VAR 模型的效率损失为 1 063.58，这一结果能够给予我们两方面启示：第一，当把随机扰动冲击分解成水平冲击和不确定性冲击后，模型的复杂度的确有所上升;第二,这种模型复杂度的上升仅使计算效率损失提高 1 倍左右,相比于模型精度方面的提高,这种计算复杂度的提高仍是对模型的有益改进。根据 DIC 值,普通 VAR 模型的建模损失几乎达到了基准 VAR 模型的 2 倍,这说明基准 VAR 模型是更有效的建模方式,同时这也说明在探究经济政策对实际经济行为的影响时,政策的水平冲击和不确定性冲击均不可忽视。

$$DIC = \bar{D} + p_D \tag{9.15}$$

$$\bar{D} = E\left[-2\ln f(\bar{y}\backslash \Xi^m)\right] \approx \frac{1}{M}\sum_m \left[-2\ln f(\bar{y}\backslash \Xi^m)\right] \tag{9.16}$$

$$p_D = \bar{D} - D(\bar{\Xi}) = E\left[-2\ln f(\bar{y}\backslash \Xi^m)\right] - \left[-2\ln L\left(\frac{1}{M}\sum \Xi^m\right)\right] \tag{9.17}$$

表 9-1　基准 VAR 模型和普通 VAR 模型的建模效率评价

参数	普通 VAR	基准 VAR
$\bar{D}$	1 467.23	68.56
p_D	488.74	1 063.58
DIC	1 955.97	1 132.14

9.3　经济政策冲击的产业调节效应测度

考虑到基准 VAR 模型与 S-VAR 模型间的主要区别在于区分了经济政策的水平冲击和不确定性冲击,故本部分将着重阐释水平冲击和不确定性冲击对不同产业的调控效应。

9.3.1　政策水平冲击对三次产业的作用机制分析

图 9-1(a)～(d)分别给出了一标准差扩张型财政政策和货币政策冲击对三次产业的调节效应。这里需要说明两点:第一,因为要让不同政策间可比,故引入一单位冲击并不合适,因为不同政策所处的量纲和变化幅度不同,而一标准差的冲击则充分考虑了政策的自身变动规模,更具有横向可比性;第二,由于要表征扩张型政策冲击,故在税收和名义利率方面引入的是一标准差负向冲击,因为税收下降和利率下降分别代表积极的财政政策和宽松的货币政策。

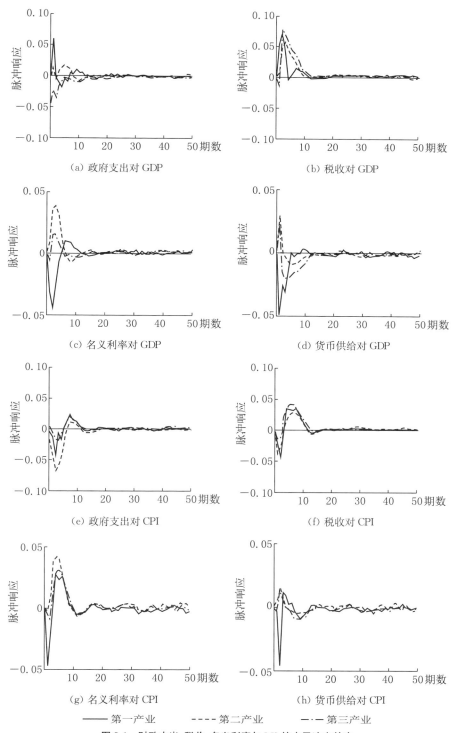

（a）政府支出对 GDP

（b）税收对 GDP

（c）名义利率对 GDP

（d）货币供给对 GDP

（e）政府支出对 CPI

（f）税收对 CPI

（g）名义利率对 CPI

（h）货币供给对 CPI

—— 第一产业　　- - - - 第二产业　　- · - 第三产业

图 9-1　财政支出、税收、名义利率与 M2 的水平冲击效应

观察图 9-1(a)～(d)中的估计结果可以发现如下几个基本结论。(1)首先,就政策冲击的作用机制而言,扩张型政策并非一定引起三次产业的一致反应,例如政府支出增加将会使第三产业产出下降,名义利率下调将使第一产业产出下降;货币供应量扩张也将使第一产业产出出现紧缩。这是因为三次产业自身的扩展和紧缩通常也会对其他产业产生"溢出效应"。其中,政府支出扩张对第三产业的挤出原理主要体现在:政府支出提升主要是助力基础设施建设,这会从第三产业吸纳转移劳动力,从而引起第三产业产出相对下降;而名义利率和货币供给扩张会抑制第一产业的原因在于,二者的扩张会通过贷款途径刺激投资,同时通过收入效应刺激消费,这会引起第二产业和第三产业的协同繁荣,相比而言,第一产业对资金供给的变动并不敏感,在第二产业和第三产业迅速扩张时期,第一产业的劳动力会流入第二产业和第三产业,进而导致第一产业紧缩。由此可见,在对经济政策的作用效果进行分析时,不应仅关注政策的总体效应,政策在产业内引发的"对偶效应"同样值得关注。其中,减税政策可以引起三次产业内产出的协同上升,这是对三次产业形成一致调整的占优策略。(2)就各种政策的作用力度而言,可以看出名义利率和广义货币供给的最大作用强度均不足0.05 个基点,相比而言,政府支出扩张的最大作用力度在 0.06 个基点,而减税的最大作用强度在 0.07 个基点,这表明财政政策的整体作用效果要优于货币政策,这也是当下国家强调宏观调控要以积极的财政政策为主的根本原因。(3)就政策的作用时间而言,四种政策的收敛时长均在 15 期左右,不存在显著差异。但两类财政政策变动几乎均能在 1 期之内就达到最大值,相比而言,货币政策要在 2～3 期后才能形成最大冲击响应。这说明财政政策具有作用直接、见效快的优势,因此更适用于紧急情况下的宏观经济治理。总的来看,无论是从作用机制、作用强度还是作用时间来看,减税政策都是最优选择,这意味着当以提振三次产业经济活力为最终目标时,减税政策是占优选择。

通货膨胀层面,各类经济政策产生的效果将进一步分化,其中两类财政政策和利率的作用效果较为接近,而 M2 对三次产业的影响机制则明显不同于其他政策。首先来看扩张型的政府支出和税收政策,它们均能在三次产业内激发"耦合效应",这说明财政政策对三次产业通胀的调节功能具有一致性。二者均会引起通货膨胀的短收缩和长扩张,产生这种现象的根源在于,财政支出、降低税收以及降低利率都是从降低成本和刺激需求的角度来影响通货膨胀。在这一过程中,供给侧主体较为集中,而需求侧主体相对离散化,这就导致供给端整体的反应速度要快于需求端。于是受成本降低影响,三次产业通货膨胀将出现协同性下降,而随着需求端对减税降费和降低利率等政策作出充分反应,通货膨胀又将随着需求曲线的右移发生系统性提升。从三种政策的作用强度来看,降低税负将产生最强的通胀效应,这说明减税政策也并非一种全局最优策略,如若使用不当会在一定程度上面临产业通胀端的制衡。相比而言,利率政策引发的通胀强度虽然与财政扩张和降低税负相近,但是政策冲击收敛得最快,这意味着以名义利率调整为主的货币政策调控仍是调节产业通胀最有效的工具。

最后来看 M2 水平冲击对三次产业通胀的影响,如图 9-1(h)所示,当出现 M2 的正向冲击后,只有第一产业通胀的变化表现为先负后正,而第二产业和第三产业都会出现较为明显的通胀现象。这表明提高广义货币供给势必会加剧三次产业的通胀状态。考虑到 M2 扩张既不能均衡地调整三次产业产出,同时又会激发大范围的通货膨胀,因此,它已不适合作为产业层面的宏观调控手段。

9.3.2　政策不确定性冲击的量化描述

图 9-2～9-5 依次给出了样本期间内财政支出不确定性、税收不确定性、名义利率不确定性和 M2 累计同比增速不确定性的走势。首先,来看财政支出不确定性,它在样本前期变动极小,基本与 0 线重合,这说明在样本前期财政预算的执行状况较好,不确定性较低,而在 2018 年后,受外部冲击加强,降杠杆和化解地方政府隐性债务等因素影响,财政空间迅速收窄,财政支出不确定性明显上升。其次,在税收不确定性层面,这是四种政策不确定性中波幅最低的一个,税收不确定性指数始终在 0.1～0.3 之间徘徊,明显低于其他政策的不确定性。这是因为在四种政策之中,税率的变动频率最低。可以看出,在样本末期,随着"营改增"政策的持续深化,税收不确定性有所上升,这很可能表明"营改增"在很大程度上加强了税收与实际收入之间的关系。

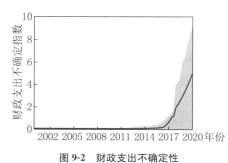

图 9-2　财政支出不确定性

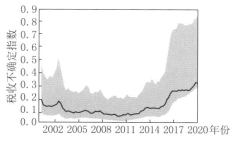

图 9-3　税收不确定性

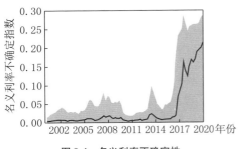

图 9-4　名义利率不确定性

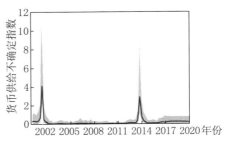

图 9-5　M2 不确定性

再次,在名义利率层面,它的不确定性同样较低,基本维持在 0～0.2 之间,特别是在 2018 年以前,中国的名义利率始终处于相对合理的运行范围,基本不存在较大的波动,而在 2018 年后,受疫情等多重随机冲击影响,中国宏观经济层面出现了前所未有的下行压力,这使得利率不确定性明显上升,尽管当前利率总体水平仍处于可控范围,但是考虑到经济下行压力持续加大,同时美联储正在进行加息等反向操作,这些不同方向的作用力很可能使利率波动进一步上升,进而放大利率不确定性。最后,在广义货币 M2 累计增速方面,它的不确定性高企集中出现在 2002 年和 2015 年。其中,2002 年的广义货币不确定性激增主要源自加入世贸组织,彼时中国进出口贸易规模迅速扩张,离岸人民币需求激增和 FDI 涌入都在很大程度上加剧了广义货币供给的不确定性;而在 2015 年,受资产价格巨幅震荡和加杠杆因素的影响,广义货币再度出现大规模扩张,使国家步入了漫长的降杠杆过程。仅从数值上看,M2 出现异动时,该指标的不确定性要远大于其他三个指标,很可能诱发不可估量的影响,因此,自 2015 年后,中央银行曾多次强调保持稳健中性的货币政策,而 M2 累计同比增速的不确定性也出现了大幅度下降。总结四种政策不确定性的变化态势可以得到如下两个基本事实:第一,2018 年后,除广义货币 M2 外,其他三种政策工具的不确定性均明显上升;第二,财政支出不确定性和广义货币 M2 不确定性存在着最大的波幅,相比而言,名义利率和税收的不确定性程度较低。总的来看,面对当前全球百年未有之大变局和世纪疫情的持续深化,政策不确定性亦开始陡然上升,它已成为全面理解政策作用效果过程中不容忽视的环节。

9.3.3　政策不确定性冲击对三次产业产出通胀的影响机制

图 9-6(a)～(h)进一步刻画了各种经济政策的一标准差不确定性冲击对三次产业产出和通胀的影响机制。由于不确定性冲击与水平冲击的作用机理不同,它不具有方向性的含义,仅用于描述政策的波动情况,故所有不确定

性冲击都以一单位正向标准差的形式引入。观察图 9-6(a)～(d)可以发现，各种政策不确定性冲击对三次产业产出和通胀的影响存在截然不同的效果。首先，财政支出不确定性的适度增长明显有利于提振三次产业的经济活力，这是因为财政支出通常是临时性支出，主要起到救急和补短板的作用。因此适度增加政策的不可预期性能够提高财政支出的激励补偿作用。这与实际经济情况较为相符，例如：中国曾长期实施可预见性较强的农业补贴政策，但这类政策收效甚微，并未使农产品产量出现系统性提高；相比而言，疫情之后出现的短期消费券政策则在极大程度上促进了消费，起到了良好的激励补偿作用。由此可见，合理地用好政府支出，不仅要确保政策有的放矢、精准发力，注重灵活调整支出的方式同样重要，有时适度增强财政支出的不可预见性，反而会增加政策的激励补偿效应，使财政支出发挥更大效果。

相比而言，利率和广义货币供给的政策不确定性增强并不会带来更好的政策效果，其中利率政策不确定性增强的主要矛盾在于第三产业，它会对第三产业产出产生强烈的挤出效应。这是因为第三产业以服务贸易业为主，而贸易结算与贷款利率高度相关，倘若利率不确定性增强势必会激发买方的避险心理，这会使整个第三产业的需求曲线内移，进而降低均衡产出。广义货币方面，货币供给不确定性的增强更将直接作用于收入，此时受流动性偏好影响，三次产业的需求曲线都会发生内移，进而导致产出下降。最后，税收不确定性方面，它的变化几乎不会影响三次产业产出，产生这一现象的原因在于，税率的变动频率较低，纵使出现一些不确定性调整，但也不至于对公众预期形成系统性影响。因此，它并不会对三次产业产出产生过多的影响，这一方面表明，税收政策的作用效果基本仅来自政策水平端，另一方面也说明，税收调控是一种较为稳健的政策，不会因政策调整方式的差异而产生效果偏差。

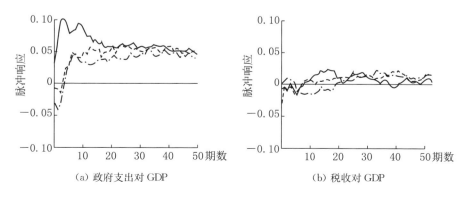

(a) 政府支出对 GDP　　　　　　　　(b) 税收对 GDP

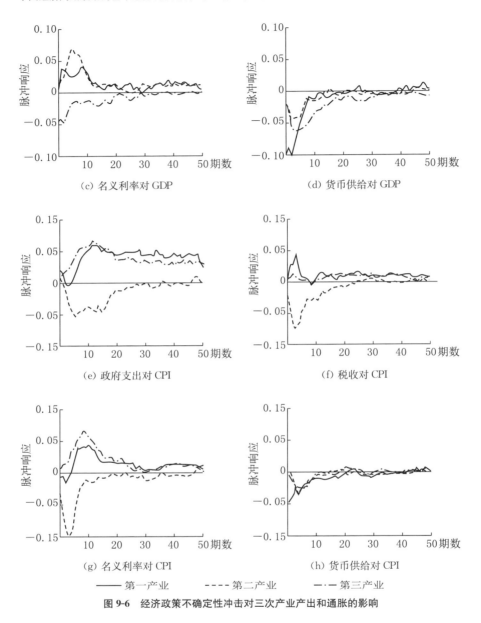

(c) 名义利率对 GDP

(d) 货币供给对 GDP

(e) 政府支出对 CPI

(f) 税收对 CPI

(g) 名义利率对 CPI

(h) 货币供给对 CPI

——— 第一产业　　- - - - 第二产业　　-·-·- 第三产业

图 9-6　经济政策不确定性冲击对三次产业产出和通胀的影响

　　再来观察经济政策不确定性对三次产业通货膨胀的影响,图 9-6(e)～(h)显示,除广义货币政策不确定性的影响全面为负外,其他三种经济政策不确定性的变化均会在三次产业内引发"对偶效应",它们均会使第一产业和第三产业出现较强的通货膨胀,并使第二产业内的通胀水平下降。这是因为第二产业与投资密切相关,而无论是财政税收、政府购买还是利率调整,都将对投资的未来现金流产生深远影响,增强投资的不确定性。而为了锁定收益,第二产业内的供给端通常会采取预销、促销的方式增加短期供给,进而引发产业价格水平走低。相比而言,对于更加零散细碎和需求刚性特征较强的第一产业和第三产业,面对政策不确定性上升,需求方通常出于预防性储蓄心理,会在短期内增加必需品的购买,进而导致物价哄抬现象的发生。由此可见,任何一种政策不确定性提升都会面临通胀端的权衡和制约。因此,政府和货币当局在调整经济政策时,不仅要关注政策调控的力度和方向,同时也要关注政策调整方式,增强政策的透明性和公信力,否则亦可能产生相反的效果。

最后,对比政策水平冲击和政策不确定性冲击的力度不难发现,在调节三次产业产出方面,一标准差政策水平冲击的最强作用力度在 0.05 个基点左右,而一标准差政策不确定性冲击的最强作用力度则在 0.1 个基点,政策不确定性的作用强度达到了水平冲击的 2 倍;而在产业通胀层面的对比则更为明显,一标准差政策水平冲击的最强作用力度尚不足 0.05 个基点,而一标准差政策不确定性冲击的最强作用力度高达 0.15 个基点,这意味着在调控产业通胀层面,政策不确定性的影响达到了政策水平冲击的 3 倍以上。这一结果表明,在利用宏观经济政策对三次产业进行调控时,要高度重视政策不确定性冲击的影响,它的作用效果甚至会超越政策水平冲击。

9.4　本章小结

目前中国经济正处于由高速发展向高质量发展转型的重要过渡阶段,如何确保产业结构持续优化调整自然成为宏观调控关注的重点内容。为此,本章深入产业层面考察了各种宏观经济政策的调控效应,主要得出如下几点结论。

首先,在模型构建方面,本章创新性地构建了一个既包含三次产业产出、通胀,又包含经济政策水平冲击和不确定性冲击的大型结构 VAR 模型。模型评价结果显示,大型结构 VAR 模型虽然会使系统复杂度上升,但是会在极大程度上提高模型的拟合优度,使脉冲响应函数估计更加精确。这一模型的优势在于:(1)尽可能融入实际经济变量,改进了因子模型没有实际含义的弊端;(2)将不确定性冲击融入 VAR 系统,极大程度上区分了变量的一阶矩效应和二阶矩效应。在宏观经济研究越发强调精准性和经济释义的新计量时代,大型结构 VAR 模型的建模思路无疑是一个重要尝试。

第二,从经济政策水平冲击的作用机制来讲,税收政策是调节产业产出的占优策略,它会在三次产业内激发"耦合效应",是一种净收益调控手段。而在产业通胀调控方面,任何一种经济政策均不能实现产业通胀端的均衡调整,均会在一定程度上激发"对偶效应",这表明政府和货币当局应高度重视产业端的通胀问题,在调整过程中要审慎使用宏观调控手段,尽量以产业政策和行政规制为主,从而避免权衡困境的出现。

第三,从政策不确定性冲击的作用机理来看,政策不确定性冲击主要描述的是政策调整方式的透明性、可持续性和可预见性。其中,财政支出是一个最值得关注的调控手段,它的不确定性上升会激发激励补偿效应,倘若以提高产业产出为目的,那么适度增加财政支出的不可预见性反而能够起到更好的效果。相比而言,税收政策不确定性几乎不会对产业产出形成任何影响。而其他政策不确定性的提高均不利于三次产业产出和通胀的均衡发展,需要予以规避和消除。

第四,对比政策水平冲击和政策不确定性冲击的作用力度不难发现,政策不确定性冲击对实际经济行为的影响力度平均在水平冲击的 2~3 倍,其累计影响更是高达政策水平冲击的 3 倍以上。这表明在使用宏观经济政策对三次产业进行调控时,不仅要高度关注政策作用的方向、力度和时长,关注政策的实施方式也同样重要。通常,适度增强政策的透明性、持续性和公信力不仅有利于降低政策执行成本和执行偏差,同时还会在极大程度上强化宏观调控的施政效果。

第 10 章　中国经济增长区位下移的成因识别

　　2020 年伊始,随着一季度实际 GDP 增长率触底−6.9％,中国经济增长为期近 10 年的拖平长尾形态遭到根本性破坏。考虑到面对当下百年未有之大变局和世纪疫情等复杂局面,这不仅宣告着本轮短周期走出衰竭形态,同时也基本标志着自改革开放以来的首轮增长型经济长波已彻底终结。而中国经济亦当以此为标志点,破旧立新,开始新篇章。从实现百年共同富裕构想的基本诉求来看,中国第二轮增长型长波的理想形态必然是一段超自然率水平的中高速增长。一方面,当下劳动、资本、技术和经济政策等客观约束从根本上决定着中国经济难以再实现长达几十年的超高速增长;另一方面,国家经济发展的战略蓝图又要求经济增长不能就此回落至自然率水平。那么考察中高速增长的存在性,求索中高速增长的实现路径就成为必然要求。为此,本章力求通过一个尽可能全面刻画中国经济增长动态机制的 DSGE 系统,总结中国高增长和中高速增长的成因,以期为第二轮经济长波的搭建提供合理的经验证据。

10.1　中高速事实与相关假说

　　2012 年后,中国经济增长进入一段相对稳定的中高速增长状态,这一状态维持了近 8 年,其间经济增长率缓慢地由 8％下降至 6％,形成了典型的中高速、低波动增长态势。这一典型经济现象迅速引发了学界的广泛关注,亦有相关研究将此称为中国式经济"大缓和"(刘金全和周欣,2022)。

　　目前,有关中国经济增长缘何会出现中高速阶段稳态的研究已较为丰富,相关研究大体总结出四方面成因。(1)资本深化和投资效率下降。相关的代表性文献主要有贾康和苏京春(2016)等。这类研究所持的观点是:改革开放以来,中国经济之所以能够出现长达 30 年的高速乃至超高速增长主要得益于初始经济体量过小和投资严重匮乏,这为投资拉动型经济增长提供了天然的条件和土壤。改革开放后,大规模的基础设施投资对经济增长作出了极大贡献,而在 1998 年房改政策出台后,受土地价格解除体制枷锁等因素影响,房地产价格持续飙升,进而使投资拉动型增长得以长期延续。然而,在 2012 年后,情况发生了根本性反转,一方面,中国首轮基础设施建设已基本完成;另一方面,固定资产具有较长的使用周期,短期内不可大规模重置,两者从根本上决定着以往的投资拉动型增长模式难以为继,而中国经济增速也将不可避免地进入换挡期、调和期。

(2)人口红利和贸易红利。持这一观点的研究主要有海塞尔和奥萨(Hsieh & Ossa,2016)、卢荻等(2022)。这类研究认为,改革开放后中国开始深度融入全球生产活动当中,并成为全球价值链中的受益者。这是因为中国劳动力成本较低,并且基数较大,二者相结合形成了天然的人口红利。而在 2010 年后,中国人均 GDP 水平开始步入上中等收入阶段,经济发展触及刘易斯拐点,这从根本上决定着劳动力成本效应开始显现,而越南、缅甸和印度等新兴经济体正在取代中国成为新的世界代工厂,这使得中国人口红利优势不复存在,导致经济增长率出现了均值下移。

(3)政策刺激论。这亦是一种主流论断(刘金全和解瑶姝,2016;刘贯春等,2018)。相关研究主要认为,在 2012 年之前中国政策当局始终保持较为强势的政策操作,采取积极的财政政策和宽松的货币政策组合来提振经济活力。然而,持续积极的财政政策和宽松的货币政策并非没有成本,在 2012 年后,随着中国经济体量日益庞大,经济系统中很多内生矛盾开始外化凸显。一方面,持续依赖投资和财政支出拉动经济增长使得经济结构极不合理,消费偏弱和第三产业占比较低开始制约经济向高级阶段迈进;另一方面,政府债务高企等隐患开始显性化,经济政策空间受到了前所未有的制约。种种矛盾使中国经济步入了"三期叠加困境"。随着政策空间逐步收窄,财政支出开始变得越发审慎,货币政策主基调亦开始由宽松变为稳健中性,政策刺激的弱化大幅削弱了政策的逆周期调控能力,这也是经济增速出现下移的重要诱因。

(4)技术长波更迭论(蔡跃洲和付一夫,2017;Liu & Xia,2018)。这类观点强调:中国经济增长出现区位下移的核心原因在于技术长波更迭。自改革开放以来,中国通过 FDI 引入等方式享受了大规模技术红利,而加入 WTO 更是将中国首轮技术型长波推向前所未有的高峰。然而,技术红利绝非无穷无尽,随着中国技术水平的迅速提升,吸收型技术红利已基本消耗殆尽。目前,中国正处于由传统吸收型技术进步向自主研发型技术进步转型的关键时期。考虑到自主研发本身就具有周期长、不确定性强等固有弊病,这表明经济增长也将进入收缩过程。

诚然,每一种观点都是中国经济增速换挡的原因之一,但是我们更想知道的是,哪种要素在起主导作用,抑或是说什么因素才是导致中国经济增速出现区位下移的核心原因。若要刻画如此众多的典型事实,势必要依赖DSGE 系统。为此,本章要对伯南克等(Bernanke *et al*.,1998)、格特勒等(Gertler *et al*.,2007)、查斯蒂尼亚诺等(Justiniano *et al*.,2010)、费尔南德斯-维拉弗德等(Fernández-Villaverde *et al*.,2015)等提出的经典 DSGE 模型进行整合,试图尽可能全面地刻画中国经济增长波动的内在机理。

具体地,本章根据中国特征对上述模型进行了如下改良和修正。(1)在贸易和开放度设定方面,鉴于中国目前是仅次于美国的世界第二大经济体,我们认为使用小型开放经济体假设描述中国的经济贸易特征并不合适,本章采用两国模型来刻画中国的对外开放特征,这对中国而言更为适宜。(2)在政府冲击设计方面,本章将财政与货币政策置于统一系统。财政政策方面,我们紧密围绕生产函数设计了劳动税和资本税,同时还纳入了财政预算约束;在货币政策方面,我们引入了经典的货币政策规则来刻画中央银行的行事机制,这使得本章模型能够全面考察两大主流经济政策的影响。(3)考虑到中国信贷市场实际,本章借鉴伯南克等(Bernanke *et al*.,1998)设计的金融加速器机制,在模型内引入了金融摩擦。(4)由于本章的重点在于识别新常态时期下,中国经济中高速阶段稳态的成因,故在具体检验时,本章还对样本进行了二次分割,并着重比较了以往时期与新常态时期的异同。

10.2　模型设定

本章参照查斯蒂尼亚诺等(Justiniano *et al*.,2010)、费尔南德斯-维拉弗德等(Fernández-Villaverde *et al*.,2015)等经典研究,并基于中国经济事实构建 DSGE 系统。我们的 DSGE 系统与以往研究的主要区别有两点:第一,参照伯南克等(Bernanke *et al*.,1998)、克里斯滕森和迪布(Christensen & Dib,2008),在建模时引入了金融摩擦要素;第二,将封闭经济体扩展为开放经济体,并在总预算约束中考虑了净出口要素。需要说明的是,考虑到中国具有较强的资本账户管制,且人民币汇率始终高度盯住美元,因此为方便起见,把汇率目标设定为盯住某一固定汇率。在两国模型设定方面,下文中所有的 H 代表国内,F 代表国外。

1. 家庭部门

对于代表性国内家庭:假定本国代表性家庭的消费 c_t^p 由本国商品 $c_{H,t}$ 与外国进口商品 $c_{F,t}$ 组成,二者的具体消费比例由式(10.1)所示的 CES 函数复合而成:

$$c_t^p = [\alpha_H^{1/\rho} c_{H,t}^{(\rho-1)/\rho} + (1-\alpha_H)^{1/\rho} c_{F,t}^{(\rho-1)/\rho}]^{\rho/(\rho-1)} \tag{10.1}$$

式(10.1)中,α_H 代表了消费者对本国商品的偏好;系数 ρ 代表着本国与外国商品之间的替代弹性。家庭根据支出最小化原则来确定两类商品的消费比例,相应条件如式(10.2)所示:

$$\frac{c_{H,t}}{c_{F,t}} = \frac{\alpha_H}{1-\alpha_H} \left(\frac{P_{H,t}}{P_{F,t}}\right)^{-\rho} \tag{10.2}$$

其中,代表性家庭消费一单位复合产品的最小花费见式(10.3):

$$p_t = [\alpha_H p_{H,t}^{1-\rho} + (1-\alpha_H) p_{F,t}^{1-\rho}]^{1/(1-\rho)} \tag{10.3}$$

这里,$p_{H,t}$ 是本国商品价格,在两国自由贸易假设下,一价定律成立,因此有 $p_{F,t} = e_t p_{F,t}^*$,$p_{F,t}$ 代表着国外商品的本币标价,e_t 代表名义汇率水平,$p_{F,t}^*$ 则是外国商品的外币计价,考虑到实际求解方便,本章将 $p_{F,t}^*$ 标准化为 1。

令代表性家庭服从连续统,代表性家庭本期收入主要由如下几部分构成:上期购买政府债券收益、上期存款利息与本期劳动所得。代表性家庭的当期总消费 c_t^T 则由政府支出 G_t^g 与私人消费 c_t^p 复合而成,由于二者之间不可完全替代,故采用乘法合成规则:

$$c_t^T = c_t^p G_t^g \tag{10.4}$$

考虑到现实经济中的工资粘性和价格粘性,本章引入了粘性参数。同时令代表性家庭向企业提供差异化劳动,故需要将初始劳动供给设为 $l_{j,t}$,而劳动中间商则会将差异化劳动加工成无差异化劳动 l_t:

$$l_t = (\int l_{j,t}^{(\varepsilon_w-1)/\varepsilon_w} dj)^{(\varepsilon_w-1)/\varepsilon_w} \tag{10.5}$$

式(10.5)中,ε_w 代表着不同劳动供给之间的替代弹性。劳动中间商按照成本最小化准则行事,故对第 j 种差异化劳动的需求可用式(10.6)描述:

$$l_{j,t} = l_t (w_t/w_{j,t})^{\varepsilon_w} \tag{10.6}$$

家庭的总效用函数如式(10.7)所示:

$$E_0 \sum_{t=0}^{\infty} \beta^t d_t \left\{ \frac{(c_t^T - b_h c_{t-1}^T)^{1-\omega}}{1-\omega} - \psi A_t^{1-\omega} \int_0^1 \frac{l_{j,t}^{1+\upsilon}}{1+\upsilon} dj \right\} \tag{10.7}$$

式(10.7)中，E_0 代表基于 0 时期信息的条件期望算子；β 代表效用贴现系数；υ 代表劳动供给弹性倒数；b_h 代表消费惯性参数，用于刻画消费偏好；ψ 是闲暇偏好参数，用于度量闲暇的效用；d_t 是跨期偏好冲击，服从对数 AR(1)过程；A_t 是技术进步参数，它的变动过程为：$\ln A_t = g_A + \rho_A \ln A_{t-1} + \varepsilon_{A,t}$。

代表性家庭的预算约束方程如式(10.8)所示：

$$c_t^p + s_t + b_{HH,t} + e_t \frac{B_{HF,t}}{p_t} + \frac{\varphi_b}{2}(b_{HH,t} - \bar{b})^2 + \frac{p_{H,t}}{p_t} \int_0^1 AC_{j,t}^w dj$$

$$\leqslant (1 - \tau_{l,t}) \int_0^1 w_{j,t} l_{j,t} dj + (b_{HH,t-1} + s_{t-1}) \frac{R_{H,t-1}}{\Pi_t} + e_t B_{HF,t-1} \frac{R_{F,t-1}}{p_t} + F_{H,t} \tag{10.8}$$

其中 $\Pi_t = p_t / p_{t-1}$，$\tau_{l,t}$ 代表着国内的劳动税税率，$b_{HH,t}$ 代表着家庭在 t 时期购买的政府债券总量。$\varphi_b (b_{HH,t} - \bar{b})^2 / 2$ 是政府债券调整成本，通过引入这一成本能够有效区分购买政府债券和存款行为。y_t 代表着 t 时期的国内产出，$AC_{j,t}^w$ 代表着工资调整成本。考虑到粘性特征的存在，令 $AC_{j,t}^w = \varphi_w \left(\frac{w_{j,t}}{w_{j,t-1}} - g_A \right)^2 y_t / 2$。$s_t$ 度量了代表性家庭的金融存款，$B_{HF,t}$ 则是家庭在 t 时期持有的国外债券总量。为便于均衡求解，本章令国外债券价格为 1，并假定其收益率为：

$$R_{F,t} = R^* - \varphi_r \frac{B_{HF,t}}{p_{F,t}^*} \tag{10.9}$$

式(10.9)中，R^* 度量了均衡状态下的国际无风险收益率。鉴于中国的资本账户管制，本章假定本国居民只能在本国金融机构存款，并且只能分享本国企业利润，对于国外企业利润，本章用 $F_{H,t}$ 表示。于是进行一阶条件求解后可得 c_t^p、$c_{H,t}$、$c_{F,t}$、s_t、$b_{HH,t}$、$B_{HF,t}$ 以及 $w_{j,t}$ 的一阶条件（λ_t 是拉格朗日乘子）：

$$d_t G_t^g (c_t^T - b_h c_{t-1}^T)^{-\omega} - E_t \beta d_{t+1} b_h G_t^g (c_{t+1}^T - b_h c_t^T)^{-\omega} = \lambda_t \tag{10.10}$$

$$c_{H,t} = \alpha_H \left(\frac{P_{H,t}}{P_t} \right)^{-\rho} c_t^p \tag{10.11}$$

$$c_{F,t} = (1 - \alpha_H) \left(\frac{P_{F,t}}{P_t} \right)^{-\rho} c_t^p \tag{10.12}$$

$$\lambda_t = E_t \beta \lambda_{t+1} \frac{R_{H,t}}{\Pi_{t+1}} \tag{10.13}$$

$$\lambda_t (1 + \varphi_b (b_{HH,t} - \bar{b}_{HH})) = E_t \beta \lambda_{t+1} \frac{R_{H,t}}{\Pi_{t+1}} \tag{10.14}$$

$$\lambda_t \frac{e_t}{P_t} = E_t \beta \lambda_{t+1} e_{t+1} \frac{R_{F,t}}{P_{t+1}} \tag{10.15}$$

$$d_t \psi A_t^{1-\omega} \varepsilon_w l_t^{v+1} + \lambda_t (1 - \tau_{l,t})(1 - \varepsilon_w) w_t l_t - \lambda_t \varphi_w \frac{p_{H,t}}{p_t} \left(\frac{w_t}{w_{t-1}} - g_A \right) y_t \frac{w_t}{w_{t-1}}$$

$$+ E_t \beta \lambda_{t+1} \varphi_w \frac{p_{H,t+1}}{p_{t+1}} \left(\frac{w_{t+1}}{w_t} - g_A \right) y_{t+1} \frac{w_{t+1}}{w_t} \tag{10.16}$$

2. 金融中介部门

考虑到中国的资本市场远非完美资本市场,本章引入了金融摩擦要素。首先假定家庭部门不存在负债,令资本生产商负责累积资本,于是根据 BGG 条件令企业的净资本恒小于要购入的新资本价值,即企业需要外部融资。企业的运行机制如下,在 t 时期末,本国企业以价格 q_t 购买下一期的资本 k_{t+1},而这部分资本在下一期将被中间品生产商租用,租金价格为 $r_{k,t+1}$。购买资金来自两个部分,第一部分是企业净资本价值 n_{t+1},但根据 BGG 约束,该部分资金小于需购入的资本价值,故还需要第二部分外部融资,两项相减可得,外部融资需求为 $q_t k_{t+1} - n_{t+1}$。代表性企业会在每一期期末决定购入的资本数量,于是企业的期望利润可由下式表示:

$$E_t profit_{t+1} = E_t (1 - \tau_{k,t+1}) r_{k,t+1} + (1-\delta) k_{t+1} q_{t+1} - f_{t+1} (q_t k_{t+1} - n_{t+1}) \tag{10.17}$$

式(10.17)中,期望利润由三个部分构成:第一部分是资本的税后净租金,第二部分是经折旧处理后的资本净值,第三部分是一个抵减项,代表外部融资所付出的利息成本,f_{t+1} 则代表 $t+1$ 时期单位外部融资的边际成本。于是可以得到有关资本的最优一阶条件:

$$E_t f_{t+1} = E_t \left[\frac{(1 - \tau_{k,t+1}) r_{k,t+1} + (1-\delta) q_{t+1}}{q_t} \right] \tag{10.18}$$

观察式(10.18)可以看出,式(10.18)的左端度量了资本的边际成本,而它的右端则代表增加一单位资本的边际收益。进一步地,金融中介部门将从代表性家庭吸收存款 s_t,相应的存款利率为 $R_{H,t}$;同时它还将以价格 f_{t+1} 向企业提供贷款。企业与贷款机构之间通常存在着委托代理关系,为此,金融机构为获取企业真实信息还需付出一笔额外费用,这使得金融机构在贷款时还将根据企业的杠杆率施加一个溢价成本 μ,即金融摩擦参数,它取值越大,代表摩擦越大,进而企业的边际成本率可以由式(10.19)表示:

$$E_t f_{t+1} = E_t \left[\left(\frac{q_t k_{t+1}}{n_{t+1}} \right)^u \frac{R_{H,t}}{\Pi_{t+1}} \right] \tag{10.19}$$

令企业的生存概率为 υ,企业的净资本价值可由下式表示:

$$n_{t+1} = \upsilon v_t + (1-v) z_t \tag{10.20}$$

$$\upsilon_t = [f_t q_{t-1} k_t - E_{t-1} f_t (q_{t-1} k_t - n_t)] \tag{10.21}$$

式(10.21)中,υ_t 代表 t 时期下,存续企业的净值;z_t 是相应的新入企业从 $t-1$ 期破产企业中得到的转移支付。

3. 资本品生产部门

获取资金后,企业将从资本生产商手中购买资本。令资本品生产商使用 CES 型技术将本国与外国投资产品转化为资本 i_t:

$$i_t = [\gamma_H^{\frac{1}{\eta}} i_{H,t}^{\frac{\eta-1}{\eta}} + (1-\gamma_H)^{\frac{1}{\eta}} i_{F,t}^{\frac{\eta-1}{\eta}}]^{\frac{\eta}{\eta-1}} \tag{10.22}$$

式(10.22)中,γ_H 代表资本生产部门对本国投入品的偏好。同理,资本生产部门也按照最小化成本原则行事,于是一单位资本品的最小成本可表示为:

$$p_{I,t} = [\gamma_H p_{H,t}^{1-\eta} + (1-\gamma_H) p_{F,t}^{1-\eta}]^{\frac{1}{1-\eta}} \tag{10.23}$$

本国投资品和外国投资品的投入水平分别为:

$$i_{H,t} = \gamma_H \left(\frac{p_{H,t}}{p_{I,t}} \right)^{-\eta} i_t \tag{10.24}$$

$$i_{F,t} = (1-\gamma_H) \left(\frac{p_{F,t}}{p_{I,t}} \right)^{-\eta} i_t \tag{10.25}$$

资本生产商的最优化问题可由式(10.26)描述:

$$\max_{i_t} E_t \left[\zeta_t q_t i_t - \frac{P_{I,t}}{P_t} i_t - \frac{P_{I,t}}{P_t} \frac{\chi}{2} \left(\frac{i_t}{k_t} - \delta \right)^2 k_t \right] \tag{10.26}$$

式(10.26)的最后一项度量了资本品生产商的调整成本,参数 χ 是单位调整成本,q_t 是相应的资产价格,ζ_t 是一个冲击变量,其变动服从 AR(1)过程,它代表着资本质量冲击,即金融冲击。资本品生产商将在上式所述的目

标函数下选择投资品的使用量,相应的一阶条件可表述为:

$$E_t\left[\zeta_t q_t - \frac{P_{I,t}}{P_t} - \frac{P_{I,t}}{P_t}\chi\left(\frac{i_t}{k_t}-\delta\right)\right]=0 \qquad (10.27)$$

式(10.27)中,δ 代表折旧率,资本运动方程由式(10.28)所示:

$$k_{t+1}=\kappa_t i_t+(1-\delta)k_t \qquad (10.28)$$

式(10.28)中,κ_t 代表着投资冲击,其变化遵循对数 AR(1)过程。

4. 产品生产部门

产品生产部门中,假设中间品存在差异,于是最终品生产商在购买中间商品时要根据交易方的差异而交付不同的价格 $p_{i,H,t}$,进而购买中间产品 $y_{i,t}$,随后以 CES 型函数将有差异的中间品加工成无差异的最终品 y_t:

$$y_t = (\int y_{i,t}^{\frac{\varepsilon_c-1}{\varepsilon_c}} di)^{\frac{\varepsilon_c}{\varepsilon_c-1}} \qquad (10.29)$$

生产部门根据利润最大化原则行事,于是其对中间品 $y_{i,t}$ 的需求可表示如下:

$$y_{i,t}=y_t\left(\frac{p_{H,t}}{p_{i,H,t}}\right)^{\varepsilon_c} \qquad (10.30)$$

将 $y_{i,t}$ 的表达式代入 y_t,即可得到最终品定价方程:

$$p_{H,t} = (\int p_{i,H,t}^{1-\varepsilon_c} di)^{\frac{1}{1-\varepsilon_c}} \qquad (10.31)$$

假设中间品生产商 i 生产中间品 $y_{i,t}$ 所需要的劳动投入是 $l_{i,t}$,所需要的资本为 $k_{i,t}$,那么基于 C-D 生产函数,它的生产过程可表示为:

$$y_{i,t}=k_{i,t}^{\alpha}(A_t l_{i,t})^{1-\alpha} \qquad (10.32)$$

由于中间品存在差异,这意味着中间品生产商具有垄断势力。那么,它将根据成本最小化原则行事:

$$\frac{k_{i,t}}{l_{i,t}}=\frac{\alpha}{1-\alpha}\frac{w_t}{r_{k,t}} \qquad (10.33)$$

式(10.33)中,α 代表着资本对产出的贡献,根据 C-D 生产函数求导可得中间品边际成本为:

$$mc_{i,t}=\left(\frac{1}{1-\alpha}\right)^{1-\alpha}\left(\frac{1}{\alpha}\right)^{\alpha}\frac{w_t^{1-\alpha}r_{k,t}^{\alpha}}{A_t^{1-\alpha}} \qquad (10.34)$$

对于具有垄断势力的中间厂商，它们选择价格 $p_{i,H,t+s}$ 以实现最大化利润，对于中间厂商 i，它的利润最大化问题可由下式描述：

$$\max E_t \sum_{s=0}^{+\infty} \beta^s \frac{\lambda_{t+s}}{\lambda_t} \left(\frac{p_{i,H,t+s}}{p_{t+s}} y_{i,t+s} - mc_{i,t+s} y_{i,t+s} - \frac{p_{i,H,t+s}}{p_{t+s}} AC_{i,t+s}^p \right)$$

$$\text{s.t.} \quad y_{i,t} = y_t \left(\frac{p_{H,t}}{p_{i,H,t}} \right)^{\varepsilon_c}, \quad AC_{i,t}^p = \frac{\varphi_p}{2} \left(\frac{p_{i,H,t}}{p_{i,H,t-1}} - \Pi_H \right)^2 y_{i,t}$$

$$(10.35)$$

联立上述条件求解，得到的一阶条件如下：

$$(1-\varepsilon_c) + \varepsilon_c mc_t \frac{p_t}{p_{H,t}} - \frac{\varphi_p}{2}(1-\varepsilon_c)(\pi_{H,t} - \pi_H)^2 - \varphi_p \pi_{H,t}(\pi_{H,t} - \pi_H)$$

$$+ \beta \varphi_p E_t \frac{\lambda_{t+1}}{\lambda_t} \frac{y_{t+1}}{y_t} \pi_{H,t+1}^2 (\pi_{H,t+1} - \pi_H) \frac{1}{\pi_{t+1}} = 0 \qquad (10.36)$$

这里 $\pi_{H,t+1} = \dfrac{p_{H,t+1}}{p_{H,t}}$，$\pi_{t+1} = \dfrac{p_{t+1}}{p_t}$。

5. 出口

出口取决于产品在国内外的相对价格，即 $EX_t = EX_{t-1}^{\tau_e} \left(\dfrac{p_{H,t}}{p_{F,t}} \right)^{-\tau_H} \zeta_{t,e}$，这里 τ_e 是本期出口相对于上期出口的弹性，τ_H 是国内产品的价格弹性系数，$\zeta_{t,e}$ 是直接作用于出口额上的外生冲击，其变化遵循对数 AR(1)过程。

6. 政府部门

政府在每期期初制定预算，政府的当期收入来源有三项，分别是劳动税、资本税和出售政府债券的收入；政府当期支出有两项：一是偿付前期债券所付出的本息，二是为本期政府购买提供资金。因此，政府预算约束为：

$$b_{HH,t} + (w_t l_t \tau_{l,t} + r_{k,t} k_t \tau_{k,t}) = b_{HH,t-1} \frac{R_{H,t-1}}{\Pi_t} + \frac{P_{H,t} G_t^g}{P_t} \qquad (10.37)$$

这里 $G_t^g = g_t y_t$，G_t^g 代表当期政府支出，g_t 是一个比例系数，代表当期政府支出占总产出的比重，由于该系数也比较稳定，所以假定其变动服从 AR(1)过程。

货币政策方面，采用泰勒规则刻画中央银行的货币调整：

$$\frac{R_{H,t}}{R} = \left(\frac{R_{H,t-1}}{R} \right)^{\rho_R} \left(\frac{\pi_t}{\pi} \right)^{\rho_\pi} \left(\frac{y_t}{y} \right)^{\rho_y} \exp(\varepsilon_t^R) \qquad (10.38)$$

结合中国汇率主要盯住美元的事实，假设政府汇率目标是维持固定汇率，即：

$$e_t = e_{t-1} = e \tag{10.39}$$

国内市场的出清条件为：

$$EX_t + c_{H,t} + i_{H,t} + G_t^g + \frac{\varphi_p}{2}(\Pi_{H,t} - \Pi_H)^2 y_t$$

$$+ \frac{\varphi_w}{2}\left(\frac{w_t}{w_{t-1}} - g_A\right)^2 y_t + \frac{\varphi_b}{2}(b_{HH,t} - \bar{b})^2 \alpha_H \left(\frac{P_{H,t}}{P_t}\right)^{-\rho} \tag{10.40}$$

$$+ \frac{\chi}{2}\left(\frac{i_t}{k_t} - \delta\right)^2 k_t \gamma_H \left(\frac{P_{H,t}}{P_{I,t}}\right)^{-\eta} = k_t^\alpha (A_t l_t)^{1-\alpha} = y_t$$

式(10.40)的最左端代表着国内总需求部分。分别按照国民收入核算恒等式列示，包括出口、消费和国内投资、经价格和工资调整后的产出以及政府债券购买。除技术变量冲击带有漂移外，其他的冲击变量均遵循对数AR(1)过程，例如投资冲击 d_t，它的变动过程如式(10.41)所示：

$$\ln d_t = \rho_d \ln d_{t-1} + \varepsilon_{d,t} \tag{10.41}$$

这里 ρ_d 是自回归系数，$\varepsilon_{d,t} \sim i.i.d.N(0, \sigma_d^2)$，$\sigma_d$ 是相应的冲击标准差。

10.3　数据选取、处理与 DSGE 系统参数估计

10.3.1　数据选取和处理

本章选取实际产出（GDP）、居民消费价格指数 CPI 同比增长率，固定资产投资完成额以及 7 天期银行间同业拆借利率作为观测变量，数据来源于中经网统计数据库。由于本章旨在考察经济由高速向中高速转变的内在机理，故我们将分别选取 2001 年 1 季度～2010 年 4 季度和 2011 年 1 季度～2020 年 4 季度作为样本，从而进行对比研究。数据处理过程如下：(1)采取 7 天期银行间同业拆借利率的月度交易量数据作为权重，根据算数加权平均获取利率变量的季度值；(2)使用每个季度内 CPI-100 的几何平均值计算通货膨胀率；(3)考虑所使用的数据中存在名义数据，本章利用 GDP 平减指数平减投资和名义 GDP 数据，随后利用 X-12 季节调整去除季节成分，最后根据研究需要计算相应的缺口值。

10.3.2　模型估计

本章使用贝叶斯估计计算 DSGE 系统稳态和各变量的脉冲响应函数，相

应的后验分布由 M-H 算法得到。首先,将系统转换成状态空间形式:

$$s_{t+1}=As_t+B\epsilon_t \tag{10.42}$$

$$y_t=Cs_t \tag{10.43}$$

式(10.42)是系统的状态方程,式(10.43)是量测方程,s_t 是不可观测的状态变量,y_t 是可观测变量,A、B、C 则是相应的结构化矩阵系数。ϵ_t 是满足 0 均值且序列不相关的独立白噪声,即有:$E\epsilon_t=0$, $E\epsilon_t\epsilon_t'=diag\{\sigma_{gA}^2,\ \sigma_d^2,\ \sigma_\kappa^2,$ $\sigma_g^2,\ \sigma_{\zeta e}^2,\ \sigma_{\epsilon R}^2,\ \sigma_\zeta^2\}$, $E\epsilon_i\epsilon_j=0$, $i\neq j$。在此,为考察投资衰减、技术冲击、人口红利、经济政策和金融波动等假说对中国经济增速换挡的贡献,本章引入了 7 个结构冲击变量,分别是偏好冲击 ϵ_t^d、投资冲击 ϵ_t^κ、技术冲击 ϵ_t^{gA}、财政冲击 ϵ_t^g、货币冲击 ϵ_t^R、金融冲击 ϵ_t^ζ 与贸易冲击 $\epsilon_t^{\zeta e}$。最后,在具体计算过程中,实际代入数据已处理成稳态偏离形式,因此直接代入处理后的数据就可以与模型对应。这里,A 代表经状态空间转化后的结构化模型,θ_A 是相应的结构化参数,Y_t 是观测值。根据似然函数和先验分布,我们可以计算后验分布 $p(\theta_A|T_t,A)\propto p(Y_t|\theta_A,A)p(\theta_A|A)$。

10.3.3　校准与两区间参数估计

为使模型估计尽可能反映中国经济现实,我们首先要对一些取值较为确定的参数进行校准(见表 10-1)。家庭部门,参照刘金全和刘子玉(2019)的做法,折现率 β 取 0.99,消费惯性系数 b_h 取 0.75,消费风险厌恶系数 ω 取 0.5,闲暇效用比 ψ 取 1.315,劳动供给弹性倒数 υ 取 1.3。中间品生产部门方面,参考刘达禹等(2020)的做法,生产函数中的资本份额占比 α 取 0.36,中间产品替代弹性 ϵ_c 和劳动替代弹性 ϵ_w 取 21。考虑到中国劳动供给的特殊性和中间品市场的垄断性,劳动定价调整成本 φ_w 取 40,中间品定价调整成本 φ_p 取 230,劳动税税率 τ_l 取 0.15,债券调整本成本 φ_b 取 0.001,国外债券价格对外部利率的影响系数 φ_r 取 0.001。金融摩擦方面,参照克里斯滕森和迪布(Christensen & Dib,2008)的做法,资本折旧率取 δ 取 0.025,企业存活率 υ 取 0.94,资本税税率 τ_k 取 0.25。考虑到中国在 2010 年后逐步以国内大循环为主体,本国商品偏好 α_H 取 0.95,而资本品端,由于中国大量技术性资本存有引进依赖,故资本品生产商对本国资本品的偏好系数 γ_H 取 0.4,投资品替代弹性 η 和消费品替代弹性 ρ 取 1,出口跨期弹性 τ_e 和出口价格弹性 τ_H 分别取 0.59 和 1(Gertler *et al.*,2007)。

最后对于政府部门的一些参数,由于这些参数的均值可以通过计算获取,故本章采取计算的方式予以赋值,考虑到两段时期内的增长状态差异较大,故对两段时期内政府部门参数进行分段计算赋值(第一段为 2001 年 1 季度～2010 年 4 季度;第二段为 2011 年 1 季度～2020 年 4 季度)。稳态之下,政府支出占 GDP 的比重为 $\bar{g}$,对两段期间内,每年政府支出占比进行加权平均计算,我们为第一段内的 $\bar{g}_1$ 赋值 0.23,为第二段内的 $\bar{g}_2$ 赋值 0.15;根据相同方法,为两段区间内进出口占比 $\overline{ie}/\bar{y}$ 分别赋值 0.52 和 0.35,为消费占比 $\bar{c}/\bar{y}$ 分别赋值 0.49 和 0.54。

表 10-1　参数校准

参数	经济意义	赋值	参数	经济意义	赋值
β	折现率	0.99	b_h	消费惯性系数	0.75
ω	消费风险厌恶系数	0.5	ψ	闲暇效用比	1.315
υ	劳动供给弹性倒数	1.3	α	资本份额占比	0.36
ε_c	中间品替代弹性	21	ε_w	劳动替代弹性	21
φ_w	劳动定价调整成本	40	φ_p	中间品定价调整成本	230
τ_l	劳动税率	0.15	φ_b	债券调整成本	0.001
φ_r	国外债券价格对外部利率的影响系数	0.001	υ	企业存活率	0.94
τ_k	资本税率	0.25	α_H	本国商品偏好	0.95
γ_H	本国资本品偏好	0.4	η	投资品替代弹性	1
ρ	消费品替代弹性	1	τ_e	出口跨期弹性	0.59
τ_H	出口价格弹性	1	δ	资本折旧率	0.025
$\bar{g}_1$	前期稳态政府支出占比	0.23	$\bar{g}_2$	前期稳态政府支出占比	0.15
$\overline{ie}_1/\bar{y}_1$	前期稳态进出口占比	0.52	$\overline{ie}_2/\bar{y}_2$	后期稳态进出口占比	0.35
$\bar{c}_1/\bar{y}_1$	前期稳态消费占比	0.49	$\bar{c}_2/\bar{y}_2$	后期稳态消费占比	0.54

为进一步对比技术、投资、人口红利和贸易、金融波动等要素对中国经济周期波动的贡献,进而明确中国经济增长出现区位下移的根本原因,本章分两段样本对一些重要参数进行了估计,其结果如表 10-2 所示。

表 10-2　重要参数的两区间估计

参数	经济含义	先验分布	2001～2010	2011～2020
μ	风险溢价杠杆弹性	$B(0.3, 0.1)$	0.154 8	0.608 4
χ	投资调整成本	$\Gamma(4, 1)$	1.475 3	3.586 1
g_A	技术进步率	$N(0.02, 0.003)$	0.024 8	0.023 9
ρ_π	货币政策通胀反应系数	$N(1.3, 0.25)$	1.425 3	0.895 1
ρ_y	货币政策产出反应系数	$N(0.2, 0.25)$	0.124 5	0.343 2
ρ_R	利率平滑系数	$B(0.6, 0.2)$	0.661 2	0.787 1
ρ_{g_A}	技术冲击自回归系数	$B(0.6, 0.2)$	0.761 5	0.812 4
ρ_κ	投资冲击自回归系数	$B(0.6, 0.2)$	0.457 3	0.756 6
ρ_d	偏好冲击自回归系数	$B(0.6, 0.2)$	0.273 1	0.458 4
ρ_ζ	金融冲击自回归系数	$B(0.6, 0.2)$	0.253 8	0.781 1
ρ_{ζ_e}	外贸冲击自回归系数	$B(0.6, 0.2)$	0.644 8	0.715 6
ρ_g	政府支出冲击自回归系数	$B(0.6, 0.2)$	0.646 1	0.657 1

续表

参数	经济含义	先验分布	2001～2010	2011～2020
ρ_R	货币政策冲击自回归系数	$B(0.6, 0.2)$	0.545 1	0.506 3
$\sigma_{\varepsilon A}$	技术冲击标准差	$\Gamma^{-1}(0.1, 1)$	0.024 8	0.026 7
σ_κ	投资冲击标准差	$\Gamma^{-1}(0.1, 1)$	0.084 7	0.075 1
σ_d	偏好冲击标准差	$\Gamma^{-1}(0.1, 1)$	0.019 8	0.012 4
σ_ζ	金融冲击标准差	$\Gamma^{-1}(0.1, 1)$	0.023 4	0.049 2
σ_{ζ_e}	外贸冲击标准差	$\Gamma^{-1}(0.1, 1)$	0.035 7	0.030 1
σ_g	政府支出冲击标准差	$\Gamma^{-1}(0.1, 1)$	0.086 6	0.051 2
$\sigma_{\varepsilon R}$	货币政策冲击标准差	$\Gamma^{-1}(0.1, 1)$	0.041 5	0.057 4

从表 10-2 中可以清晰地发现如下几个重要的现象。(1)参数 μ,即风险溢价杠杆弹性,它在样本后段大幅度上升,该变量前期取值 0.154 8,后期取值 0.608 4,提升将近 3 倍。这充分说明,随着中国金融市场的不断完善和利率市场化改革的不断推进,风险溢价对杠杆率的敏感性大幅度上升,这意味着中国资本市场的市场化程度有了实质性提高,同时也很可能表明,金融波动在样本后期对经济波动的贡献要大幅胜于以往。(2)投资调整成本系数 χ 同样在样本后段出现了系统性上升,由 1.475 3 上升至 3.586 1,这意味着投资的转换成本进一步加剧。该现象的出现是由两方面原因造成的:一是重置成本较高,1998 年房改后,市场化的土地政策使得房价地价大幅跃升,而中国的绝大多数投资都与基础设施建设以及房产、地产相关,土地价格飙升使得重置成本高企,进而使大量企业陷入难以转型的困境;二是杠杆率高企,随着金融资产的快速扩张,中国企业和地方政府杠杆率高企,债台高筑使得企业必须被迫维持现有的生产经营状态,而地方政府也不得不继续当下的债务—投资循环,不敢轻易转向前期回报率较低的新项目,而原有项目受边际效率递减规律约束,现金流不断缩小,进而使企业和地方政府陷入"债务通货紧缩螺旋",由此可见,投资端的低效率和被迫惯性也是经济增长率出现系统性下移的重要诱因。(3)再来看一些政策系数,货币政策对通货膨胀的反应系数 ρ_π 在前后两期内的取值分别为 1.425 3 和 0.895 1,对产出缺口的反应系数 ρ_y 在前后两期内的取值分别为 0.124 5 和 0.343 2,这表明在经济高速增长区间,货币政策的核心职能在于盯住通货膨胀,而自经济进入中高速阶段以来,其调控重点开始向产出缺口倾斜。以上重要参数变化表明,在增长区间和经济新常态阶段,金融端、投资端和经济政策端均发生了系统性变化,它们很可能是中国经济出现区位下移的主导因素。如此来看,中国经济增速在新常态下出现的系统性下移绝非单一因素所致,这是一种复杂的综合经济现象。

10.4 中国经济周期区位下移的机理识别

10.4.1 分样本脉冲分析

图 10-1 给出了增长区间和新常态时期下,各种核心经济冲击的脉冲响应状况。其中前 7 幅子图分别刻画了增长区间(2001 年 1 季度～2020 年 4 季度)与新常态时期下,偏好冲击、货币冲击、政府支出冲击、出口冲击、金融冲击、投资冲击和技术冲击对实际产出的影响差异,需要说明的是,由于引入的实际产出数据为对数偏离形式,本书在第 2 章近似证明过这种缺口与增长率具有学理同源性,因此更准确地来说,应该把这种冲击理解为增长率冲击。第 8 幅子图刻画了在新常态时期下,各类冲击对经济增速的影响差异,它有助于我们识别新常态下的核心冲击要素。最后一幅子图分别给出了前 7 幅子图和第 8 幅子图中各个脉冲响应曲线的基本经济释义。在此,我们从冲击强度、冲击持续时间和前后期内冲击作用机理的变化三个角度对脉冲响应函数进行分析。

首先,在冲击强度方面,观察图 10-1 中的前 7 个子图不难发现,分别以 0.1 和 0.01 为限,可以把最大冲击强度划分成三组:第一组是弱冲击组,它们对经济增速的最大冲击强度均小于 0.01,也就是说几乎不会对经济增长率产

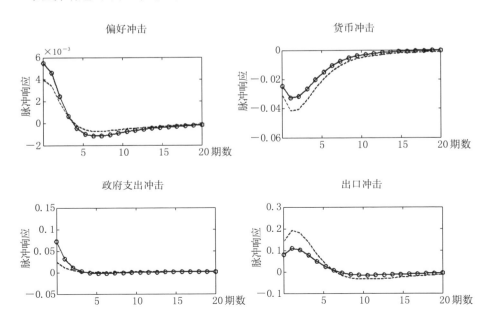

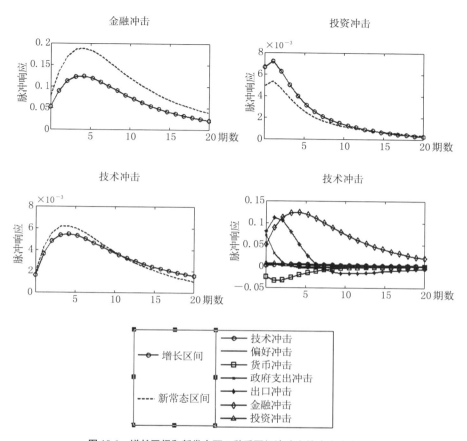

图 10-1　增长区间和新常态下 7 种重要经济冲击的脉冲响应对比

生过多影响,这一组中的变量包括偏好冲击、投资冲击和技术冲击;第二组是中等冲击强度组,包括政府支出和货币冲击,考虑到它们两个都是经济政策,因此可以说经济政策对经济增长率具有一定影响,但暂未处于绝对主导地位;第三组是强势影响组,包括出口冲击和金融冲击,它们的最强作用力度都超过了 0.1,可以说能够显著影响经济增长。结合一些事实来看,这些结果也不乏道理。偏好、投资和技术对经济增长影响较弱的原因在于,我们研究的是各种冲击对稳态偏离的影响,偏好方面由于中国的最终消费率始终低于全球前沿水平,并且中国具有大规模的中等收入和低收入群体,这从根本上决定着中国存在着一定的消费刚性特征,偏好的微弱改变尚不足以撼动当下的经济增长模式,况且偏好所能影响的增长体量亦相对有限。

投资方面,投资冲击的最大影响在 0.008 个基点,尽管低于 0.1 但并非影响极弱,它的影响要大于偏好和技术变化,这与经验判断一致,表明模型的估计具有合意性。这并不是说投资对增长的影响极弱,而是这种衰减是一个相对缓慢的过程。我们可以把长期的投资衰减理解为持续性的投资紧缩冲击，因此它是经济增长持续缓慢下行的原因，但不会引发经济增长的迅速衰退和断崖式下移。技术方面，技术的改变并非瞬时发生的，中国经济在过去几十年间一直都在依赖低垂技术果实增长，然而低垂技术果实终究是有限的，这也意味着中国的边际技术吸收始终呈下降态势，但由于技术转换的周期极长，因此这种冲击对实际经济行为的影响更加微弱，并不会在 5～10 年间令经济增速出现系统性下移。

再来看中等强度组，它们主要由财政政策和货币政策构成，二者对经济增速的影响分别在 0.06 和 0.04 个基点，这说明当下积极财政政策的影响要强于稳健货币政策的影响。同时这也表明，中国的经济政策调控开始出现了总量层面上的制约。

最后，来观察两个强势冲击组的变化，出口冲击和金融冲击的最大强度均在 0.2 左右，二者均是经济增长率的强势撬动者，这说明在过去的二十年间，出口导向型经济增长和金融拉动型经济增长是经济增长的核心原动力。结合 2015 年后频繁出现的贸易摩擦和资金"脱实向虚"等现象来看，它们无疑是经济增长率出现系统性下移的核心动因。

进一步对比各类脉冲响应的收敛期不难发现，偏好、政府支出与出口冲击对产出的影响在 10 期内基本都会收敛，说明这些冲击不会产生持续影响，而投资、技术、货币和金融冲击均会对实际产出产生长期影响。这一结果说明，中美贸易摩擦等短期事件主要是对中国即期产出产生影响，而决定中国经济增长长期走势的仍是投资效率、技术更迭以及整个金融系统的稳定性等内生因素。

从冲击作用机理的变化来看，相关冲击仍可以被划分为三组。第一组是未发生机制改变组，主要由偏好冲击、货币冲击和技术冲击构成，其中最值得关注的是货币冲击，尽管目前货币政策已进入微波化调整阶段，但是这并不意味着货币失灵。相反，得益于新常态下中国广义货币增速已降至合理区间，货币政策的边际效率反而出现了微弱提升。第二组是效率显著提升组，包括出口冲击和金融冲击，金融冲击和出口冲击增强与近年来中国资产价格巨幅震荡和中美贸易摩擦等事件高度耦合，表明这些重大事件的爆发的确是引发中国经济波动的主导诱因。第三组是效率下降组，包括投资和财政支出冲击，均出现了一定程度上的效率下降，这也与经验判断一致，产生这一现象的主要原因在于，新常态下随着去产能、去杠杆的持续推进，投资调整成本出现了系统性上升，而这些大规模投资多数与财政支出密不可分，二者本就是相伴而生。

10.5　本章小结

本章构建了一个能尽可能刻画中国事实的大型 DSGE 系统,利用脉冲响应函数等工具全面剖析了中国在过去 20 年间两段典型增长状态的成因,主要得出如下研究结论。

首先,就增长区间内高增长的形成机理来看,2001～2010 年间,中国高速经济增长的核心贡献者主要是出口拉动型经济增长。此外,得益于积极的财政政策和宽松的货币政策,即便是经济增速出现微弱下滑,强势的逆周期调控也能使经济迅速摆脱衰退的泥淖。但需注意的是,这种增长模式的形成需要诸多条件:一是一国经济体要具有低成本生产优势,同时能够参与到全球价值链当中,从而享受出口红利;二是该经济体的初始经济体量要尽可能地小,从而确保经济政策可以大幅度扩张,并利用高增长回馈填补政策大幅扩张遗留的问题,形成正反馈式的加速螺旋。这一发现不仅较好地总结了中国能在 21 世纪最初十年实现长期高速增长的内在动因,同时也为后发大国经济体复刻中国模式提供了重要的条件规划和历史镜鉴。

其次,就新常态下中国经济增长的动力机制转变来看,出口导向型增长的作用大幅度削弱,取而代之的是金融波动的贡献。随着中国人均财富水平的不断累积,金融对经济增长的长期支持作用越发凸显,合理引导资金脱虚向实,是长期内确保中高速增长的核心要务。经济政策方面,得益于财政政策精准发力,财政政策在现代宏观治理体系中的作用不断强化和凸显,对经济增长起到了重要的支持作用。鉴于不利的出口冲击和金融冲击的影响已渐趋消散,中国经济基本面已初具稳中向好发展的条件基础。

最后,从一些积极的变化来看,自 2020 年伊始,尽管疫情等外生不利冲击使中国经济增长陷入泥淖,但是这些不利因素的集中爆发也给中国经济增长带来了许多新契机和新动力。其中,最为积极的变化体现在技术和金融方面,得益于数字经济和 5G 技术的快速发展,中国的线上办公体系逐渐成熟,这为国家节约了大量的办公成本,同时又大幅度提高了办公效率,这是国家技术进步转型和加速的重要信号,亦是未来经济增长的重要支持。金融方面,得益于"三去一降一补"等降杠杆政策的持续深化,金融波动对产出的不利影响已逐渐消散,目前金融开始体现出支持实体经济增长的职能,这是一个重要且积极的信号。从未来中国经济发展的长线逻辑来看,经济仍具有稳中向好发展的基本条件。但这需要两方面支持:一是要牢牢把握住技术转型新契机,这是实现长期稳中向好发展的基础;二是要妥善激发私人投资活力,令投资与技术增长相匹配,从而以此为起点,破旧立新,铸就中国新一轮中高速下的经济"大缓和"。

第11章　中国经济增长长期趋势变动的成因分解

在系统地明确了新常态下中国经济增长发生区位下移的内生机理后,还有一个重要的问题摆在我们的面前,即新冠疫情暴发后,中国经济增长正面临前所未有的趋势性下移压力。为此,本章拟提出和解决的几个核心问题是:(1)当下中国经济增长长期趋势处于何种水平?(2)什么因素主导了中国经济增长的趋势下行?(3)要想抑制经济增长趋势下行要从何入手?对这一系列问题的回答不仅能够使我们明晰当下经济增长发生不规则变化的内在动因,同时也有利于我们判断和把握未来经济增长的长期走势。

11.1　关于中国经济增长趋势下移的思考

新冠疫情暴发以来,中国经济增长率的中高速运行态势遭到根本性破坏,开始进入极不规则的运行阶段。疫情暴发当季,经济增长率发生断崖式下跌,由前期的5.8%迅速下跌至−6.9%,形成中国改革开放以来的首次负增长。而随着疫情逐渐得到控制,中国经济增速开始触底反弹。2020年2~4季度的经济增速稳步复苏,分别达到了3.1%、4.8%和6.4%。此外,受前期基数效应影响,2021年1季度GDP增速更是急速反弹至18.3%,即便是在2021年2季度,经济增长率依然高达7.9%。正当人们以为中国的经济增长将正式重回中高速乃至是高增长轨道时,经济增长率再度走出衰竭形态,2021年3季度,中国的实际GDP同比增长率暴跌至4.9%,此后,经济增长率几乎一路下跌,在2022年2季度甚至跌至0.4%,再度触及0线。上述事实表明:中国经济增长并未真正回到中高速轨道,甚至并没有摆脱衰退风险。那么,中国经济增长未来将向着何种方向演化便成了一个亟待阐释的问题。若想回答这一问题,准确地测度中国经济增长的长期趋势至关重要。

事实上,精准地测算经济增长长期趋势只是理解和预判未来中国经济增长走势的第一步,若想真正地明晰中国经济增长长期趋势变动的内在机理,我们还需要从要素贡献的角度进行阐释和分析。这也是理解经济增长缘何发生趋势变动的根本所在。若是从要素的角度来判断,主流观点主要有三:第一,投资衰减论(Dinlersoz & Fu, 2022),这类研究的观点与第10章内的观点相近,认为改革开放后的30年间,由基础设施建设匮乏引致的投资扩张是中国经济实现长期高速增长的根本原因,然而,由于基础设施使用周期较长,不可能在短期内大规模重置,因此,2010年后,投资规模和投资效率均发生大幅度下降,从而也使得经济增速下降至中高速水平。第二,人口红利衰减论,持这一观点的研究主要有奥托等(Autor et al., 2013)以及海塞尔和奥萨(Hsieh & Ossa, 2016)等,他们强调改革开放以来,由于中国经济总体水平和人均水平均相对较低,这使得中国享有了大规模人口红利,较低的劳动力成本是中国能够长期维持高速经济增长的本质原因,而在2010年后中国人均收入水平已经正式超过世界上中等收入门槛,这意味着相比于越南、缅甸、印度等新兴发展中国家,中国的人口红利优势已不复存在,同时这也从根本上决定着中国经济增速开始出现系统性下移。第三,技术衰退论,这类研究主要是从技术进步速度减缓的角度来阐释中国经济增速的趋势性换挡(Liu & Xia, 2018; Shi et al., 2022),其核心观点是:中国以往的高速增长高度依赖于技术引进,但随着技术水平的不断提高,现阶段低垂技术果实已基本消耗殆尽,中国将不得不步入自主研发型技术创新阶段,然而,自主创新型技术增长十分缓慢,同时新技术又很难与陈旧的资本要素相匹配,因此,技术增长率以及全要素增长率的下降则是产出增速下降的主导诱因。诚然,上述观点能够较好地阐释中国经济缘何从高速降低至中高速。但遗憾的是,这些研究并没有将资本投资、人口红利和技术进步放置于统一框架下进行研究,同时也未能说明上述三种要素到底谁对中国经济增长趋势变动的贡献最大。

然而,要想回答上述问题并不容易。这会对现有的实证研究技术提出极高要求。第一,在测度经济增长趋势时,由于我们需要实时刻画增长长期趋势的改变,这意味着所使用的模型必须要有时变特征,同时蒋或等(Jiang et al., 2017)、安托林-迪亚兹等(Antolin-Diaz et al., 2017)以及切尔尼斯等(Chernis et al., 2020)经过大量实证测算发现,在预测经济增长长期趋势时,一些低频数据和宏观实时调研数据均会在极大程度上提高预测精度。但考虑到宏观实时调研数据通常有两个固有特征:一是数据统计起步较晚,二是频率较高,这意味着预测模型中必须要纳入非齐头混频数据。第二,在对经济增长趋势变动的成因进行深入分析时,我们不应该仅考虑劳动、资本和技术的贡献变动,至少从现有研究的结论来看,这并不准确,中国在一定程度上存在着技术—资本匹配错位,即由技术更迭而引发的资本利用率下降问题(Liu & Xia,2018;Shi *et al.*,2022),因此分解过程中应该充分考虑这一因素的影响,而这也对生产函数的分解、实证数据的匹配,以及计量模型估计的精准性提出了更高要求。当然,这也是本章有别于以往研究的主要贡献。

11.2　经济增长长期趋势测算的演进历程

有关经济增长长期趋势的研究有两条发展脉络:一是不断更新和改进经济增长长期趋势的测算方法,如各类滤波技术和因子模型等;二是阐释经济增长趋势变动的成因,如技术更迭论、投资衰退论等。下面本节将对相关研究进行简要回顾。

11.2.1　经济增长长期趋势估算方法的发展脉络

关于经济增长长期趋势的测算,最常用也是最简便的技术就是滤波技术,包括 H-P 滤波、B-K 滤波、C-F 滤波等(Hodrick & Prescott,1997;Baxter & King,1999;Christiano & Fitzgerald,2003)。这些滤波技术因操作简便而得到了广泛应用,但是它们同样存在着较大弊端,即进行趋势成分与周期成分分离时需要设定大量的参数,而这些参数的设定将对趋势和周期成分的测算产生极大影响,导致估计结果过于主观。王俏茹等(2019)试图从经验数据上比较 H-P 滤波中参数 λ 设定差异的影响,结果发现当使用中国数据进行验证时,这两种参数设定计算出的经济增长长期趋势相差高达 2 个百分点以上。B-K 滤波和 C-F 滤波层面,它们从频域的角度对趋势成分进行计算,进而在一定程度上改善了 H-P 滤波的弊端。但这类带通滤波也存在着一些缺陷:(1)带通滤波的本质是不同频率的谱叠加,因此数据样本越长,能包含的长周期要素就越多,相应的趋势测算也就越准确,但在现实中,无论是哪个国家的时间序列数据,都无法构成长样本,这使得该方法的测量误差通常较大,特别是当更换样本起始点后,样本起点的测量偏差通常难以容忍(Christiano & Fitzgerald,2003);(2)当把原始数据分解成多层谱函数后,将何种频率的成分归为周期,将何种频率的成分归为趋势需主观选择,这也会在极大程度上影响趋势估计的客观性(郑挺国和王霞,2013)。

考虑到传统滤波预测功能较差,无法实时修正长期趋势的估计结果,哈维(Harvey,1989)、莫利等(Morley *et al.*,2003)在 B-N 分解的基础上进一步提出了以 UC-Kalman 模型为代表的时域分析方法。这类方法的估计原理是逐期更新历史信息从而进行最优预测。它的优势在于永远根据最新信息来进行预测,因此比较容易捕捉趋势的变化,但它的问题在于,整个过程的测算精准性高度依赖于初值设定,此外,当面临突发事件时,历史信息往往无效,因此卡尔曼滤波(Kalman filtering)的远期预测功能也相对较差(Claus,2003)。

最后一类常用的趋势估计方法是动态因子模型。此类方法的核心优势有三:(1)在计算过程中能够吸取经济增长率以外的其他宏观变量信息,为趋势估算提供更多的基础数据支持;(2)能够使用混频数据,从而在极大幅度上提高短期预测精度(Chernis et al.,2020);(3)测算的经济增长长期趋势具有更好的稳定性(Jarocinski & Lenza,2018)。郑挺国和王霞(2013)、叶光(2015)均采用不同类型的动态因子模型测算过中国经济增长的长期趋势,结果显示,尽管两个研究采用的测算方法不同,但是偏差极小,这说明动态因子模型具有极高的计量精度。然而,以往的动态因子模型也存在一些设定不足,主要体现在:(1)存在均值不变假设;(2)大幅简化新息冲击(Marcellino et al.,2016)。事实上,近年来,中国经济增长率正在发生深刻变化,将均值设为不变明显失之偏颇,若想准确刻画经济增长率的变化,不仅应该令均值服从时变过程,同时还应该对近期数据赋予更高的权重。这也是本章要着力改进的地方。

11.2.2　经济增长长期趋势变动机理的相关假说

现有研究对中国经济增长的趋势下行展开过大量探讨,并主要形成如下三种理论观点:投资衰减论、人口红利衰减论以及技术衰退论。

投资衰减论的主要观点是:中国在改革开放初期时总资本存量极低,因此需要进行大规模基础设施扩建,这势必会使经济增速迅速提升。然而,由于基础设施具有较长的使用年限,不可能在短期内重置,因此,当首轮基础设施建设基本完成后,中国也必将会陷入经济增速换挡期(Backhouse & Boianovsky,2016)。大量实证研究亦佐证了这一观点,费伯(Faber,2014)对中国基础设施投资增速与 GDP 增长率的关系进行实证检验,研究发现基础设施投资规模收缩使得中国实际 GDP 增长率下降了 2~3 个百分点,它是令中国经济增速降至中高速区间的重要原因。鞠等(Ju et al.,2015)深入区域视角构建了面板模型对上述关系加以检验,同样得出了相近结论,并且研究还发现基础设施投资规模存在着很大的区域差异,这令中国经济增长出现了区域分化现象。

人口红利衰减论的观点是:中国自 2010 年后已步入上中等收入阶段,

人力成本的稳步提升使得中国的低劳动力成本优势迅速减退,这将不可避免地导致经济增速放缓(Autor *et al.*,2013)。海塞尔和奥萨(Hsieh & Ossa,2016)测算了人口红利要素对中国经济增长的影响,研究表明在加入 WTO 后的十年间,人口红利对中国经济增长的贡献在 2% 左右,它是经济能够长期维持高增长的重要原因。莱克希纳和特诺夫斯基(Leukhina & Turnovsky,2016)进一步构建了 DSGE 模型对中国人口规模增速与经济增速的关系进行识别,结果同样发现劳动供给下降和劳动力成本上升会对中国经济增长产生抑制效应,并且劳动供给下降的影响要大于劳动力成本上升。

最后,技术衰退论认为,2010 年后中国的技术创新模式开始发生变革,中国正在由外资引进型技术进步向自主创新型技术进步转型。它会通过两种渠道引致经济增长长期趋势下行:(1)直接效应,即技术进步速率下降,这一点便于理解,因为自主研发存在较大的不确定性,并且有较高的试错成本,因此这种状态下的技术进步速率将明显低于引进型技术进步(Minetti & Peng,2018);(2)间接效应,即技术更新时新技术通常难以与陈旧资本相匹配,导致资本利用率和全要素生产率下降,并最终造成经济增速下降(Li & Lin,2018)。李新等(Li *et al.*,2022)基于多项时间序列方法对中国技术进步与经济增长间的关系进行检验,结果表明无论是从短期冲击还是长期均衡视角来看,技术创新始终与经济增速保持着紧密的同向变动关系,近年来技术周期更迭和技术进步速率下降更是直接主导了经济增速下行。考虑到技术周期较长,更迭较为缓慢,因此当前的中国经济增速下行将大概率是长期趋势变动。

总的来看,中国经济增长长期趋势的变动机理较为复杂,人口、投资、技术层面的要素均不可忽视。然而,现有研究多是从单一视角阐释中国经济增长的趋势变动,这使得相关研究缺乏系统性,特别是不利于判断中国经济增长长期趋势下行的主导诱因。有鉴于此,本章构建了一个全新的非齐头时变混频动态因子模型,实现了对中国经济增长长期趋势变化特征和驱动机理的实时测算。这一模型的优势主要体现在:(1)可以融入起始点不同的数据系列,即非齐头数据,这使得研究便利性大幅提升;(2)允许使用混频数据,从而最大限度地提升了短期预测能力;(3)允许增长率均值过程时变,从而更适合刻画当下中国潜在产出增速出现变化的事实;(4)采用了随机波动来刻画异质性冲击,这能够更好地反映近年来突发事件对潜在经济增速的修正作用;(5)基于生产函数精准地分离了人口红利、资本深化与"技术—资本错位"要素,从而能深入阐述三种要素如何影响中国经济增长的长期趋势。

11.3 经济增长长期趋势测度:模型设定与估计

11.3.1 非齐头时变混频动态因子模型设定

1. 模型基本形式

Y_t 是 t 时刻下 $n \times 1$ 维观测向量集,f_t 代表 $k \times 1$ 维的不可观测状态因子(这里 $n \gg k$),该过程如式(11.1)所示:

$$Y_t = c_t + \Lambda f_t + u_t \tag{11.1}$$

其中 Λ 是潜在因子的系数矩阵,u_t 是残差成分,c_t 代表着随时间变化的 Y_t 的均值,即经济增长长期趋势的时变均值,c_t 可以表示为:

$$c_t = \begin{bmatrix} B & 0 \\ 0 & c \end{bmatrix} \begin{bmatrix} a_t \\ 1 \end{bmatrix} \tag{11.2}$$

式(11.2)中,a_t 是一个 $r \times 1$ 维的时变向量,用于刻画均值变化;B 是一个 $m \times r$ 维的矩阵,代表着时间变化如何影响时变均值;c 是一个 $(n-m) \times 1$ 维的不变列向量,刻画了长期趋势中不随时间变化的部分。本章旨在刻画实际 GDP 增速的潜在运行趋势,故只需令共同因子数量为 1,即 $f_t = f_t$,于是因子矩阵就可以简化为代数式表达:

$$[1 - \phi(L)]f_t = \sigma_{\varepsilon_t}\varepsilon_t \tag{11.3}$$

$$[1 - \rho_i(L)]u_{t,t} = \sigma_{\eta_{i,t}}\eta_{i,t}, \quad i = 1, \cdots, n \tag{11.4}$$

此处 $\phi(L)$ 和 $\rho_i(L)$ 分别代表滞后算子多项式,考虑到增长因子至多是一个 AR(2) 过程,本章参考安托林–迪亚兹等(Antolin-Diaz $et\ al.$, 2017)的研究,令 $\phi(L)$ 和 $\rho_i(L)$ 的滞后阶数均为 2 阶。令残差成分服从独立同分布的截面正交,与因子无关,即有 $\varepsilon_t \overset{iid}{\sim} N(0, 1)$,$\eta_{i,t} \overset{iid}{\sim} N(0, 1)$。最后,引入 SV 过程,于是有:

$$a_{j,t} = a_{j,t-1} + v_{a_{j,t}}, \quad v_{a_{j,t}} \overset{iid}{\sim} N(0, \omega_{a,j}^2), \quad j = 1, \cdots, r \tag{11.5}$$

$$\log \sigma_{\varepsilon_t} = \log \sigma_{\varepsilon_{t-1}} + v_{\varepsilon,t}, \quad v_{\varepsilon,t} \overset{iid}{\sim} N(0, \omega_\varepsilon^2) \tag{11.6}$$

$$\log \sigma_{\eta_{i,t}} = \log \sigma_{\eta_{i,t-1}} + v_{\eta_{i,t}}, \quad v_{\eta_{i,t}} \overset{iid}{\sim} N(0, \omega_{\eta,i}^2), \quad i = 1, \cdots, n \tag{11.7}$$

这里 $a_{j,t}$ 代表着 a_t 向量内的 r 个时变元素,σ_{ε_t} 和 $\sigma_{\eta_{i,t}}$ 分别是潜在因子

和扰动项中的随机成分。本章在式(11.1)~(11.7)中放宽了因子和异质性成分均是平稳序列的假定,从而令整个均值过程时变,并且具有随机趋势,这使得模型更易于捕捉突发事件对趋势项的影响。若是去掉截距项时变的假设,模型将退化为马塞利诺等(Marcellino *et al.*,2016)中的带有随机波动的动态因子模型(令 $r=m=0$,$c_t=c$);若再去掉随机波动项,即令 $\omega_{a,j}^2 = \omega_c^2 = \omega_{\eta,i}^2 = 0$,模型将退化为班布拉和莫杜格诺(Banbura & Modugno,2014)提出的经典因子模型。

2. 处理混频数据

本章主要是估计经济增长的潜在趋势,涉及的数据主要是月度和季度数据,所以需要建立一个季月混频模型。考虑共有 n 个观测的情况,令其中的季度指标为 n_Q,按照高低频率转换原则,这意味着每两个季度数据之间存在着两个缺失值。令季度频率指标为 X_t^Q,令与之相关的潜在月度指标为 X_t^M,于是有:

$$X_t^Q = X_t^M + X_{t-1}^M + X_{t-2}^M = 3 \times \frac{1}{3}(X_t^M + X_{t-1}^M + X_{t-2}^M) \tag{11.8}$$

考虑到卡马乔和佩雷斯-基罗斯(Camacho & Perez-Quiros,2010)指出式(11.8)无法直接估计,本章采用几何平均数替代上述形式,将式(11.8)改写成如下形式:

$$X_t^Q = 3(X_t^M X_{t-1}^M X_{t-2}^M)^{1/3} \tag{11.9}$$

于是可以对式(11.9)进行对数线性化处理:

$$\ln X_t^Q = \ln 3 + \frac{1}{3}(\ln X_t^M + \ln X_{t-1}^M + \ln X_{t-2}^M) \tag{11.10}$$

这里,为取得季度环比数据,需要对式(11.10)进行 3 期差分:

$$\ln X_t^Q - \ln X_{t-3}^Q = \frac{1}{3}(\ln X_t^M - \ln X_{t-3}^M) + \frac{1}{3}(\ln X_{t-1}^M - \ln X_{t-4}^M)$$
$$+ \frac{1}{3}(\ln X_{t-2}^M - \ln X_{t-5}^M)$$

$$\tag{11.11}$$

令 $x_t^Q = \Delta_3 \ln X_t^Q$,$x_t^M = \Delta \ln X_t^M$,考虑到对数差分就是增长率,于是可以用 x_t^Q 表示 X_t^Q 的季度环比增速。同理,x_t^M 是 X_t^M 月度环比增长率,考虑到 X_t^M 是潜在月度数据,所以 x_t^M 是不可观测变量,于是式(11.11)可用下式重述:

$$x_t^Q = \frac{1}{3}x_t^M + \frac{2}{3}x_{t-1}^M + x_{t-2}^M + \frac{2}{3}x_{t-3}^M + \frac{1}{3}x_{t-4}^M \tag{11.12}$$

将式(11.1)代入式(11.12)，易知季度数据可由其自身滞后和因子表示。如此一来，处理混频数据的问题便转化为处理含有缺失值的月度数据问题，一个最简便的办法是利用卡尔曼滤波处理缺失值。

3. 状态空间形式设定

由前文所述，本章模型仅设定了一个共同因子，故状态空间中可以令矩阵 $\boldsymbol{B}=1$，$\boldsymbol{a}_t=a_t$，即对矩阵 $\boldsymbol{B}$ 和向量 $\boldsymbol{a}_t$ 进行标量化处理。令 $\tilde{\boldsymbol{y}}_t$ 代表向量 $\boldsymbol{Y}_t$ 去均值后的结果，即由 n_Q 个去均值的可观测季度数据和 n_M 个去均值的不可观测月度数据（$n=n_Q+n_M$）构成，那么 $\tilde{\boldsymbol{y}}_t$ 可写为：

$$\tilde{\boldsymbol{y}}_t = \begin{bmatrix} y_{1,t}^Q \\ \vdots \\ y_{n_Q,t}^Q \\ y_{1,t}^M - \rho_{1,1}^M y_{1,t-1}^M - \rho_{1,2}^M y_{1,t-2}^M \\ \vdots \\ y_{n_M,t}^M - \rho_{n_M,1}^M y_{n_M,t-1}^M - \rho_{n_M,2}^M y_{n_M,t-2}^M \end{bmatrix} \tag{11.13}$$

于是把式(11.1)和(11.13)表示成状态空间模型：

$$\tilde{\boldsymbol{y}}_t = \boldsymbol{H}\boldsymbol{X}_t + \tilde{\boldsymbol{\eta}}_t, \quad \tilde{\boldsymbol{\eta}}_t \sim N(0, \tilde{\boldsymbol{R}}_t) \tag{11.14}$$

$$\boldsymbol{X}_t = \boldsymbol{F}\boldsymbol{X}_{t-1} + \boldsymbol{e}_t, \quad \boldsymbol{e}_t \sim N(0, \boldsymbol{Q}_t) \tag{11.15}$$

这里状态向量 $\boldsymbol{X}'_t = [a_t, \cdots, a_{t-4}, f_t, \cdots, f_{t-4}, u_t^{Q'}, \cdots, u_{t-4}^{Q'}]$，矩阵 $\boldsymbol{H}$ 为：

$$\boldsymbol{H} = \begin{bmatrix} \boldsymbol{H}_a & \begin{array}{|c} \boldsymbol{H}_{\lambda_Q} \\ \boldsymbol{H}_{\lambda_M} \end{array} & \boldsymbol{H}_u \end{bmatrix} \tag{11.16}$$

此后便可结合蒙特卡洛模拟和 Gibbs 抽样完成参数估计。这里 $\boldsymbol{H}$ 矩阵、$\boldsymbol{F}$ 矩阵、$\tilde{\boldsymbol{\eta}}_t$、$\boldsymbol{e}_t$、$\tilde{\boldsymbol{R}}_t$、$\boldsymbol{Q}_t$ 的显性表达如下：

$$\boldsymbol{H}_a = \begin{bmatrix} \frac{1}{3} & \frac{2}{3} & 1 & \frac{2}{3} & \frac{1}{3} \\ \hline & & \boldsymbol{0}_{(n-1)\times 5} & & \end{bmatrix},$$

$$\boldsymbol{H}_{\lambda_Q} = [1 \quad \lambda_2 \quad \cdots \quad \lambda_{n_Q}]' \times \begin{bmatrix} \frac{1}{3} & \frac{2}{3} & 1 & \frac{2}{3} & \frac{1}{3} \end{bmatrix},$$

$$\boldsymbol{H}_{\lambda_M}=\begin{bmatrix}\lambda_{n_Q+1}-\lambda_{n_Q+1}\rho_{1,1}^M-\lambda_{n_Q+1}\rho_{1,2}^M & \boldsymbol{0}_{1\times4}\\ \vdots & \vdots\\ \lambda_n-\lambda_n\rho_{n_M,1}^M-\lambda_n\rho_{n_M,2}^M & \boldsymbol{0}_{1\times4}\end{bmatrix},$$

$$\boldsymbol{H}_u=\begin{bmatrix}\bar{\boldsymbol{H}}_u\\ \boldsymbol{0}_{n_M\times5}\end{bmatrix},\quad \bar{\boldsymbol{H}}_u=1_{n_Q\times1}\times\left(\frac{1}{3}\quad\frac{2}{3}\quad1\quad\frac{2}{3}\quad\frac{1}{3}\right)。$$

矩阵 $\boldsymbol{F}$ 的表达式为：

$$\boldsymbol{F}=\begin{bmatrix}\boldsymbol{F}_1 & \boldsymbol{0} & \cdots & \boldsymbol{0}\\ \boldsymbol{0} & \boldsymbol{F}_2 & & \\ \vdots & & \boldsymbol{F}_{2+1} & \vdots\\ \vdots & & & \ddots & \boldsymbol{0}\\ 0 & \cdots & \cdots & \boldsymbol{0} & \boldsymbol{F}_{2+n_Q}\end{bmatrix} \tag{11.17}$$

其中 $\boldsymbol{F}_1=\begin{bmatrix}1 & \boldsymbol{0}_{1\times4}\\ \boldsymbol{I}_4 & \boldsymbol{0}_{4\times1}\end{bmatrix}$，$\boldsymbol{F}_2=\begin{bmatrix}\phi_1 & \phi_2 & \boldsymbol{0}_{1\times3}\\ \boldsymbol{I}_4 & \boldsymbol{0}_{4\times1}\end{bmatrix}$，$\boldsymbol{F}_{2+j}=\begin{bmatrix}\rho_{j,1}^Q & \rho_{j,2}^Q & \boldsymbol{0}_{1\times3}\\ \boldsymbol{I}_4 & \boldsymbol{0}_{4\times1}\end{bmatrix}$，$(j=1,\cdots,n_Q)$。

误差项的形式如下：

$$\tilde{\boldsymbol{\eta}}_t=[0_{1\times n_Q},\ \tilde{\boldsymbol{\eta}}_t^{M'}]' \tag{11.18}$$

$$\boldsymbol{e}_t=[\upsilon_{a_t}\quad\boldsymbol{0}_{4\times1}\quad\epsilon_t\quad\boldsymbol{0}_{4\times1}\quad\eta_{1,t}\quad\boldsymbol{0}_{4\times1}\quad\cdots\quad\eta_{n_Q,t}\quad\eta_{1,t}]' \tag{11.19}$$

对应的协方差矩阵为：

$$\tilde{\boldsymbol{R}}_t=\begin{bmatrix}\boldsymbol{0}_{n_Q\times n_Q} & \boldsymbol{0}_{n_Q\times n_M}\\ \boldsymbol{0}_{n_Q\times n_M} & \boldsymbol{R}_t\end{bmatrix},\qquad \boldsymbol{R}_t=\mathrm{diag}(\sigma_{\eta_{1,t}^M}^2,\cdots,\sigma_{\eta_{n_M,t}^M}^2)$$

$$\boldsymbol{Q}_t=\mathrm{diag}(\omega_a^2,\ \boldsymbol{0}_{1\times4},\ \sigma_{\epsilon,t}^2,\ \boldsymbol{0}_{1\times4},\ \sigma_{\eta_{1,t}}^{Q2},\ \boldsymbol{0}_{1\times4},\ \cdots,\ \sigma_{\eta_{n_Q,t}}^{Q2},\ \boldsymbol{0}_{1\times4}) \tag{11.20}$$

于是便可采用 Gibbs 抽样获取待估计参数 $\boldsymbol{\theta}\equiv\{\boldsymbol{\lambda},\boldsymbol{\Phi},\boldsymbol{\rho},\omega_a,\omega_\epsilon,\omega_{\eta_1},\cdots,\omega_{\eta_n}\}$。上述集合中，$\boldsymbol{\Phi}$ 与 $\boldsymbol{\rho}$ 分别是与因子和异质性成分相关的参数,整个参数集估计过程如下：

（1）设定初值,MCMC 模拟需要设定初值 $\boldsymbol{\theta}^0$ 和波动初值 $\{\sigma_{\epsilon,t}^0,\sigma_{\eta_i,t}^0\}_{t=1}^T$,这里为不失一般性,对其进行随机赋值,同时令 $j=1$；（2）根据 $\boldsymbol{\theta}^{j-1}$ 和 $\{\sigma_{\epsilon,t}^{j-1},\sigma_{\eta_i,t}^{j-1}\}_{t=1}^T$ 对不可观测变量 $\{a_t^j,f_t^j,u_t^q\}_{t=1}^T$ 进行抽样；（3）根据不可观测变量 $\{a_t^j\}_{t=1}^T$ 对可观测的 GDP 增长率方差 $\omega_a^{2,j}$ 进行抽样；（4）根据潜在共同因子 $\{f_t^{j-1}\}_{t=1}^T$ 以及随机波动 $\{\sigma_{\epsilon,t}^{j-1}\}_{t=1}^T$ 对参数 $\boldsymbol{\Phi}^j$ 进行抽样；（5）根据潜在

197

共同因子$\{f_t^{j-1}\}_{t=1}^T$、ρ^{j-1}及 SV 项$\{\sigma_{\eta_i,t}^{j-1}\}_{t=1}^T$对因子权重$\boldsymbol{\lambda}^j$进行抽样;(6)根据潜在共同因子$\{f_t^{j-1}\}_{t=1}^T$、SV 项$\{\sigma_{\eta_i,t}^{j-1}\}_{t=1}^T$还有权重$\boldsymbol{\lambda}^{j-1}$估计$\boldsymbol{\rho}^j$;(7)根据$\boldsymbol{\Phi}^{j-1}$和潜在共同因子$\{f_t^{j-1}\}_{t=1}^T$获取 SV 项$\{\sigma_{\varepsilon,t}^j\}_{t=1}^T$的抽样,根据潜在因子权重$\boldsymbol{\lambda}^{j-1}$、$\boldsymbol{\rho}^{j-1}$以及潜在因子$\{f_t^{j-1}\}_{t=1}^T$获取异质性成分 SV 项$\{\sigma_{\eta_i,t}^j\}_{t=1}^T$的抽样。令$j$向前推进 1 期,重复(2)~(7),直到模拟收敛。

我们的模型为 GDP 和消费设定了相同的时变长期增长率g_t,根据模型可知,$r=1$,$m=2$,即:

$$a_t = g_t,\ \boldsymbol{B} = [1,\ 1]' \tag{11.21}$$

变量顺序方面,令 GDP 环比折年率(实际值)与居民消费水平指数位列Y_t的最前端,令 GDP 环比折年率的载荷权重为 1。为简化估计,本章仅为 GDP 环比折年率与居民消费指数设定了时变截距。至于其他可能随时间变化但又不包含在a_t中的变量,我们利用异质性成分 SV 来捕捉它们的实时特征。同时,为避免先验值产生过度影响,我们没有对因子载荷以及异质性成分方差等变量设定过多的先验信息,均采用随机赋值。对于新息方差ω_a^2、ω_ε^2、$\omega_{\eta,i}^2$,鉴于仅使用似然估计无法获取这些变量,故先验设定这些方差收敛于 0。本章令ω_a^2服从逆伽马分布,其中先验方差 0.001,自由度为 1;令ω_ε^2和$\omega_{\eta,i}^2$同样服从逆伽马分布,先验方差为 0.000 1,自由度为 1。在实际估计过程中,共进行 10 000 次抽样,把前 2 000 次处理为预烧值,随后获取可靠的后验参数。

11.3.2 模型估计

本章借鉴郑挺国和王霞(2013)关于混频动态因子模型的研究,根据国民经济核算选取与收入(城镇居民人均可支配收入环比增速)、生产(规模以上工业增加值环比增速)、投资(固定资产投资完成额环比增速)、消费(社会消费品零售总额环比增速)、税收(税收总额环比增速)、贸易(出口额环比增速、进口额环比增速)相关的 6 个指标作为基础因子,同时考虑到发电量与产出高度相关,还选取了发电量数据作为基础因子,故与经济核算相关的基础因子共 7 个。考虑到中国经济的实际运行状况,我们还对基础指标集进行了两方面补充:(1)鉴于房地产对中国经济的支持作用,研究纳入了国房景气指数;(2)考虑到统计局发布数据可能存在后续修正,为更准确测定实时经济状况,本节纳入了一些实时调研指标,包括消费者信心指数、企业家信心指数、企业景气指数、中采制造业采购经理指数、中采非制造业采购经理指数(商务活动)以及财新服务业采购经理人指数。各基本指标的详细情况参见表 11-1。

表 11-1　基础因子的统计频率、样本区间与来源

类别	指标	频率	样本区间	处理方式	数据来源
国民收入核算相关	实际 GDP 环比增速	季度	1992Q2～2022Q2	%QoQ Ann	中经网
	居民消费水平指数	季度	1992Q2～2022Q2	%QoQ Ann	中经网
	固定资产投资完成额环比增速	月度	2011M2～2022M6	%MoM	中国国家统计局
	城镇居民人均可支配收入环比增速	季度	1994Q2～2022Q2	%QoQ Ann	中国国家统计局
工业生产与社会销售	规模以上工业增加值环比增速	月度	2011M2～2022M6	%MoM	中国国家统计局
	社会消费品零售总额环比增速	月度	2011M2～2022M6	%MoM	中国国家统计局
	发电量环比增速	月度	1992M2～2022M6	%MoM	中国国家统计局
贸易	出口额环比增速	月度	1994M2～2022M6	%MoM	中国国家统计局
	进口额环比增速	月度	1994M2～2022M6	%MoM	中国国家统计局
房地产	国房景气指数	月度	1992M1～2022M6	%MoM	中国国家统计局
税收	税收总额环比增速	月度	1992M2～2022M6	%MoM	中国财政部
消费景气	消费者信心指数	月度	1999M2～2022M6	%MoM	中国国家统计局
商业景气	企业家信心指数	季度	2001Q2～2022Q2	%QoQ Ann	中国国家统计局
	企业景气指数	季度	2001Q2～2022Q2	%QoQ Ann	中国国家统计局
	中采制造业采购经理指数	月度	2005M2～2022M6	%MdM	中国国家统计局
	中采非制造业采购经理指数(商务活动)	月度	2007M2～2022M6	%MdM	中国国家统计局
	财新服务业采购经理人指数	月度	2008M11～2022M6	%MdM	财新网

说明:%QoQ Ann 代表季度环比折年率,%MoM 是月度环比增长率,%MdM 是月度一阶差分。

　　在此需要对基础指标的处理过程进行简要说明:第一,对于缺少环比统计的数据,需利用原始数据计算,进而转化成环比数据。如实际 GDP 环比折年率,令 1992 年为样本基期,根据 GDP 当季值和实际 GDP 同比增速递推出实际 GDP 季度数据,然后利用 X-12 乘法原则进行季节调整,最后根据两期之间数据计算环比折年率。第二,对于调研指标,有一部分指标所涉及的问卷问题并不是调研增长率,而是询问针对上一期数据的变化,这说明取差分可以近似替代增长率。本节对这些指标全部进行取一阶差分处理[包括:中采制造业采购经理指数、中采制造业采购经理指数(商务活动)和财新服务业采购经理人指数]。第三,由于调研数据发布较晚,为了获取更长的样本长度,这意味着我们研究必须要使用非齐头的混频数据。这里,为了使研究样本尽可能追溯到 1992 年,我们对缺乏前期值的指标进行了插值处理,插值由

卡尔曼滤波完成,最后整个样本区间为 1992 年 M1(Q1)~2022 年 M6(Q2)。

图 11-1 给出了非齐头时变混频动态因子模型估计出的中国经济增长长期趋势。其中黑色粗实线部分是中国经济增长长期趋势的后验估计值。长虚线和短虚线分别代表该长期趋势的 90% 和 68% 置信区间。图 11-1 清晰地显示,随着时间的推移,长期趋势的后验置信区间呈明显紧缩态势,即使是在经济波动较大的后疫情时期,后验置信区间仍然显著小于样本前期,这说明模型的估计精度在逐步提高。这一结果深刻地说明调研类数据的加入能够在极大程度上提高模型对经济增长长期趋势的估计精度,这表明企业家信心指数和消费者信息指数等实时发布的调研数据对预测经济增长长期趋势具有重要意义。

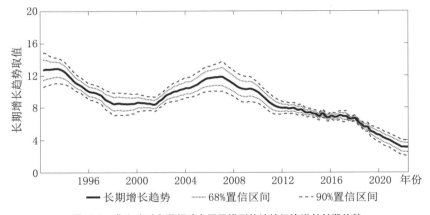

图 11-1 非齐头时变混频动态因子模型估计的经济增长长期趋势

11.4 经济增长长期趋势的动态刻画与实时分解

本节研究将分两个部分进行:(1)描述经济增长趋势的典型形态变化,基于数据和图形表象直观判断经济增长长期趋势的变化规律;(2)根据经典的生产函数理论,从要素分解的角度对经济增长长期趋势进行实时方差分解,深入解析当前中国经济增长长期趋势出现系统性下移的内在机理。

11.4.1 经济增长长期趋势特征描述

图 11-2、图 11-3 分别刻画了经济增长长期趋势的形态特征及其在相邻两期内的变动幅度。观察图 11-2 和图 11-3 不难发现如下几个典型化事实:第一,就该指标的运行态势而言,它在样本期内的走势具有明显的三段分化

特征,以 2012 年和 2018 年分别作为分界点,第一阶段内(1992～2012 年)的经济增长长期趋势主体位置明显高于 8%,平均为 9.78%,经济增长趋势呈高位大起大落态势,具有典型的高增长高波动特征;第二阶段在 2012～2018年,其间经济增长长期趋势的运行特征可概括为中高速、低波动,这是中国经济增速全面换挡的 6 年,亦是中国经济新常态的主体阶段;第三段是 2018 年至今,经济增长长期趋势呈加速下行态势,目前中国经济增长长期趋势的后验均值已降至 4% 附近,接近中高速的下限水平,而若是从 90% 置信区间下限来看,中国经济增长的趋势下行风险正在加大,90% 置信区间较前期出现了明显扩张,下限水平甚至不足 2%。

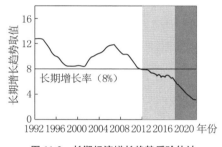

图 11-2 长期经济增长趋势后验估计

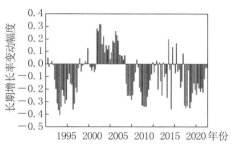

图 11-3 长期潜在增长率的相邻期变动

　　这一重要表象给了我们两个重要启示:一是当前中国经济存在着较大的下行风险,不排除有经济增长率长期跌破自然率(2%),并陷入低增长困境的可能;二是这种增长加速下行的态势并非始于新冠疫情,而是早在疫情之前就初现端倪。事实上,疫情冲击只是使这一态势进一步延续,但是从增长趋势下行的动因来看,疫情的暴发并不是中国经济增长长期趋势下行的动因,而这一动因早在 2018 年就已经浮现。由此可见,深入分析中国经济增长长期趋势的变动机理至关重要,而当下经济下行的驱动机理很可能也与以往新常态时段存在本质区别,而这也是后文要素分解部分所要着重阐释的内容。

　　此外,鉴于经济增长率的同比数据更便于理解,我们还刻画了同比增长率与经济增长长期趋势的关系(见图 11-4)。图 11-4 显示,1992Q1～1997Q2、2005Q1～2008Q2 以及 2009Q3～2011Q4 几个时段内(图中深灰色区域),实际 GDP 同比增速普遍高于长期趋势,经济呈现出典型的过热发展态势;而在1997Q3～2004Q4 以及 2008Q3～2009Q2 两个时段内(图中白色区域),实际GDP 同比增速均显著低于经济增长长期趋势,经济表现出持续的低效率运行。

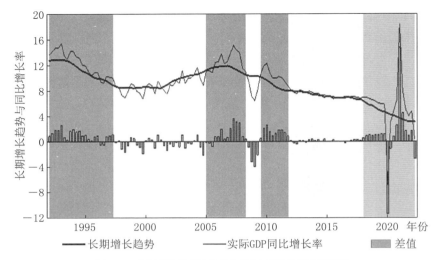

图 11-4　经济增长的长期趋势和实际 GDP 的同比增长率

回顾这些典型期间内的经济运行不难发现一条重要规律,即超潜在增长率的高速增长通常不具有持续性,而这种增长亦必将以衰退的方式告终。例如:1992Q1～1997Q2 这个时段,是中国经济自市场经济体制改革以来首轮高速增长期,其间受经济体制变化,潜在需求得以大幅度释放,然而由于供给调整相对较慢,难以满足激增的需求,使得物价上涨严重,其中在1993～1994 年物价上涨更是达到高峰,CPI 同比增长率一度达到 24％以上,形成中国改革开放以来最强的一轮通货膨胀。在通胀的影响之下,高增长状态迅速衰竭,随之而来的是持续近 5 年的经济软着陆,直至 2002 年,中国才彻底摆脱经济过热后的持续紧缩;无独有偶,在 2005～2008 年间,中国受固定资产投资加速、资本市场和房地产市场繁荣等综合因素影响,经济增长率再创新高,在 2007 年触及峰值 14.2％,但是这轮超潜在增长率的增长同样不具有可持续性,其中货币政策和投资的扩张难以为继是导致此轮增长衰竭的主要因素。在 2008 年美国次贷危机期间,受投资预期转弱的影响,经济增长率发生断崖式下跌,一度降至 6.6％,随后政府出台了"4 万亿"救市计划才使经济摆脱了短期衰退的泥淖,但这也使中国陷入了三期叠加困境。由此可见,超潜在增长速度的增长势必要面临极高的后续权衡成本,这并非一种理想的经济状态。

步入 2012 年以后,实际 GDP 增长率与长期趋势的变化趋势呈现出两种阶段性特征:第一个阶段是 2012～2017 年间,实际 GDP 增长率与长期趋势几乎重合,二者高低交叉出现,错落分布,与前期明显不同,这是中国经济形成中高速平面的主体时段,其间政府越发提倡顺应经济自身发展规律,引导实际 GDP 增长率向长期趋势回归;第二个阶段是 2018 年后,该时期内受中美经贸摩擦、新冠疫情暴发等多重随机事件影响,经济增长率开始出现剧烈波动,导致经济增长长期趋势迅速脱离中高速轨道,开始加速下行,而经济增长率亦开始呈现出极不规则的运行特征,较长期趋势出现大幅度偏离。从尾部特征来看,目前经济增长长期趋势已下降至 4% 附近,触及中高速底线,而实际 GDP 增长率仍在向下突破,这说明此轮经济下行危机尚未解除,不排除经济增长率继续向下击穿的可能。

11.4.2　经济增长长期趋势的实时分解

在对经济增长长期趋势的走势形成了基本判断后,我们还需进一步阐释经济增长长期趋势变动的内在机理。为此,本章给出一个 C-D 生产函数:

$$Y_t = A_t K_t^{\alpha} H_t^{1-\alpha} \tag{11.22}$$

这里 Y_t、K_t 与 H_t 分别是产出、资本和劳动,A_t 代表技术水平,在实证分析时用全要素生产率替代。对式(11.22)取全微分有:

$$d\ln Y_t = d\ln A_t + \alpha d\ln K_t + (1-\alpha)d\ln H_t \tag{11.23}$$

式(11.23)可进一步写成:

$$d\ln Y_t = d\ln H_t + d\ln A_t + \alpha(d\ln K_t - d\ln H_t) \tag{11.24}$$

式(11.24)意味着产出增加可以分解成劳动净增长、技术净增长、与人均资本存量净增长(即资本深化)三者之和。如果进一步将后两项合在一起可以看出,它们之和代表着除劳动以外其余要素对产出的贡献,人均资本持有量与技术的合并实际上就是劳动生产率。式(11.24)的二次分解是至关重要的,因为全要素生产率度量了技术与资本的匹配程度,根据技术衰退观,技术与资本劳动比之间的匹配错位很可能是影响中国劳动生产率的关键,将这个指标分解出来有利于直接对比投资衰减论、人口红利衰减论和技术衰退论对经济增长长期趋势的影响。需要说明的是,尽管已有文献对生产函数分解进行过研究,但是多数文献是基于要素弹性不变假设进行分析的,这会产生很大的误差。本章的优势在于没有假定要素贡献不变,这使得我们的分解具有实时性,同时也更加精准。

1. 经济增长长期趋势的二元分解

由式(11.24)易知,把公式中的后两项放在一起就可以实现二元分解,前者代表劳动投入,后者代表劳动生产率。这意味着真实数据导入时需要劳动投入这个变量,同时也要把该变量加到矩阵当中。于是,把经济增长长期趋

势分解成两个正交向量,相应改变式(11.2)中$\boldsymbol{c}_t$的形式,于是有:

$$\boldsymbol{a}_t = \begin{bmatrix} z_t \\ h_t \end{bmatrix}, \quad \boldsymbol{B} = \begin{bmatrix} 1 & 1 \\ 1 & 1 \\ 0 & 1 \end{bmatrix} \tag{11.25}$$

这里z_t和h_t分别代表劳动生产率和纯劳动力投入要素的增长趋势,二者之和构成基准模型中的截距,即经济增长长期趋势的时变均值$g_t = z_t + h_t$。进一步在估计中,为配合式(11.25),Y_t中前三个变量对应的数据为:实际GDP同比增长率、消费环比折年率以及劳动投入环比折年率。进一步地,本章选用年度总就业人数作为劳动力投入的代理指标,样本区间为1992～2021年,数据来源于中国国家统计局,相应的分解结果如图11-5所示。

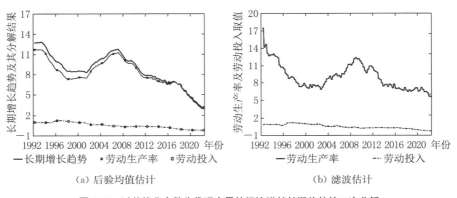

(a) 后验均值估计 (b) 滤波估计

图 11-5　以总就业人数为代理变量的经济增长长期趋势的二次分解

图 11-5 给出了以就业总人数为代理变量的长期趋势分解结果,其中图 11-5(a)刻画了三个长期趋势后验均值的走势,图 11-5(b)则进一步给出了两大要素的滤子估计。从图 11-5 形态走势中,我们可以发现如下几个基本结论:(1)从两种要素对经济增长趋势的贡献看,劳动生产率与经济增长长期趋势的走势十分接近,特别是在样本后期,二者几乎完全重合,这初步肯定了经济增长率主要由劳动生产率驱动,而人口红利的贡献相对有限;(2)从经济增长开始步入趋势下行的时间节点来看,2007 年和 2018 年是两个重要的时间节点,其中经济增长率长期趋势于 2007 年开始步入下行通道,于 2018 年开始加速下行,这与传统认知的"破八"时点(2012 年)并不一致,同时也说明经济增长趋势变化与增长率出现显著变化的时点并不一定同步,其中经济增长趋势一般会先于增长率变化;(3)从近期经济增长长期趋势的运行区位看,受疫情反复影响,现阶段经济增长长期趋势已下降至3%附近,暂时性脱离了

中高速轨道,这说明当前中国经济正在经历前所未有的下行风险;(4)仅就人口红利的贡献来看,劳动力投入长期趋势的前期均值接近 2%,现已完全归零,这意味着人口红利已消耗殆尽,考虑到当下劳动生产率的贡献仅为 3%左右,并且很难在短时间内大幅度提升,因此这也是经济运行难以回归高速乃至中高速增长平面的原因之一。

2. 经济增长长期趋势的三元分解

为进一步识别技术衰退对经济增长长期趋势的影响,本章将进一步对劳动生产率进行分解,将它分解成技术进步与非技术成分之和。那么,经济增长的长期趋势便可以被分解为三个部分:劳动投入增长 $\tilde{h}_t$、技术进步 $\tilde{z}_t$ 与非技术要素增长(也就是纯资本深化带来的增长部分)$\tilde{x}_t$ 之和,同样,时变的截距部分也将由三项构成 $g_t = \tilde{h}_t + \tilde{z}_t + \tilde{x}_t$,其中 $\tilde{h}_t$ 是劳动投入的时变均值,$\tilde{z}_t$ 代表时变的技术进步速率,$\tilde{x}_t$ 则是资本深化的时变均值,于是 c_t 的表达式要改为:

$$a_t = \begin{bmatrix} \tilde{x}_t \\ \tilde{z}_t \\ \tilde{h}_t \end{bmatrix}, \quad B = \begin{bmatrix} 1 & 1 & 1 \\ 1 & 1 & 1 \\ 0 & 1 & 0 \\ 0 & 0 & 1 \end{bmatrix} \tag{11.26}$$

式(11.26)中,Y_t 中四个变量的带入顺序依次为:实际 GDP 同比增长率、消费环比折年率、PWT10 中公布的全要素增长率和总劳动时长。全要素生产率的变化由技术项 $\tilde{z}_t$ 的变动进行刻画,$\tilde{x}_t$ 则刻画了资本深化的净影响,经济增长长期趋势的三元分解结果如图 11-6 所示。可以看出全要素增长率的变动与经济增长长期趋势的变动最为接近,而资本深化项则呈缓慢变动态势。从几种要素下降的时点来看,技术增长趋势下行主要出现在 2007 年后,而这又可以分成两个阶段:第一阶段是 2007~2017 年,其间全要素增长率直线下行,在 2016~2017 年有所缓和,这是中国低垂技术果实消耗殆尽的主体时段;而第二阶段是 2018 年至今,其间全要素增长率继续向下突破,呈现出明显的负增长态势,这意味着当下中国经济已经进入了典型的技术衰退阶段。技术性衰退的成因较为复杂,总体可以归结为两个方面:一方面,早期中国的投资过度扩张致使制造业囤积了大量陈旧资本,但随着当下中国技术水平的不断提高,陈旧资本已无法与高新技术相匹配,但又会被计入在资本账户中,这种资本的大量闲置引发了技术错位现象,并使生产出现了严重的效率下降乃至是负增长;另一方面,受新冠疫情的直接冲击,各大企业的生产效率遭到严重影响,停产、封城隔离等政策进一步加剧了资本闲置,同时也使得劳动力与资本的匹配度进一步下降,这无疑加速了全要素生产率的衰退过程。总的来看,当下技术性衰退对经济增长长期趋势的贡献在-3%左右,考虑到目前长期潜在增长率的水平在4%左右,这意味着,中国只要能够解决技术性衰退,经济增长还将有很大概率恢复至中高速增长区间。

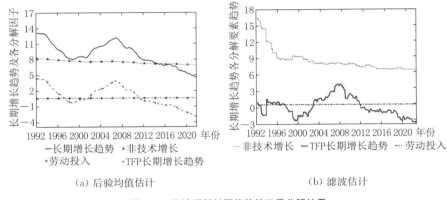

(a) 后验均值估计   (b) 滤波估计

图 11-6　经济增长长期趋势的三元分解结果

为从动态的角度展示样本期间内每一个时点下各种要素对经济增长长期趋势的贡献,本节还绘制了经济增长长期趋势历史贡献分解图(见图 11-6),图 11-6 清晰地展现了如下几个基本事实。

第一,就占比最大的资本深化要素而言,它对经济增长长期趋势的贡献始终高于50%,占据主导地位,这说明资本累积始终是决定经济增长长期趋势的核心要素,这一点与经验判断相符,考虑到资本深化依然能贡献年均7%左右的经济增长,这从根本上决定着中国仍然具备回归中高速经济增长的趋势动能。一方面,资本深化对经济增长长期趋势的绝对贡献较大,并且下降相对缓慢,所以在短期内它的核心地位不会改变;另一方面,中国在近五年内出现了典型的技术性衰退,这进一步凸显了资本深化的支柱作用。考虑到目前中国资本存量基数已十分庞大,未来资本深化增速还将大概率保持缓和下行。因此可以预见,资本深化仅是保持经济增长速度的基础,但绝非撬动经济增长长期趋势回归中高速平面的主要推力。

第二,就占比最小的劳动力投入要素而言,它对长期趋势的贡献极低,即使在影响力最大之时,其贡献也仅在10%左右,当下更是可以忽略不计。这表明尽管人口红利会在一定程度上引发潜在增长率下移,但它的爆发和消退绝不是撬动经济增长长期趋势的主要因素。进入 2012 年后,劳动力投入变动对经济增长长期趋势的贡献已基本归零,这说明目前劳动力投入的影响已十分有限。这也从根本上决定着中国未来长期内的增长不会再被低端粗犷的生产模式主导,中国经济的增长模式也将逐渐脱离人口要素驱动阶段,并向世界前沿增长模式靠拢。

最后,从技术进步的角度来看,它是样本期间内变化最为活跃的要素,特别是 2001～2012 年间,是中国加入 WTO,全面开放贸易并享受低垂技术果实红利的重要时段,可以看出在这一期间内,技术要素对经济增长长期趋势的贡献极大,并具有典型的 U 形曲线特征,这说明技术红利的确在某些特殊历史阶段扮演着主导增长趋势变化的角色。从目前状态来看,中国首轮吸收型技术长波已基本消失,全要素增长率已于 2012 年开始全面进入负增长区间,中国亦开始进入典型的技术衰退阶段。而随着中美经贸摩擦和新冠疫情的出现,中国在尚未完全形成自主创新型技术进步的同时又遭遇到了一定的技术封锁,这使得全要素生产率加速陷入紧缩,目前它对经济增长长期趋势的贡献为－3％,是经济增长动力不足和趋势下行的主导诱因。需要指出,这种技术性下行是由两方面原因共同引致的。一方面,技术进步模式改变必将使技术进步速率减缓,考虑到中国的人均收入已进入全球上中等收入阶段,而若想进一步向全球高收入俱乐部归并,走自主创新之路是中国经济发展势在必行的一步。因此从长期战略角度判断,这种技术性减缓是不可避免的。另一方面,技术更新和新冠疫情等阶段性事件导致的技术—资本错位也在很大程度上加速了全要素生产率下行,这一状况主要出现在 2018 年后,它对技术增长率的下拉作用同样不可忽视,不难发现,2018～2022 年间,技术增长率下降了 3％左右(图 11-6b),但是这种状态是可以在中短期内修复的。由此可见,激活技术要素潜能,全面提升资本要素与技术要素间的协调效率,是改善当前中国经济下行趋势的关键手段。只要能够解决技术—资本错位引发的低效率问题,中国经济还将有大概率回归至中高速增长平面。

11.5　本章小结

本章创新性地构建了一个非齐头时变混频动态因子模型,实现了对中国经济增长长期趋势的实时估算,同时还基于经典的 C-D 生产函数对各种要素在经济增长趋势中的贡献进行了实时分解,主要得出以下几点结论。

第一,从模型估计角度来看,TV-MF-DFM 模型能够较为准确地识别经济增长长期趋势的变化特征。相比于经典的 H-P 滤波法与 UC-Kalman 模型,TV-MF-DFM 模型测得的经济增长长期趋势在事件反馈能力、经济预测能力和计量稳定性上均表现出显性优势。

第二,从数据使用角度来看,在利用 TV-MF-DFM 模型估计经济增长长期趋势时,加入一些非齐头调研数据(如:消费者信心指数、企业家信心指数、企业景气指数等)能够在极大程度上提高模型的估计精度,这表明宏观实时调研数据对预测经济增长趋势变动具有十分重要的意义。

第三,从经济增长长期趋势的变化特征来看,尽管实际 GDP 增长率是从 2010 年开始进入下行通道,于 2012 年回落至 8% 以下,但它的长期趋势早已于 2007 年就开始步入下行区间。而 2012 年后的经济下行又可以被分为两个时段:第一段是 2012~2017 年,这是中国经济新常态的主体区段,其间经济增长长期趋势的核心特征是由高速缓慢降至中高速;第二段是 2018 年至今,其间经济增长长期趋势的主体特征是加速下行,目前,它的均值水平已经下降至 4% 左右,正式触及中高速平面底线。而若是从 90% 置信区间下限来看,该水平线甚至低于 2% 的自然率水平,这说明当前中国经济增长的持续下行并非完全是由疫情等偶然因素所致,宏观经济正在历经前所未有的趋势下行风险。

第四,从经济增长长期趋势下行的驱动机理来看,人口红利消散、资本深化减缓与技术进步率下降共同催动了本轮经济增长的趋势下移。其中,人口红利要素在 2014 年以后就已基本消耗殆尽,说明人口方面的不利要素已不会再促降长期内的经济增长;技术要素陷入负增长陷阱,这是由技术进步方式更新和技术—资本匹配错位所共同引致的,它对经济增长长期趋势的下拉作用明显,目前已达到 3 个百分点左右,是经济脱离中高速的主导诱因;而资本要素对经济增长长期趋势的贡献最大,但考虑到中国的资本存量已经很大,短期内不存在资本大规模重置的可能,因此,一味依赖资本深化并不能成功化解此轮经济下行风险。

总的来看,通过本章研究能够得到如下几个基本启示:第一,本章提出的 TV-MF-DFM 模型在进行经济增长长期趋势测度时具有较高的预测精度,可以准确识别经济增长长期趋势的变化,是估计经济增长长期趋势的可靠手段;第二,本章系统地比较了人口红利、资本深化和技术进步对中国经济增长长期趋势的影响,发现人口红利对中国经济增长趋势的影响是最小的,资本深化的影响最为稳定,相比而言,技术衰退是中国当前经济增长衰退的主导诱因,因此,若想让中国经济增长出现长期反弹,解决技术进步速率和技术效率是最为关键的要素;第三,从当下中国经济发展的现实基础来看,短期内实现技术革新和技术水平大规模提升并不现实,缓解技术与陈旧资本匹配错位,合理盘活存量资产,提高技术利用效率是可行手段。因此,在去产能和去库存上应该保持相对审慎,平衡好经济增长与技术进步之间的关系,这样,中国经济还是有望回归至中高速水平。

第 12 章　中等收入陷阱、中等收入阶段
与中国经济的后发赶超路径

中等收入陷阱（Middle Income Trap）这一概念最早出现于世界银行在2006 年发布的《东亚经济发展报告》，它是指经济体在进入中等收入阶段后，长期性失去发展动力，并陷入经济停滞的状态。2008 年全球金融危机爆发后，中国经济增长也曾出现过两个标志性的转变：第一个标志性转变发生在 2010 年，中国的人均 GDP 水平正式跨过全球中高收入门槛，标志着中国经济发展正式迈入中高收入阶段；第二个转变出现在 2012 年，彼时中国步入经济增速换挡期，经济增速跌破 8％并开始向中高速阶段转变。上述两个变化使人们逐渐意识到，中等收入陷阱正在悄然逼近中国，那么，中国是会陷入长期停滞还是一路突破中等收入陷阱便成为一个亟待探讨的问题。

当下正是中国跨越中等收入陷阱的关键时点。在此背景下，我们将不可避免地面对两个问题：一是中国能否跨越中等收入陷阱？二是如何顺利跨越中等收入陷阱、加速向高收入水平跃升？以上两个问题均是现阶段中国经济增长研究中亟须解决的核心问题，理清以上两个问题，对中国规划经济发展道路、培育经济增长动力和遴选最优发展路径具有重要的理论借鉴价值和实践指导意义。

12.1　中等收入陷阱的概念辨析
与突破中等收入陷阱的动力机制

围绕中等收入陷阱的问题，相关研究主要是从两个方面展开：一是如何界定中等收入陷阱；二是如何突破中等收入陷阱，即对于突破中等收入陷阱的国家，它们在经济要素或是发展方式上与陷入中等收入陷阱的国家有何异同。为此，本节将围绕上述问题，对现有的研究进行简要的梳理和述评。

12.1.1 中等收入陷阱的概念辨析

纵览现有文献,对中等收入陷阱的界定大致存在四类观点。第一种观点是比较意义上的中等收入陷阱,这些研究援引世界银行报告中的表述"比起较富或较穷的国家来说,中等收入国家的增长会相对较慢"作为中等收入陷阱的定义(蔡昉,2012;华生,2013)。但从世界银行提供的 214 个经济体的数据来看,自 1961 年以来低收入国家并未表现出比中等收入国家更快的增长,中等收入国家的经济增速也未必低于高收入国家(华生和汲铮,2015),这意味着经验数据并不支持比较意义上的中等收入陷阱。因此在后续研究中一般不再谈及此定义。第二种观点是赶超意义上的中等收入陷阱定义,伍欧(Woo,2011)将一国人均 GDP 占美国人均 GDP 的比例定义为追赶指数 CUI,以此作为划分依据,将 $CUI<20\%$ 的国家定义为低收入国家,$20\%<CUI<55\%$ 的国家定义为中等收入国家,$CUI>55\%$ 的国家定义为高收入国家。这一定义的优点在于,把中等收入陷阱这一概念动态化,但它的不足在于此定义暗含发展中国家的人均 GDP 增长具有向美国收敛的趋向,并且没有精确界定各个阶段的门槛水平,使得中等收入的概念模糊化,因此在进行数据分析时也并不常用。

第三种观点是停滞意义上的中等收入陷阱定义,此类研究将中等收入陷阱定义为"一个国家从低收入发展成为中等收入国家后,既不能重复以往的发展方式,同时又难以突破中等收入阶段,并陷入长期停滞的状态"(郑秉文,2011;张德荣,2013)。这些研究普遍将"停留""徘徊"在中等收入阶段作为一国陷入中等收入陷阱的标志。实际上,这里存在着一个概念替换,就是把长期处于中等收入阶段替换成中等收入陷阱。此后,许多研究试图将停滞意义上的中等收入陷阱具体化,并据此回答"在中等收入阶段停留多久,会被判定为陷入中等收入陷阱"。比较有影响力的研究是艾肯琳等(Eichengreen et al.,2013),他们提出中等收入陷阱的判断需连续性满足如下几个要件:(1)一国经济体已正式步入中等收入阶段;(2)在中等收入阶段内出现过一段相对较快的增长,其最低准线为步入中等收入阶段后,连续 7 年或更长时间人均 GDP 增速持续超过 3.5%;(3)在相对较快的增长阶段结束后,迈入高收入阶段前出现一段经济停滞,具体标准为在经历较快增长后,连续 7 年以上人均 GDP 增长率低于 2%,即低于自然率水平。这一论断的优点在于能够为判别中等收入陷阱提供量化依据,同时也能被大量拉美国家的经验事实佐证,但它也遭到了大量的驳斥和批判,例如中国的中高速增长阶段就不在这一定义范畴内,但是从中国经济运行的客观表象来看,中国经济也不排除在中等收入阶段滞留的可能。由此可见,停滞意义上的中等收入陷阱因定义过为严格和绝对化,可能存在着以偏概全之嫌。同时由于它的本质等同于中等收入阶段,这种界定也不够准确。

第四种观点是稳态意义上的中等收入陷阱定义,它将中等收入陷阱定义为"中等收入阶段的经济增长存在一个稳定的均衡点,当一国步入中等收入阶段后,如果不做出极大努力,经济增长就将面临动力不足的困境,其直观后果就是一国经济体难以打破这一均衡、发展陷入长期徘徊和停滞的状态"。这一定义在于强调中等收入陷阱是一种次优均衡(蔡昉,2011;郭熙保和朱兰,2016),并将跨越中等收入陷阱视为经济增长动力转换的问题,与世界银行提出中等收入陷阱的初衷最为接近。事实上,辨析中等收入陷阱这一概念的真正意图是旨在说明一国经济体由中低收入阶段向中高收入阶段转换和从中高收入阶段向高收入阶段转换存在本质区别。在中高收入阶段,很可能存在一个次优的经济稳态,若一国经济体无法通过转变经济发展方式、转换经济增长动力打破这一均衡,就可能陷入中等收入陷阱之中。此定义能精准地描述当前中国所面临的中等收入陷阱风险,同时也是学术界最广为接受的中等收入陷阱概念(刘金全等,2018;程文和张建华,2018;刘金全等,2021)。

从研究方法来看,学术界大致形成了三种中等收入陷阱识别方法:第一,通过归纳中等收入陷阱的典型特征并建立评价体系,对经济体是否陷入中等收入陷阱进行识别(胡鞍钢,2010;Lin& Rosenblatt,2012)。这种识别方法注重统计指标的动态描述,具有计算简单、结论直观的特点,但不足之处在于缺乏理论基础,在指标的选取与权重的设定上也存在主观性,难以准确刻画中等收入陷阱的经济含义。第二,测度一国经济体在中等收入阶段的停留时间,并结合在此期间的经济增速来识别一国经济体是否陷入中等收入陷阱(韩文龙等,2015)。这是基于中等收入陷阱第三类定义给出的识别方法。然而这类方法的问题是,将中等收入陷阱与中等收入阶段混淆,并且没有考虑经济体之间的异质性,存在缺乏现实意义与决策价值的问题。第三,从经济增长收敛的角度对中等收入陷阱进行识别(Aghion & Howitt,2006;Agénor & Canuto,2015;黄先海和宋学印,2017;刘金全等,2021)。根据一国经济体能否向高收入稳态收敛来判断该经济体是否陷入了中等收入陷阱,这一方法的优点在于,不仅能够检验一国经济体是否存在跨越中等收入陷阱的潜力,同时具有较为扎实的增长理论基础,是最广为接受的中等收入陷阱识别方法。有鉴于此,本章将基于对中等收入陷阱界定的第四种观点,利用第三种研究方法对中等收入陷阱进行识别。

12.1.2 经济增长动力转换研究综述

倘若中等收入陷阱是一种次优的均衡状态,那么跨越中等收入陷阱则将涉及经济增长动力转换和增长持续性两个方面(马岩,2009)。而本书第5~6章刻画的俱乐部收敛识别机制恰好与中等收入陷阱的划分和识别具有同源性。它们具有一个相同的隐含条件:处于不同经济发展阶段的经济体实现经济增长的核心动力不同,进而达到的最终经济状态也将有所差异(张来明,2021)。大量研究均支持了这一论断,例如郑秉文(2011)指出,从经济增长驱动力的角度来讲,改革开放以来中国经济将依次经历市场驱动、要素驱动、效率驱动和创新驱动四个发展阶段;张德荣(2013)通过梳理世界银行数据,发现处在不同发展阶段下的经济体在增长动力方面存在本质区别,若发展中国家不能适时转换经济增长动力,则将面临陷入中等收入陷阱的风险;黄先海和宋学印(2017)将技术进步视为发展中国家突破中等收入陷阱的根本动力,认为远离技术前沿的发展中经济体若不能适时转换技术进步方式,可能会导致技术进步率和收入水平的过早收敛;陈守东等(2017)考察了经济新常态以来的经济增长动能转换问题,研究显示传统拉动经济增长的"三驾马车"对中国经济增长的驱动作用有限,而科技与金融等新兴动力因素对经济增长的贡献则不断提高。

纵览相关文献,这些研究多是从经验事实或实证分析的角度出发,对不同发展阶段下中国的经济增长动力进行归纳,尽管不同研究的结论各有侧重,但基本形成了一个共识,即中国若是想突破中等收入陷阱,那么必然面临着增长动力机制转换的问题。然而遗憾的是,这些研究都没有精准地回答在不同经济发展阶段下,中国经济增长的核心驱动力到底是什么,各种要素如何量化,以及各种动力引擎如何随着时间的推移而发生转换。理清上述系列问题反而是明晰中国如何加速跨越中等收入陷阱,并向世界前沿增长面收敛的关键,而这也是本章着力阐释的内容。

12.2 中等收入陷阱的典型化事实

为从经济事实的角度判断中国是否具有跨越中等收入陷阱的潜力,本节选取陷入中等收入陷阱的拉美国家,以及成功跨越中等收入阶段、步入高收入水平的亚洲四小龙作为研究对象,以期通过直观的数据对比,找出可能影响一国经济体能否成功跨越中等收入陷阱的核心要素。这里主要进行三点工作:(1)对比两组经济体人均 GDP 以及人均 GDP 增长率的变化,深入探究两组经济体在经济增长方面的基本特征;(2)比较各种经济增长动力因素的变化,在此基础上归纳出可能影响一国经济体跨越中等收入陷阱的动力机制;(3)对中国的增长动力现状进行分析,全面评估中国陷入中等收入陷阱的风险。

12.2.1 中等收入陷阱案例比较

本节选取阿根廷、巴西、哥伦比亚和墨西哥作为陷入中等收入陷阱的代表性样本,同时选取亚洲四小龙(中国台湾数据资料部分缺失,故未展示)作为跨越中等收入陷阱的成功案例。为对比拉美四国与亚洲四小龙的经济增长情况,本节分别绘制了两组经济体的人均 GDP 及其增长率的走势图,如图12-1 和图 12-2 所示。为便于比较,图中还加入了中国人均 GDP 及其增长率的走势。观察图 12-1 和图 12-2 不难发现:第一,与亚洲四小龙相比,拉美四国进入中等收入阶段的时间较早,并且停滞时间较长。根据世界银行统计数据,阿根廷、巴西、哥伦比亚和墨西哥分别在 1962 年、1975 年、1979 年和 1974年步入中低收入阶段。截至 2021 年,上述拉美四国在中等收入阶段的平均停留时长为 50 年,其中巴西 47 年、哥伦比亚 43 年、墨西哥 48 年,阿根廷的停滞时间更是长达 60 年。亚洲四小龙进入中低收入阶段的时间相对集中,中国香港地区和新加坡于 1971 年进入中低收入阶段,韩国在 1977 年进入中低收入阶段。但与拉美国家明显不同的是,它们分别于 1989 年、1990 年和1995 年就顺利步入高收入行列,在中等收入阶段仅停留 20 年左右。

第二,从人均 GDP 增速的变化来看,陷入中等收入陷阱的拉美四国经济增速较低且均出现过增长放缓和负增长阶段;而亚洲四小龙不仅经济增速较高,并且增长的可持续性明显较强,特别是基本未出现过持续性的严重经济紧缩。具体按时间段来看,1961~1980 年间,阿根廷、巴西、哥伦比亚和墨西哥的人均 GDP 年均增速分别为1.7%、4.7%、2.7%和3.8%,在 1981~2000年间分别降至 0.3%、0.3%、1.1%和0.8%,下降比例依次为 82%、94%、59%和 79%。而韩国、新加坡和中国香港地区在 1961~1980 年间人均 GDP年均增速分别为 7.3%、7.2%和6.4%,即便是 1981~2000 年间,依旧是保持着 7.5%、4.7%和4.0%的中高速或是中速经济增长,变化比例为上涨 3%、下降 35%和下降 38%,超自然率增长的可持续性明显强于拉美四国。上述分析表明,若想成功突破中等收入陷阱,并在高收入水平形成稳态,一个 20年的中速增长是不够的,最理想的模式是在进入中低等收入阶段后率先实现长达 20 年左右的中高速乃至是高速增长,并且在此后的 20 年继续保持相对可观的增长(至少是超自然率的中速增长),这样一国经济体才能彻底摆脱中等收入陷阱,并进入发达稳态。

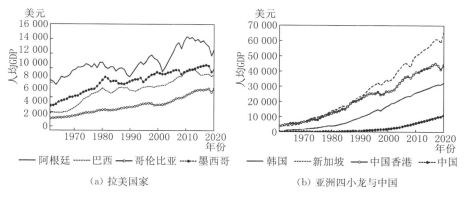

图 12-1　人均 GDP 变化

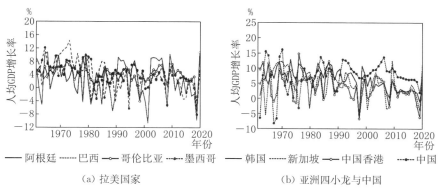

图 12-2　人均 GDP 增长率变化

数据来源:Wind 数据库。

12.2.2　经济增长动力因素的跨国比较

为进一步明晰拉美四国陷入中等收入陷阱和亚洲四小龙顺利步入高收入阶段的原因,接下来本节将从跨国比较的视角考察增长动力要素的变化情况。指标选择方面,参照张德荣(2013)、张晓晶等(2018)等的研究,分别利用如下指标依次衡量增长动力:劳动人口占总人口的比重(*Labor*)、固定资本形成总额增速(*Invest*)、公共教育支出占 GDP 的比重(*Education*)、对外贸易额占 GDP 的比重(*Openness*)、每万人专利申请量(*Tech*)、制度因素得分(*Iquality*)。除制度因素得分来自 ICRG 外,其余各项数据来源于 Wind 数据库。

1. 劳动力

劳动力方面,图 12-3 描绘了各经济体劳动人口占总人口比重的变化。由图 12-3 可知,亚洲四小龙的劳动人口占比相较于拉美四国处于较高水平。

215

这似乎表明劳动人口占比是促进一国经济体跨越中等收入陷阱的重要推力之一。而这一推论也不难理解,因为从生产关系来看,生产过程中普遍存在着"里昂惕夫约束",这意味着无论资本如何发达,劳动参与都需要满足一定的边界条件,否则经济无法实现充分增长。而从目前各大发达经济体劳动人口占比的变化来看,新加坡、中国香港地区都出现了适龄劳动人口占比下降的问题,这是经济发展的自然规律,因为发达经济体的医疗和社会保障相对完善,人口寿命普遍长于发展中国家,自然会出现人口老龄化的现象。但是这种现象的出现并未使这些经济体陷入长期停滞。由此可见,倘若以跨越中等收入陷阱作为判别要件,这意味着在中低收入阶段和中等收入阶段,一国经济体要尽可能保持充沛的劳动力投入。那么若是根据这一标准,从图 12-3 中便不难发现一条规律,在样本统计初期,也就是 1990 年附近,进入高收入阶段的各个经济体的劳动参与率均高于 50%,而陷入拉美涡旋的各经济体劳动参与率无一例外地处于此标线之下。由此可见,在中等收入阶段,劳动参与率能否长期保持在 50%以上很可能是一个重要的判别要件。从中国当前的发展状况来看,中国的劳动参与率在 55%左右,目前仍高于准线水平,但是考虑到近十年来,劳动参与率始终呈下降态势,这意味着中国也应充分警惕因适龄劳动人口减少所带来的增长风险。

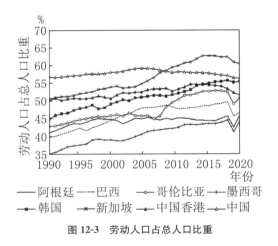

图 12-3　劳动人口占总人口比重

2. 固定资本投资

固定资本投资方面,表 12-1 给出了 1971 年以来各经济体固定资本形成总额增速的均值变动情况。观察表 12-1 不难发现,拉美四国的固定资本投资增速总体上处于比较低的水平,短期内出现的固定资本投资高增长难以长期带动经济持续高增长,而亚洲四小龙在 20 世纪 70～90 年代初这一飞速发展时期一直保持着较高的固定资本投资增长,这为经济的持续增长和经济长波的铸就贡献了不可磨灭的力量。其实这一结果也不难理解,因为资本投资的回报率和增长率本来就快于技术进步和劳动生产率提高,因此,依赖资本投资也将实现最高速的增长。但随着经济发展水平不断提高,20 世纪 90 年代末期以来,亚洲四小龙的固定资本投资增速开始逐渐下降,固定资本投资对经济增长的重要性显著降低,但这已经不会对上述国家的发展水平产生实质性影响,抑或者说这是一种良性的必然变化趋势。由此可见,投资拉动增长是后发赶超时期的最佳选择。但更为重要的是,要把握好节奏,一方面要保持投资效率,而不是无度的重置投资和低效率投资;另一方面,要兼顾投资的可持续性,切不可发力过猛,导致后续增长空间衰竭。

表 12-1　固定资本形成总额增速五年均值　　　　　　　(单位:%)

	阿根廷	巴西	哥伦比亚	墨西哥	韩国	新加坡	中国香港地区	中国
1971~1975 年	1.24	15.21	3.29	8.62	11.93	11.27	9.01	10.03
1976~1980 年	6.72	5.59	7.31	9.21	18.72	10.71	17.00	8.42
1981~1985 年	−10.55	−5.34	1.29	−2.91	8.72	9.24	1.16	16.56
1986~1990 年	−3.60	1.32	2.15	2.68	17.51	4.22	8.11	10.95
1991~1995 年	15.36	3.31	12.97	−0.65	10.37	11.44	8.72	35.24
1996~2000 年	2.74	1.08	−9.26	11.17	2.15	7.31	1.70	10.54
2001~2005 年	7.26	1.26	11.30	0.96	3.85	−1.12	1.55	17.78
2006~2010 年	9.46	9.32	9.50	2.95	2.92	9.59	3.17	19.67
2011~2015 年	1.87	−0.95	7.21	3.42	2.49	5.47	3.26	10.00
2016~2019 年	−3.51	−1.36	0.56	−1.07	3.01	0.62	−2.56	9.90
2020 年	−12.93	−0.52	−23.29	−17.82	2.61	−14.16	−11.29	1.93

对中国来说,自改革开放以来,中国固定资本投资的五年平均增速一直维持在 8% 以上,1991~1995 年间更是高达 35%,比起亚洲四小龙有过之而无不及,投资拉动增长无疑是中国能快速步入上中等收入阶段的重要原因,但固定资本投资效率下降和高投资率的不可持续已然成为经济发展的隐患。从目前中国经济发展的实际状况来看,国家尚未完全突破中等收入陷阱,但固定资本投资增速将持续下降已成为历史必然,上中等收入约束已然出现。

3. 人力资本

人力资本方面,表 12-2 给出了 1971 年以来各经济体公共教育支出占 GDP 比重的变动情况。从表 12-2 中可以看到,1971 年以来亚洲四小龙的公共教育支出占比在 3% 附近波动,处于样本范围内的中高等水平并且波动较小,而拉美国家的公共教育支出占比则存在典型分化,例如阿根廷和哥伦比亚的公共教育支出占比较低,而巴西的公共教育支出占比明显高于其他国家,未呈现出普适性的规律。但若是从波动率来看,则能发现端倪,拉美国家公共教育支出占比的波动率普遍高于发达国家,这说明处在中等收入阶段的这些国家,其教育事业发展的稳定性是相对较差的,公共教育投入的变化主要来源于改革,这可能会产生较大的试错成本。相比而言,高收入经济体的公共教育支出投入极为稳定,这说明它们的教育已形成稳态,更有利于人力资本的持续培育。由此可见,公共教育支出保持在合理范围,并且波动率较低是一种较为良性的发展模式。相比而言,中国的公共教育投入呈弱波动上升态势,这种发展模式较好,一方面说明教育投入具有持续性,另一方面表明国家对教育的重视程度稳定提高。目前中国的公共教育支出占比已达到 3.64%,这是一个较为适宜的比重,处于相对最优区间。

表 12-2　公共教育支出占 GDP 比重五年均值　　　　　　(单位:%)

	阿根廷	巴西	哥伦比亚	韩国	新加坡	中国香港地区	中国
1971~1975 年	1.87	3.01	2.17	2.93	2.66	2.33	1.62
1976~1980 年	1.97	3.48	1.74	2.91	2.45	2.29	1.92
1981~1985 年	1.79	3.58	2.77	4.31	3.55	2.33	2.01
1986~1990 年	1.16	4.73	2.71	3.17	3.65	2.47	1.81
1991~1995 年	2.69	4.57	3.33	3.34	3.49	2.83	1.77
1996~2000 年	4.22	4.17	3.96	3.37	3.32	2.73	1.87
2001~2005 年	3.95	4.13	4.08	3.97	3.65	4.18	2.15
2006~2010 年	4.80	5.25	4.31	3.62	2.93	3.69	3.25
2011~2015 年	5.44	5.92	4.56	5.15	2.95	3.50	3.80
2016~2019 年	5.15	6.24	4.49	4.37	2.81	3.43	3.64

4. 对外开放

对外开放方面,图 12-4 描绘了各经济体对外贸易额占 GDP 比重的情况。观察图 12-4 不难发现,中国香港地区的对外贸易额占比远高于其他经济体,诚然这与中国香港地区的地理区位和港口城市性质有关,但即便不考虑中国香港地区,新加坡和韩国的对外贸易额占比也同样显著高于拉美国家。这意味着对外开放对一国经济体跨越中等收入陷阱同样具有重要作用,即只有积极融入全球价值链、参与国际分工、发挥比较优势才能持续融入全球经济增长前沿,进而促进经济发展水平的长足提高。对于中国而言,随着国家经济发展不断向高收入阶段逼近,人口刘易斯拐点等问题逐渐显现,这使得中国出口有所减缓,加之近年来国际经贸争端不断,全球分裂化思潮和贸易保护主义复兴,中国对外开放红利渐趋消耗殆尽,依靠外需和进口替代的发展模式已现出难以为继的态势。这一方面表明,从短期来看出口贸易是中国走向高收入集团的制约要素,但另一方面也表明,中国应以此为起点,破旧立新,从根本上改变出口贸易的发展思路,逐渐摒弃模仿排浪式的低端生产,摆脱传统人口红利引致的出口低端锁定,并转向技术创新和高技术附加品出口,以全新的姿态融入全球价值链当中。

图 12-4　对外贸易额占 GDP 比重

5. 技术进步

技术进步方面,图 12-5 给出了各经济体每万人专利申请数的变化情况。样本初期,各经济体的每万人专利申请数均在 4 以下,并无显性差距。但是在 1971~2020 这 50 年间,韩国、新加坡和中国香港地区的每万人专利申请数分别上涨了 16 倍、5 倍和 15 倍,而巴西、哥伦比亚和墨西哥的每万人专利申请数仅上涨 1 倍,阿根廷甚至出现了专利申请负增长的现象,拉美国家与亚洲四小龙在技术进步方面的差距明显拉大。目前,拉美四国的技术进步水平已远远落后于亚洲四小龙的技术水平,这也是拉美四国陷入中等收入陷阱

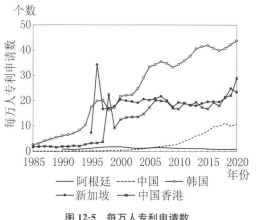

图 12-5　每万人专利申请数

的重要原因。对于中国，虽然改革开放以来中国在技术进步方面取得了瞩目成就，但我们仍应理性看待当下国家的平均技术水平，2020 年中国的每万人专利申请数仅相当于韩国的 24%、中国香港地区的 37% 以及新加坡的 45%，与高收入国家仍存在差距。许多"卡脖子"技术难题的出现无疑也印证了这一事实。由此可见，中国要想成功冲破中等收入阶段，一定要转变技术进步模式，从吸收型技术进步向自主研发型技术进步转型。

6. 制度质量

制度质量指数是 ICRG 发布的一项官方数据，它主要衡量了一国经济体发展过程中体制机制的完备程度，包括市场活力、市场主体结构、政策制度、法制安全、市场规则完整性、政府对市场的控制程度、经济开放性等等。图 12-6 给出了各经济体的制度质量得分情况，分值越高代表制度质量越高。制度质量虽然不能直接作用于经济增长，但却影响着生产销售、投资决策、利益分配以及与经济发展、效率公平相关的诸多方面，对经济增长起着重要的催化剂作用。由图 12-6 可知，在大多数时点上亚洲四小龙的制度质量均高于拉美四国，2008 年以来这一特征表现得尤为明显。而中国，由于建制较晚，市场经济体制改革更是到 1992 年才正式推行，使得中国前期的制度质量始终处于较低水平，甚至低于拉美国家。但随着利率双轨制、财政分权、供给侧结构性改革等重大改革措施的相继落地，中国的制度质量呈现出明显的波动上行，目前已不低于拉美国家，并且具有明显的继续上行态势。随着经济总量日渐提高，制度质量必将成为决定中国增长可持续性的关键要素之一，它对确保经济稳中向好发展具有重要意义。

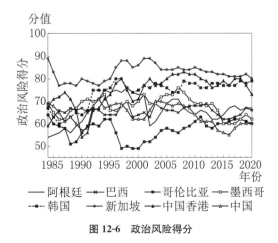

图 12-6　政治风险得分

总的来看,目前中国经济已经发展至中高收入阶段,积极的方面在于,中国无论是在整体发展水平上还是人均 GDP 上已基本突破了传统意义上的中等收入陷阱。但是随之衍生出现的一个症结在于:劳动力、固定资本投资、人力资本以及对外开放已无法再为未来的经济增长提供持续动力,同时技术进步和制度质量要素都处在相对较低水平,尚不足以拉动中国经济突破当下的增长困境。种种迹象表明,中国可能会在上中等收入阶段进行一定时间的徘徊,如若不能适时转换增长引擎,经济仍存在陷入上中等收入陷阱的风险,这可能是一种全新的经济发展形态。而若想突破此困境,技术进步和制度变革等要素不容忽视,二者也是中长期内最易产生积极变化的要素。

12.3　全球收入俱乐部划分

在对典型化事实进行归纳,明晰各经济增长驱动因素对一国经济发展的影响机制后,本节将从实证角度出发,构建一个非线性时变因子模型识别中国所处的发展俱乐部,这可以使我们明确中国现在是否处于正确的增长路径之上。

12.3.1　非线性时变因子模型与"log t"检验

菲利普斯和苏尔(Phillips & Sul,2007)提出了一种经济增长收敛性的检验方法,并在此基础上开发了一种数据驱动型聚类方法,本节将利用此方法对中国所处的收敛俱乐部进行识别。

1. 非线性时变因子模型的建立

在菲利普斯和苏尔(Phillips & Sul,2007)的非线性时变因子模型中,经济体 i 的人均实际收入的动态演变路径可表示为:$\log y_{it} = \log y_i^* + (\log y_{i0} - \log y_i^*)e^{-\beta_{it}} + \log A_{it} = c_{it} + \log A_{it}$。其中,$y_i^*$ 表示经济体 i 的稳态人均收入水平,y_{i0} 表示经济体 i 的初始人均收入,$\log y_{i0} - \log y_i^*$ 表示经济体 i 的初始收入水平与稳态收入水平之间的差距,参数 β_{it} 表示人均收入水平的绝对收敛速度,A_{it} 表示 t 时刻经济体 i 的技术水平。

为引入异质性技术进步,菲利普斯和苏尔(Phillips & Sul,2007)将经济体 i 的技术进步动态路径表示为:$\log A_{it} = \log A_{i0} + \alpha_{it} \log A_t$。其中,$A_{i0}$ 表示经济体 i 的初始技术水平,$\alpha_{it} \log A_t$ 描述了 t 时刻公开可用的先进技术水平 A_t 对经济体 i 技术水平的影响,参数 α_{it} 衡量了对不同时点和经济体而言这种作用的异质性。若假设先进技术水平 A_t 以固定速率 s 增长,则经济体

i 的人均实际收入的动态演变路径可表示为：

$$\log y_{it} = \left(\frac{c_{it} + \log A_{i0} + \alpha_{it} \log A_t}{st} \right) st = \delta_{it} \mu_t \tag{12.1}$$

其中，δ_{it} 表示 t 时刻决定经济体 i 的人均实际收入 $\log y_{it}$ 的异质因子，即 $\log y_{it}$ 中由各经济体的初始收入水平 y_{i0}、收敛速度参数 β_{it}、初始技术水平 A_{i0} 和技术进步率参数 α_{it} 等因素所决定的个体成分；μ_t 表示 t 时刻影响各经济体实际产出水平的共同因子，对所有经济体而言它均是一致的。在式(12.1)所示的非线性时变因子模型中，个体因子 δ_{it} 以乘子的形式作用于共同因子 μ_t，反映了 $\log y_{it}$ 相对于 μ_t 的独有路径。为了对个体因子 δ_{it} 进行建模，以考察各经济体人均实际收入增长的收敛情况，菲利普斯和苏尔(Phillips & Sul，2007)构建了式(12.2)所示的相对过渡系数 h_{it}：

$$h_{it} = \frac{\log y_{it}}{\frac{1}{N} \sum_{i=1}^{N} \log y_{it}} = \frac{\delta_{it}}{\frac{1}{N} \sum_{i=1}^{N} \delta_{it}} \tag{12.2}$$

其中，N 表示所考察的经济体(国家或地区)的个数。相对过渡系数 h_{it} 通过计算经济体 i 的人均收入水平及个体成分相对于横截面均值的大小来追踪各经济体的人均收入水平相对于其横截面均值的收敛路径，同时 h_{it} 还衡量了各经济体对于共同的稳态增长路径 μ_t 的相对偏离。当存在共同的收敛路径时，$h_{it} = h_t$，否则经济体之间则存在异质性收敛路径。若存在长期内的稳态，则对于每个经济体 i 都有 $\lim_{t \to \infty} h_{it} = 1$，这意味着对于任意一个经济体 i，h_{it} 的横截面方差 H_{it} 将收敛于零，即：

$$\lim_{t \to \infty} H_{it} = \lim_{t \to \infty} \frac{1}{N} \sum_{i=1}^{N} (h_{it} - 1)^2 = 0 \tag{12.3}$$

即是说，当存在长期收敛时，对于任意一个经济体 i，都有：

$$\lim_{t \to \infty} \delta_{it} = \delta \tag{12.4}$$

2. 经济多重稳态识别

由于利用有限的时间序列数据很难区分 H_{it} 最终将收敛于零还是一个正的常数，因此需要构造"$\log t$"检验来解决这个问题。假设经济体 i 的个体因子由如下形式给出：

$$\delta_{it} = \delta_i + \sigma_{it} \xi_{it}, \quad \sigma_{it} = \frac{\sigma_i}{L(t) t^\gamma} \tag{12.5}$$

其中, $t\geqslant 1$, $\sigma_i > 0$, $L(t)$ 是一个缓慢变化的单调递增函数,即当 $t \to \infty$ 时, $L(t) \to \infty$。 $L(t)$ 可被设定为 $\log(t)$, $\log^2(t)$, $\log\{\log(t)\}$ 等形式,菲利普斯和苏尔(Phillips & Sul,2007)通过蒙特卡洛模拟得出当 $L(t) = \log(t)$ 时,犯第一类错误的概率能够得到控制,故本章设定 $L(t) = \log(t)$。与此同时,参数 γ 决定了 σ_{it} 的衰减速率,若 $\gamma \geqslant 0$,意味着 δ_{it} 必然会收敛于 δ_i。因此,经济增长收敛性检验的原假设可表示为:

$$H_0: \delta_i = \delta \text{ 且 } \gamma \geqslant 0 \qquad (12.6)$$

相应地,备择假设为: $H_A: \delta_i \neq \delta$ 或 $\gamma < 0$。这一备择假设包含了直接发散($\gamma < 0$)与"集团收敛"($\delta_i \neq \delta$ 且 $\gamma \geqslant 0$)两种可能。在收敛的情况下,当 $t \to \infty$ 时, $H_{it} \to A/L(t)^2 t^{2\gamma}$,其中 A 为大于 0 的常数,因此若令 $L(t) = \log(t)$,则可推出如下"$\log t$"形式的回归模型,并基于此模型进行收敛性检验:

$$\log\left(\frac{H_1}{H_t}\right) - 2\log\{\log(t)\} = a + b\log t + \varepsilon_t \qquad (12.7)$$

其中, $t = [rT]$, $[rT]+1$, $\cdots$, T, $r > 0$,即模型舍弃了时间序列中前 $r\%$ 的数据。本章将 r 设定为 0.3。同时为验证 $\gamma \geqslant 0$ 的原假设,令 $b = 2\gamma$。如此我们便可基于式(12.7)所示的回归模型,利用异方差自相关稳健标准误(HAC)构建 t 统计量,通过对参数 b 进行显著性检验,得到各经济体经济增长收敛性检验的结果。

3. 收敛俱乐部的聚类分析

由前面的分析可知,当收敛性检验的原假设被拒绝时,就可能存在俱乐部收敛。因此,在上述非线性时变因子模型的基础上,菲利普斯和苏尔(Phillips & Sul,2007)开发了一种数据驱动型的聚类方法,以对收敛俱乐部加以识别。这种聚类方法的整个运行过程都是内生决定的,从而避免了人为划分带来的偏误,具体如下。

(1)横截面排序:根据人均实际收入的最后一期观测值,对各经济体进行降序排列。若数据波动较大,则可根据最后一部分(例如 1/2,1/3)样本观测值的均值进行排序。

(2)组成核心组:选择前 k 个收入最高的经济体组成子组 G_k,其中 $2 \leqslant k \leqslant N$。在子组 G_k 内部进行"$\log t$"回归检验并得到检验统计量 $t_k = t(G_k)$,按如下最大化标准确定核心组成员数量 k^*。

$$k^* = \arg \max_k \{t_k\}, \ s.t. \ \min\{t_k\} > c^* \qquad (12.8)$$

其中, c^* 为"$\log t$"检验的临界值。式(12.8)意味着应选择使 t_k 达到

最大的 k 作为核心组成员数量 k^*,同时每个纳入考虑的子组 G_k 都需满足 $\{t_k\}>c^*$,即组内成员能形成一致收敛。例如若 $k=2$ 无法满足 $\min\{t_k\}>$ c^* 的约束条件,则应将 G_k 中收入最高的经济体从 G_k 中剔除,得到新的子组 $G_{2j}=2,\cdots,j(3\leqslant j\leqslant N)$,并重复进行"$\log t$"检验。如此往复,直到确定核心组 G_{k^*}。若直到最后一个经济体都无法满足收敛条件,则认为样本不存在收敛俱乐部。

（3）筛选新俱乐部成员:将余下经济体依次加入核心组,加入一个经济体则进行一次"$\log t$"检验,如果相应的统计量大于临界值 c^*,则将该经济体认定为新俱乐部成员并加入原俱乐部。对由原核心组和新俱乐部成员组成的子组进行"$\log t$"检验,若接受收敛假设,则得到最初的收敛俱乐部,若拒绝则需参照施努尔布斯等(Schnurbus et al.,2017)的做法重新筛选新俱乐部成员。

（4）递归和停止规则:将第(3)步中未通过检验的各经济体组成第二组,进行"$\log t$"检验,若检验统计量大于 c^*,则该小组形成第二个收敛俱乐部,否则将这一小组重复第(1)~(3)步,直到无法找到收敛俱乐部,剩余个体则不属于任何收敛组。

（5）集团合并:对最初得到的收敛俱乐部 1 与 2 进行"$\log t$"检验,若接受收敛性假设,则将二者合并组成新的收敛俱乐部 1,并对新俱乐部 1 与初始俱乐部 3 进行"$\log t$"检验,若接受收敛性假设,则将二者进一步合并,若拒绝收敛性假设,则对初始俱乐部 2 与 3 进行"$\log t$"检验,以此类推,直到没有收敛俱乐部能够合并为止。如此便可以避免过度分类,得到组数最少的收敛俱乐部。

12.3.2 收敛俱乐部的识别

为考察中国是否有向高收入水平收敛的潜力,需对中国所处的收敛俱乐部进行识别。本节选取 1980~2021 年全球 123 个经济体的人均 GDP 数据,进行一系列收敛性分析与检验,数据来源于世界银行公开数据库(https://data.worldbank.org.cn)。首先对样本总体进行"$\log t$"检验,以判断所考察的经济体是否会收敛到统一的人均收入水平,估计结果如下:

$$\log\left(\frac{H_1}{H_t}\right)-2\log(\log t)-a=\underset{(-12.00)}{-0.38}\ \log t \qquad (12.9)$$

从估计结果上看,$\hat{b}$ 对应的 t 值为 -12.00,远小于临界值 -1.65,这意味着样本总体上不收敛,即本章所考察的 123 个经济体不存在一致收敛,这与本书第 6 章的结论一致。为进一步考察各经济体的俱乐部收敛情况,接下来需对样本总体进行聚类分析,最终得到收敛俱乐部的识别结果如表 12-3 所示。本节所考察的 123 个经济体最终被划分至 4 个收敛俱乐部。作为中高收入经济体,中国被划分至收敛俱乐部 1,同处于该俱乐部的经济体还有美国、英国、日本、新加坡等典型发达经济体,同时也包含部分中低收入经济体。这说明从目前的发展趋势来看,中国存在向世界前沿增长面收敛的潜力。另一个值得注意的现象是,被广泛认为已经陷入中等收入陷阱的阿根廷等经济体,同样也处在收敛俱乐部 1,这意味着中等收入陷阱很可能只是一个历时较长的现象,但它绝非一种难以脱离的经济稳态。只要能坚持在正确的发展道路之上,哪怕是一度陷入中等收入陷阱,未来仍然可以通过转变经济发展理念、转换经济增长动力机制等方式,实现向高收入水平的跃升。

表 12-3　收敛俱乐部识别结果

收敛俱乐部分组	收入水平	经济体
收敛俱乐部 1 (86)	高收入 (40)	爱尔兰、安道尔、安提瓜和巴布达、奥地利、澳大利亚、巴巴多斯、巴哈马、巴林、巴拿马、百慕大、比利时、韩国、丹麦、德国、法国、芬兰、荷兰、卢森堡、马耳他、美国、挪威、葡萄牙、日本、瑞士、瑞典、塞浦路斯、塞舌尔、沙特阿拉伯、圣基茨和尼维斯、特立尼达和多巴哥、文莱、乌拉圭、西班牙、希腊、新加坡、新西兰、意大利、英国、智利、中国香港
	中高收入 (29)	阿尔巴尼亚、阿根廷、巴拉圭、巴西、保加利亚、博茨瓦纳、赤道几内亚、多米尼加、多米尼克、厄瓜多尔、斐济、哥伦比亚、哥斯达黎加、格林纳达、格鲁吉亚、圭亚那、马来西亚、毛里求斯、秘鲁、墨西哥、纳米比亚、南非、圣卢西亚、圣文森特和格林纳丁斯、苏里南、泰国、土耳其、伊拉克、中国
	中低收入 (15)	埃及、安哥拉、玻利维亚、菲律宾、佛得角、加纳、孟加拉国、缅甸、摩洛哥、尼日利亚、斯里兰卡、斯威士兰、突尼斯、印度、印度尼西亚
	低收入(2)	卢旺达、莫桑比克
收敛俱乐部 2 (20)	中高收入(5)	伯利兹、加蓬、危地马拉、牙买加、约旦
	中低收入 (11)	阿尔及利亚、巴布亚新几内亚、巴基斯坦、洪都拉斯、科特迪瓦、肯尼亚、莱索托、尼加拉瓜、尼泊尔、萨尔瓦多、瓦努阿图
	低收入(4)	布基纳法索、苏丹、赞比亚、乍得
收敛俱乐部 3 (12)	中低收入 (8)	贝宁、刚果(布)、海地、津巴布韦、喀麦隆、科摩罗、毛里塔尼亚、塞内加尔
	低收入(4)	多哥、马拉维、马里、塞拉利昂
收敛俱乐部 4 (5)	低收入(5)	冈比亚、刚果(金)、几内亚、马达加斯加、尼日尔

　　同时，模型的检验方法能够将过度发散的情况考虑在内，这也是阿根廷能被准确识别至俱乐部1内的一个重要原因。因此可以认为，收敛俱乐部1描述的是一种由中低收入阶段不断向世界前沿增长面演化的动态收敛路径。与阿根廷在中等收入阶段停留60年，却没有成功向高收入水平跃升不同，中国自1998年成为中低收入经济体后，迎来了十余年的经济高速增长期，并于2010年步入中高收入经济体行列，尽管目前距世界前沿增长面还具有一定距离，但已经十分逼近，因此可以说，中国已经进入了后发赶超的冲刺阶段。

　　根据贾康和苏京春（2016）的研究，成功实现向高收入水平跃升的经济体，跨越中高收入阶段的平均时长约为15.9年，且每年的经济增速不低于5.8%。观察中国的经济增速数据可知，除2020～2022这三年疫情时期，中国经济增速基本未出现过跌破6%的情形。2010年以来，中国经济增速均高于5.8%，这意味着在内外部不确定性风险均可控的情况下，沿着当前的增长路径发展，中国很有可能在2030年前后实现向高收入水平的跃升。由此可见，中长期、中高速增长不仅是一种合理的事实形态，同时在大历史观下也具有科学性、必要性和决定性。它实际上规划的是一种正确的发展方式和经济收敛方式，是大国经济体向世界前沿增长面归并前的最终形态。此外，从聚类分析的结果中还可以看到，收敛俱乐部2中主要包含一些中等收入经济体和低收入经济体，收敛俱乐部3中主要包含一些中低收入经济体和低收入经济体，而收敛俱乐部4中则仅包含低收入经济体。这些经济体并未表现出向高收入水平收敛的迹象，这意味着它们所面临的问题已不是初始禀赋较低这么简单，同时发展路径也或多或少与世界前沿经济体存异，这意味着这些经济体尚未摆脱低端锁定的风险。

　　为进一步明晰收敛俱乐部之间的差异，表12-4给出了样本末期（2021年）各收敛俱乐部的统计特征。观察表12-4不难得出以下几点判断：第一，各收敛俱乐部内的人均GDP均值和人均GDP增长率均值都存在明显的差异。其中收敛俱乐部1内的人均GDP均值远高于其他俱乐部，且人均GDP增长率均值也略高于收敛俱乐部2，更远高于俱乐部3和俱乐部4。这深刻说明，处于收敛俱乐部2～4内的经济体与高收入经济体存在本质差距，此类经济体短期内不具备向高收入水平收敛的条件，甚至并不在正确的收敛路径之上。同时它们与高收入经济体之间的发展差距还有进一步扩大的态势。第二，在收敛俱乐部1中，中高收入经济体的人均GDP均值虽明显低于高收入经济体，但其平均经济增速却显著高于同组的高收入经济体，这再次

印证了收敛俱乐部 1 中的中高收入经济体仍处于正确的发展路径之上，并将有很大概率向世界前沿增长面归并。

表 12-4　收敛俱乐部的统计特征

收敛俱乐部分组	人均实际 GDP 均值(万美元)	人均实际 GDP 增长率均值(%)	收入水平	人均实际 GDP 均值(万美元)	人均实际 GDP 增长率均值(%)
收敛俱乐部 1	22 190.78	4.52	高收入	40 397.77	4.94
			中高收入	7 876.86	5.18
			中低收入	2 959.14	2.21
			低收入	736.71	3.76
收敛俱乐部 2	2 698.85	3.14	中高收入	4 820.48	3.72
			中低收入	2 310.55	4.18
			低收入	1 114.64	−0.43
收敛俱乐部 3	1 127.59	0.59	中低收入	1 385.06	0.42
			低收入	612.64	0.97
收敛俱乐部 4	563.30	1.16	低收入	563.30	1.16

根据前文对典型化事实的归纳以及对收敛俱乐部的识别可知，中国目前正处于中高收入阶段，并且仍处于正确的发展路径之上。同时得益于过去 10 年发展理念的转变、经济结构的优化与系统性风险和不确定性冲击的充分释放，中国经济很可能以疫情的结束为起点，破旧立新，开始重新回归稳健的中高速增长轨道。那么一个重要的问题是，如何以后疫情时期为起点，加速中国向高收入水平的收敛进程？从经济增长的动力机制来看，传统要素已难以再对增长提供持续动能，那么回答这一问题的关键则在于：要深入理清不同经济发展阶段下，技术进步和制度质量这两个核心要素对经济增长的影响机制。为此，下文将进一步建立分位数向量自回归模型(Q-VAR)，深入探讨在不同发展阶段下，技术进步水平和制度红利对经济增长的作用机制。

12.4　中国经济增长动力因素的作用机制识别

在不同经济发展阶段，各种要素对经济增长的影响可能是完全不同的。例如在经济初始发展阶段，人口红利和固定资本投资可能是拉动经济增长的核心动力；再如在后发高速追赶期，对外贸易和低垂技术果实可能会主导经济增长。由此可见，对经济增长动力机制的研究，必须要聚焦于某一经济发展阶段，这样才能得出相对准确的结论。而要实现对经济增长阶段的精确划分，一个最好的模型即是分位数向量自回归模型(Q-VAR)。此外，考虑到很多传统增长引擎已经难以撬动,而本章研究又主要聚焦于讨论未来15~30年,中国经济增长的核心动力引擎,因此,本节主要讨论的是技术创新和制度质量两个要素,以期明晰二者在当下阶段对经济增长的作用机制和作用方向。

12.4.1 Q-VAR 模型构建与变量选择

参照罗哈斯(Rojas,2019)的研究,本节将 Q-VAR 模型设定如下:考虑一个 m 维矩阵 $F_t = (Y_t, Factor_t)'$, $t \in \{0, 1, \cdots\}$,其中,Y_t 表示经济增速,$Factor_t = (Tech_t, Iquality_t)'$ 表示由技术进步和制度质量组成的影响因素矩阵。对于 $mp \times 1$ 维的协变量 x_t,定义 $x_{t-1} = (F'_{t-1}, \cdots, F'_{t-p})'$,其中 p 为 Q-VAR 模型的滞后阶数。将变量的某个分位数点记为 $\tau = (\tau_1, \cdots, \tau_m)$,首先通过以下系统定义 $Q_{F_t}(\tau|x_{t-1}) = \{q_1(\tau|x_{t-1}), \cdots, q_m(\tau|x_{t-1})\}'$:

$$q_1(\tau|x_{t-1}) = c_1(\tau_1)' q_{-1}(\tau|x_{t-1}) + b_1(\tau_1)' x_{t-1} + a_1(\tau_1)$$
$$\vdots \qquad\qquad (12.10)$$
$$q_m(\tau|x_{t-1}) = c_m(\tau_m)' q_{-m}(\tau|x_{t-1}) + b_m(\tau_m)' x_{t-1} + a_m(\tau_m)$$

其中,$q_{-j}(\tau|x_{t-1})$, $j = 1, 2, \cdots, m$ 表示去除第 j 行或第 j 列后的矩阵。定义式(12.10)中的系数矩阵为 $c(\tau) = \{c_1(\tau_1), \cdots, c_m(\tau_m)\}'$, $b(\tau) = \{b_1(\tau_1), \cdots, b_m(\tau_m)\}'$,截距项为 $a(\tau) = \{a_1(\tau_1), \cdots, a_m(\tau_m)\}'$。由此,可将 Q-VAR 模型改写为:

$$Q_{F_t}(\tau|x_{t-1}) = \{I_m - c(\tau)\}^{-1}\{b(\tau)x_{t-1} + a(\tau)\} = B(\tau)x_{t-1} + A(\tau)$$
$$(12.11)$$

其中,I_m 为单位矩阵,且 $B(\tau) = \{I_m - c(\tau)\}^{-1} b(\tau)$, $A(\tau) = \{I_m - c(\tau)\}^{-1} a(\tau)$。变量选择方面,以人均 GDP 的对数差分作为经济增速的衡量指标,经 ADF 检验确定为 $I(0)$ 序列,同时利用式(12.2)中的每万人专利申请数和政治风险得分依次度量技术进步和制度质量,同样经 ADF 检验确定为 $I(0)$ 序列,样本区间为 1991~2020 年,依次对经济增速选取 0.3 和 0.7 分位点。下面直接利用分位数脉冲响应函数考察不同经济发展阶段下,技术进步和制度质量对中国经济增长的作用机制。

12.4.2 中国经济增长动力因素的作用机制

图 12-7 和图 12-8 分别给出了不同人均 GDP 增长率分位点下,技术进步冲击和制度质量冲击对经济增长的影响机制。其中,横轴表示冲击的年数,

纵轴表示经济增速的脉冲响应值。由图 12-7 和图 12-8 可知:第一,从作用强度和响应方向上来看,当经济处于高速增长期时,经济增速对技术进步冲击和制度质量冲击更加敏感,脉冲响应值不仅峰值更高,并且随滞后期的延长分别表现出先正后负和先负后正的特点;而当经济处于低速增长时,经济增速对技术进步冲击和制度质量冲击的敏感度下降,脉冲响应值不仅峰值较低,并且始终表现为负向响应或正向响应。第二,从持续时间上来看,无论经济是处于高速增长阶段还是低速增长阶段,经济增速对技术进步冲击的响应均在冲击发生后 3 年达到极大值,对制度质量冲击的响应均在冲击发生后 2 年达到极大值,不同的是当经济处于高速增长阶段时,经济增速对技术进步冲击和制度质量冲击响应的滞后期更长,收敛速度更慢。此外,对比图 12-7 和图 12-8 还可以看到,在经济高速增长时经济增速对制度质量冲击的响应值更大,一度达到－0.01 左右,值得我们予以重视。

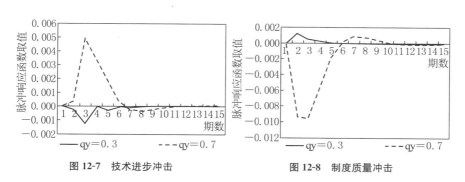

图 12-7　技术进步冲击　　　　　　　图 12-8　制度质量冲击

上述图形结果能够清晰地反映如下几个事实:(1)早期,技术进步能够显著拉动经济增长,而现下的技术进步反而对经济增长表现出了微弱的抑制作用,这再次深刻地验证了本书第 11 章中提出的资本—技术错位。当然我们也不应该过分估计这种影响,可以看到在动态模型中,它对经济增长的最大负向影响仅为 0.001,表明目前的技术更新仍处于理性和良性模式中,这只是改革的阵痛期,并未对经济造成过多的实质性伤害。(2)制度制约在前期对经济增长的负向影响很大,可以看出其最大负向影响达到了－0.1,甚至是当下技术负向影响的 10 倍,这说明改革开放初期,体制机制的不完善严重地制约了经济增长,并在一定程度上抑制了潜在需求,同时还造成了非必要的供给过剩。而在现阶段,经济总量方面,供给侧结构性改革不断深化,产业结构渐趋合理,区域经济增长日渐平衡;经济政策方面,财政政策越发强调精准发力,货币政策更加注重稳健和预期管理,这不仅在极大程度上节约了政策空间,也使经济的运行更加合理化、更具持续性,同时更有利于激发市场主体功能。总的来看,目前一个可喜的变化在于,制度要素对经济增长的刺激开始全面转正,这意味着中国的改革取得了实质性成效,尽管这些要素尚不足以支持经济再度冲高至高速,但是当疫情等不利要素散尽后,中国经济将有大概率回归中高速水平,这无疑是中国向世界前沿增长面归并过程中最为安全、稳健和正确的路径。

12.5 本章小结

本章作为全书的最后一章,详细地回答了两个问题:(1)中国现阶段是否陷入了中等收入陷阱?(2)中国如何向世界前沿增长面归并?本章的主要结论如下。

第一,随着中国经济发展水平的提高,劳动力、固定资本投资、人力资本以及对外开放已无法为现阶段的中国经济增长提供动力,技术进步和制度质量在驱动经济增长方面开始扮演更加重要的角色。第二,从经济增长收敛俱乐部的识别结果来看,本章所考察的 123 个经济体最终形成了 4 个收敛俱乐部,并且作为中高收入国家,中国与美国、日本等发达国家同处于第一收敛俱乐部。这意味着从目前中国人均收入的发展趋势来看,沿着当前的道路发展,未来中国能够跨越中等收入陷阱,并实现向世界前沿增长面的归并。第三,就目前技术进步和制度质量两大要素的作用而言,自中国步入"经济新常态"以来,由技术—资本错位引起的技术效率下降在一定程度上抑制了经济增长,不过这种作用微乎其微,仍处于合理范围。与此同时,制度水平的持续提高开始渐显效能,制度质量在推动长期增长方面已表现出显性作用。

由此可见,一个较为客观的判断是,中国目前正处于中等收入阶段,但并未陷入中等收入陷阱泥淖。若继续沿着当前的增长路径稳健发展,中国能够顺利跨越中等收入陷阱,实现向高收入水平的跃升。若想实现后发赶超,中国需理性追求技术转型、纠正技术—资本错位,并持续推进制度变革、提高制度质量,从而获取持续稳健的增长动力。这是中国全面向世界前沿增长面冲刺的必由之路,亦是扎实推进共同富裕和实现中华民族伟大复兴的重要基础。

结　语

忽而三年,行笔至此,虽有意犹未尽的冲动,但本书想要理清的概念、阐述的事实和镌刻的希望的确已完整地呈现给读者,那么就索性写到这里吧。回首 2020 年疫情之初笔者在撰写书稿绪论时的思索,心中还是甚感宽慰,因为总算没有辜负最初的承诺。首先,本书保有着一丝年轻人求真务实、严谨乃至有些偏执的追求,例如笔者力求让本书中每一个实证结果都尽可能地精准客观、服从主流计量审美,从数据获取到数据处理、实证检验再到机制分析和稳健性测试,每一个步骤都在尽可能地按照顶级期刊的要求进行处理,诚然限于笔者的认知与能力,有些地方不能做到尽善尽美,但其中的确浸润着笔者团队的辛勤汗水,三年时光笔耕不辍。其次,本书的确不是一本枯燥的方法集合和计量报告,而是一本活灵活现,或者说是一本充满情感的宏观经济学著作,这里既有求真务实、苛求极致的概念辨析和理论推演,同时也蕴含着笔者对中国经济增长的多年持续思考。诚然,笔者不敢说这种思考是完备的,甚至不敢说这种思考是正确的,但是笔者可以承诺的是,这种思考是有灵魂的,有血有肉,伴它成长的是多次激烈的探讨,伴它成长的是多个不眠之夜,伴它成长的是一批又一批教师、学子的春华秋实,伴它成长成熟的是三年疫情洗礼经济社会变迁的真实写照,是人情冷暖,是生离死别,是笔者将人间酸甜注入一纸书稿,为中国经济增长所做的或许有些稚嫩、或许有些片面的传记。但它是有情感的,有笔者和笔者团队对经济增长研究的热忱,亦有我们对祖国大地的无限热爱。最后,本书还镌刻着无限的希冀与渴望,它镌刻着笔者对未来中国经济的信心与期待,镌刻着笔者对经济增长研究的无限热忱,还镌刻着笔者对改革开放 40 余年中国经济增长史和中国经济学研究的无限骄傲与自豪。

作为一本书的结语,笔者在这里最想传递的是一些基本的信念与判断。思来想去,终究将其归结为三个词:执着、迷惑与信念。

首先,笔者想说一说执着。什么是执着,这很好理解,而笔者想说的是经济学研究的执着。从笔者的硕士毕业论文完成起(完成于 2013 年 5 月)至今已十余年了。十年的坚守,其短其长,虽谈不上十年磨一利剑,但至少笔者一直坚守在经济周期研究领域上。就这份坚守和执着而言,最具代表性的是本书的第二章,对经济周期研究领域内一个概念辨析和两个研究争议的解答。我们知道,经济周期是宏观经济研究领域内最广为流行、最广为人知,且研究门槛也相对较低的一个方向。从笔者第一天读经济周期的相关文献开始,就有这样一个困惑,经济学研究似乎不像数学那么严苛,它漂亮传神,但很多时候又似是而非。其中严重困扰笔者的一个问题就是:到底什么是经济周期?随着所读的文献越来越多,笔者发现经济周期的研究是五花八门的,有人在研究经济增长率的变动形态,有人则是研究经济周期成分,而经济周期成分又有多种测定方法,如生产函数法、滤波法、系统法等等。但是似乎依然没有人来辨析到底什么才是经济周期这个最基本的问题。因此,说起执着,这就是笔者写这本书时执着的起点,本书名为《中国经济周期波动的基本态势、收敛特征与经济政策调控机制研究》,如果这样一本受到国家社科基金资助的专著,连最基本的经济周期概念都说不清楚,则是一种悲哀,这不仅是本书的悲哀,也是中国经济学研究的悲哀。笔者不想让这样的事发生,因此,在本书的第一个实质性研究章节中,笔者对经济周期的概念进行了系统性辨析。笔者发现经济增长率的周期性波动和经济周期成分都是经济周期,二者具有相似量纲和学理同源性,而二者之差同样具有重要的经济释义,它近似地等于长期潜在增长率。这短短一段话,笔者认为应该是本书最重要的结论之一,其镌刻了笔者对经济周期研究的执着与实事求是,希望若干年后当再有初学者谈起经济周期时,只要他无意间浏览过本书的第二章,就不会再对这个问题困惑。那么笔者的执着也就有了些许意义,本书的撰写也总算是没有辜负国家的资助。

第二个执着就是关于"谷—谷"分割困境的探讨,因为笔者发现很多研究划分的经济增长率周期虽然精美,但是并没有严格执行"谷—谷"分割,这时一份数学人的倔强就总是驱使自己去找到答案,这本书为广义"谷—谷"分割法补充了三个宽限条件,纵然它不是尽善尽美,但至少会让后人看起来方便得多,理解起来也方便得多。

最后一个执着就是关于"Uhlig 争议"的探讨,这是一个绵亘 20 年的基本问题,也即 H-P 滤波参数之争。关于这个问题的探讨完成于 2022 年,这一年"Uhlig 争议"已出现 20 年之久,这一年,伟大的 H-P 滤波创始者、诺贝尔经济学奖得主普雷斯科特先生去世了。笔者想以一种"我"的方式执着,以一种"我"的方式自娱自乐,以一种"我"的方式向伟大的先哲致敬。在本书中,笔者提出了计量评价空间的思想,并说明从计量评价空间来看,"Uhlig 争议"

不过是空间中两个特殊的角解点,它的本质是统计与经济意义之争。同时笔者基于中国数据和大量测算,证明了在一般性的参数空间下,将参数 λ 设定在 12.5 才是对"Uhlig 争议"的最佳中国解答。虽然,这种解释未必尽善尽美,但是在笔者提出的逻辑空间中,这的确是一个经过严密推断,并经得起推敲的稳定解。笔者的解答也许不够权威,但至少依然愿意执着地去发出这种声音,并相信未来会有更多睿智的中国学者,在世界经济学难题中发出强有力的声音,中国经济话语权必然日渐雄起,岿然屹立于世界东方。

下面再来说一说迷惑,这可以用读书三重境界中的第二重境界来形容,即看山不是山的状态,同时也可以用王国维先生的人生三境界中的第二境来形容,即"衣带渐宽终不悔,为伊消得人憔悴"。这种状态就是在研究中执迷,在执迷中质疑,在质疑中失望,在失望中求变,在求变中反思,在反思中又慢慢地理解大道至简,慢慢地心悦诚服。当研究越来越深入,懂得越来越多,有的时候就不免失望、不免质疑。当然,这自然不是说笔者有多大的学问,而是一种求学中常见的状态。经济学是一个最具有综合性的学科,既具有数学的科学性和严谨性,又兼具文学的叙事性和艺术性。这导致经济学的审美通常是复杂的、多变的,也是多角度的。曾经当自己无比痴迷执着于计量技术时,就会觉得很多文章没有营养,在灌水,在浪费公共资源,并不能真正地为国家经济发展献计献策。经济经济,经世济民,不就应该写大作,当"大先生",救民于水火吗?曾经年少轻狂的自己总是这样认为,但是饱览了人间沧桑、生离死别后,笔者切实感受到了人间冷暖,感受到了生命的脆弱和无力,更感受到了中国增长奇迹的来之不易。事情是要辩证地看的,我们以为在坚守的正确计量,百年之后可能只是一种愚蠢的行为,我们以为在使用的科学方法,背后的基础数据可能本身就不准确。所以这世界上本无绝对的是非对错。即便是在 2020 年之后,我们说其实还是会有贫困个体,那么为什么我们可以对世界承诺消除了绝对贫困?其实,这并不是说谎,绝对贫困的消除是指全部集团贫困的集体性摘帽,2020 年后中国的确不存在以县为单位的绝对贫困现象,这本身就是一个巨大的增长奇迹。这世上,有太多的惨剧发生,世上不存在能够做到绝对悲天悯人的圣人,人在世上也太过卑微和渺小,960 万平方公里的大地上,14 亿茫茫人海之中,每时每刻可能都有人因治不起病和吃不上饭而离世,悲剧每时每刻都在发生,但凡有良知的人看了也都会心痛。但是任何人面对这种细碎化的悲剧都无能为力。中国共产党领导中国人民在做的,是一件前所未有的伟大事业,贴切地说,绝对贫困不可能做到点消除,但是我们做到了片消除和面消除,相比于一个人的悲剧,笔者认为更可悲的是一个群体的悲剧、一个区域的悲剧和一个集团的悲剧。那么,我们消除了贫困县,实现了全部贫困县的摘帽,做到了消除集团式贫困,难道这不是一个伟大的壮举吗? 人间还是要看到正气,看到希望,肯定伟大,为传奇作传,这是人向前走的动力和希望。

于是在写这本书的时候,笔者的质疑和迷惑渐渐开朗,故而极其着迷地探索经济收敛和经济长波的存在性。通过第 4 章的经济传导、第 5 章的国内经济收敛、第 6 章和第 12 章的国际经济收敛研究,本书从多个角度论证了中国经济增长收敛的存在性。第一个存在是内部的存在,中国经济存在省域分化,但是整体还是呈现一致向好的收敛态势,不需要太过复杂的数学逻辑,就是从最坚实的政治逻辑来看,这种结果也是可信的,因为我们 56 个民族是一家,全中国都处于伟大的中国共产党的领导下,共同富裕正是我们全民一致的百年理想和百年追求,纵使各地有所差距,但是收敛和向心必然是最终趋势。第二个存在是外部的存在,就是当把中国置于全球增长集团来看,本书的一个最为简洁、明了和干练的结论就是:中国经济现在所处的位置是上中等收入上限附近,若是从增长路径来看,中国经济无疑正走在正确的道路之上,我们正处于向世界前沿增长面归并的最后征程。

最后一个思索,就是信念。对于信念,它也许是实际,也许是理想,也许是来自精神层面的慰藉。中国之所以能在短短的 40 年间铸就如此辉煌的增长奇迹,这源自信念。正是有这种信念支撑我们前行,才缔造了大国经济体后发赶超的奇迹。不要说日本和韩国用更短的时间实现了更好的发展状态,它们远没有中国如此庞大的人口基础和复杂国情,也不要说印度的经济增长亦开始欣欣向荣,它距离中国的发展阶段还相去甚远。在如此之大的经济体中,现世的中国就是最伟大的传奇,它应该也值得被世界增长史铭记。尽管面对当下百年未有之大变局,很多事情不尽如人意。曾经疫情的肆虐、分裂主义思潮的复兴、历史唯物主义中的修昔底德陷阱重现以及地缘集团性政治军事冲突的不断升级正在逐渐取代 21 世纪最初 20 个年头内"和平与发展"的时代主旋律,给中国未来的增长道路带来了困难和阻力。但笔者认为任何一个历史时段,都有发展固有的艰难,历史的成功总是让我们轻描淡写其代价与疼痛,别忘了中国这条东方巨龙是从 1978 年的赤手空拳奋斗到今天,其中有多少辛酸和血泪无以名状,多少人为此献出了宝贵的青春乃至生命。成长永远都是艰难而不平凡的,不要小觑今日的困难,但也不要夸大今时的困境,在理想、信念和期盼的支持下,本书的最后两章也给出了明确的答案。

我们认为中国的增长从不平凡,我们相信中国的经济增长仍具有十分强大的韧性和动力。至少从本书的测算结果来看,这种论证并不是纸上谈兵:第一,中国经过了长时期的去化杠杆征程,此时整体金融风险已降到了合理水平,常年稳健的货币政策,为非常规时期的政策应对争取了宝贵空间,通货膨胀水平常年处于低位,这从根本上决定着中国经济增长具备反弹的实力和韧性;第二,潜在增长率的测算结果表明,纵使疫情三年如此动荡,但是中国经济增长的潜在基础并没有被破坏,至少中高速趋势平面没被系统性打破,这意味着当周期性要素被修复后,中国经济增速仍具备快速反弹的张力和动能;第三,疫情的出现是短、中乃至长周期的协同转换,正所谓否极泰来、破旧立新,我们完全有理由相信,当所有周期性不利因素集中性爆发和截尾后,中国经济增长必将迎来烂漫的春天。

最后想说的是,就未来经济增长的反弹形态而言,中高速经济长波是最为理想的方式也是唯一可行的答案。这是由中国的现实经济基础、经济体量、人均收入和其他基本国情共同决定的。过低的经济增长不利于收敛目标的实现,而过快的经济增长必将遭受不可持续乃至是衰退的反噬。因此,未来的增长和周期研究中,必然要兼顾的重要一环就是波动和稳定。中高速增长长波形态是本书为未来中国经济增长提出的一种全新形态和发展理念,这是本书镌刻的最终信念,也是全书写作所蕴含的希冀与渴望。这份伟大奇迹已初现愿景,它的实现必将是艰难而不平凡的,也必然是令人振奋和神往的。这份历史、数据和逻辑,就让未来去传记和评说吧。

参考文献

［1］卞志村、胡恒强：《中国货币政策工具的选择：数量型还是价格型？——基于 DSGE 模型的分析》，《国际金融研究》2015 年第 6 期。

［2］蔡昉：《"中等收入陷阱"的理论、经验与针对性》，《经济学动态》2011 年第 12 期。

［3］蔡昉：《避免"中等收入陷阱"》，北京：社会科学文献出版社，2012 年。

［4］蔡昉：《中国经济如何置身全球"长期停滞"之外》，《世界经济与政治》2020 年第 9 期。

［5］蔡跃洲、付一夫：《全要素生产率增长中的技术效应与结构效应——基于中国宏观和产业数据的测算及分解》，《经济研究》2017 年第 1 期。

［6］陈佳贵、黄群慧、钟宏武：《中国地区工业化进程的综合评价和特征分析》，《经济研究》2006 年第 6 期。

［7］陈守东、孙彦林、毛志方：《新常态下中国经济增长动力的阶段转换研究》，《西安交通大学学报（社会科学版）》2017 年第 1 期。

［8］程文、张建华：《收入水平、收入差距与自主创新——兼论"中等收入陷阱"的形成与跨越》，《经济研究》2018 年第 4 期。

［9］楚尔鸣、曹策：《新时代中国特色宏观调控：范式、理论与框架》，《经济学家》2018 年第 11 期。

［10］董进：《宏观经济波动周期的测度》，《经济研究》2006 年第 7 期。

［11］范子英、彭飞：《"营改增"的减税效应和分工效应：基于产业互联的视角》，《经济研究》2017 年第 2 期。

［12］费兆奇、刘康：《中国宏观经济波动的高频监测研究——基于混频模型对日度经济先行指数的构建和分析》，《管理世界》2019 年第 6 期。

［13］高培勇：《"营改增"的功能定位与前行脉络》，《税务研究》2013 年第 7 期。

［14］管汉晖：《20 世纪 30 年代大萧条中的中国宏观经济》，《经济研究》2007 年第 2 期。

［15］郭婧、马光荣：《宏观经济稳定与国有经济投资：作用机理与实证检验》，《管理世界》2019 年第 9 期。

［16］郭熙保、朱兰：《"中等收入陷阱"存在吗？——基于统一增长理论与转移概率矩阵的考察》，《经济学动态》2016 年第 10 期。

［17］韩文龙、李梦凡、谢璐：《"中等收入陷阱"：基于国际经验数据的描述与测度》，《中国人口·资源与环境》2015 年第 11 期。

［18］何剑、张梦婷、王桂虎、郑智勇：《平衡内外均衡：货币政策与宏观审慎政策的协调配合》，《财经科学》2019 年第 10 期。

［19］何启志、姚梦雨：《中国通胀预期测度及时变系数的菲利普斯曲线》，《管理世界》2017 年第 5 期。

［20］胡鞍钢：《中国如何跨越"中等收入陷阱"》，《当代经济》2010 年第 15 期。

［21］华生、汲铮：《中等收入陷阱还是中等收入阶段》，《经济学动态》2015 年第 7 期。

［22］华生：《城市化转型与土地陷阱》，北京：东方出版社，2013 年。

［23］黄晶：《滤波方法提取周期信息的比较研究》，《数量经济技术经济研究》2013 年第 7 期。

［24］黄玖立、李坤望、黎德福：《中国地区实际经济周期的协同性》，《世界经济》2011 年第 9 期。

［25］黄梅波、吕朝凤：《中国潜在产出的估计与"自然率假说"的检验》，《数量经济技术经济研究》2010 年第 7 期。

［26］黄先海、宋学印：《准前沿经济体的技术进步路径及动力转换——从"追赶导向"到"竞争导向"》，《中国社会科学》2017 年第 6 期。

［27］黄宪、黄彤彤：《论中国的"金融超发展"》，《金融研究》2017 年第 2 期。

［28］黄赜琳、朱保华：《中国经济周期特征事实的经验研究》，《世界经济》2009 年第 7 期。

［29］黄赜琳：《经济波动与消费结构变迁互动关系研究》，《财经研究》2008 年第 4 期。

［30］贾康、苏京春：《论供给侧改革》，《管理世界》2016 年第 3 期。

［31］贾康、苏京春：《中国的坎：如何跨越"中等收入陷阱"》，北京：中信出版社，2016 年。

［32］李成、张琦：《金融发展对经济增长边际效应递减内在机理研究——基于"两部门划分法"的理论框架》，《经济科学》2015 年第 5 期。

［33］李敬、陈澍、万广华、付陈梅:《中国区域经济增长的空间关联及其解释——基于网络分析方法》,《经济研究》2014 年第 11 期。

［34］李明、张璿璿、赵剑治:《疫情后我国积极财政政策的走向和财税体制改革任务》,《管理世界》2020 年第 4 期。

［35］李戎、刘力菲:《制度优势、货币政策协调与财政拉动效应》,《中国工业经济》2021 年第 10 期。

［36］梁琪、郝毅:《地方政府债务置换与宏观经济风险缓释研究》,《经济研究》2019 年第 4 期。

［37］林桐、王文甫:《不同经济状态下政府支出乘数的差异性研究》,《财贸研究》2017 年第 8 期。

［38］林毅夫、蔡昉、李周:《对赶超战略的反思》,《战略与管理》1994 年第 6 期。

［39］林毅夫、刘明兴:《中国的经济增长收敛与收入分配》,《世界经济》2003 年第 8 期。

［40］林毅夫、沈艳、孙昂:《中国政府消费券政策的经济效应》,《经济研究》2020 年第 7 期。

［41］刘达禹、刘金全、于洋:《新常态下中国经济周期波动的趋势性特征及其驱动因素研究》,《江海学刊》2017 年第 2 期。

［42］刘达禹、田方钰、刘金全:《中国经济周期区位下移的形成机理——基于增长区间和新常态时期的对比研究》,《经济学家》2020 年第 8 期。

［43］刘达禹、徐斌、王俏茹:《中国经济增长长期趋势的实时估算与贡献分解——兼论中高速阶段稳态的形成与识别》,《数量经济技术经济研究》2022 年第 7 期。

［44］刘达禹、徐斌、赵恒园:《"利率走廊"上限击穿是否改变货币政策有效性? ——兼论中央银行在经济反弹时期下的调控偏好》,《中国软科学》2021 年第 12 期。

［45］刘达禹、赵婷婷、刘金全:《我国价格型与数量型货币政策工具有效性的实时对比及其政策残余信息估计》,《经济学动态》2016 年第 10 期。

［46］刘贯春、张军、刘媛媛:《金融资产配置、宏观经济环境与企业杠杆率》,《世界经济》2018 年第 1 期。

［47］刘金全、刘达禹、徐宁:《中国通货膨胀成本的非对称性与货币政策动态调控模式研究》,《数量经济技术经济研究》2015 年第 12 期。

［48］刘金全、刘达禹、张都:《我国经济周期波动的"软着陆"态势与持续期估计》,《经济学家》2015 年第 6 期。

[49] 刘金全、刘子玉:《中国经济新常态下的经济周期更迭与驱动因素转换研究——兼论新周期的形成与识别》,《经济学家》2019 年第 5 期。

[50] 刘金全、解瑶姝:《中国金融发展对经济增长的非线性作用机制研究》,《南京社会科学》2016 年第 3 期。

[51] 刘金全、张运峰、王俏茹:《我国经济增长"中等收入陷阱"的识别及跨越路径——基于"集团收敛性"检验与 TFP 提升路径的跨国比较研究》,《浙江社会科学》2021 年第 11 期。

[52] 刘金全、郑荻、丁娅楠:《社会融资规模是一种有效的货币指标吗? ——基于 SVAR 模型的实证研究》,《改革》2019 年第 8 期。

[53] 刘金全、周欣:《新发展阶段下的中国经济周期波动——波动率缓和、经济增长收敛与经济长波态势》,《吉林大学社会科学学报》2022 年第 3 期。

[54] 刘尚希、武靖州:《宏观经济政策目标应转向不确定性与风险——基于经济周期视角的思考》,《管理世界》2018 年第 4 期。

[55] 刘生龙、张捷:《空间经济视角下中国区域经济收敛性再检验——基于 1985—2007 年省级数据的实证研究》,《财经研究》2009 年第 12 期。

[56] 刘世锦:《去产能是供给侧改革的主要任务》,《紫光阁》2016 年第 10 期。

[57] 刘树成、张晓晶、张平:《实现经济周期波动在适度高位的平滑化》,《经济研究》2005 年第 11 期。

[58] 刘树成:《论中国经济增长与波动的新态势》,《中国社会科学》2000 年第 1 期。

[59] 刘树成:《新中国经济增长 60 年曲线的回顾与展望——兼论新一轮经济周期》,《经济学动态》2009 年第 10 期。

[60] 刘伟、蔡志洲:《经济周期与长期经济增长——中国的经验和特点(1978—2018)》,《经济学动态》2019 年第 7 期。

[61] 刘伟、范欣:《中国发展仍处于重要战略机遇期——中国潜在经济增长率与增长跨越》,《管理世界》2019 年第 1 期。

[62] 刘向丽、尚友芳:《我国价格型和数量型货币政策效果比较——基于 SVAR 模型和 TVP-VAR 模型的实证研究》,《计量经济学报》2021 年第 3 期。

[63] 刘尧成、庄雅淳:《中国不同货币政策中介目标传导机制有效性对比分析》,《金融发展研究》2017 年第 9 期。

[64] 刘志彪、孔令池:《从分割走向整合:推进国内统一大市场建设的阻

力与对策》,《中国工业经济》2021 年第 8 期。

[65] 刘志彪：《全国统一大市场》,《经济研究》2022 年第 5 期。

[66] 柳光强：《税收优惠、财政补贴政策的激励效应分析——基于信息不对称理论视角的实证研究》,《管理世界》2016 年第 10 期。

[67] 卢荻、李思沛、高岭、李雯：《纳入劳动强度的中国经济增长核算》,《世界经济》2022 年第 7 期。

[68] 卢建：《我国经济周期的特点、原因及发生机制分析》,《经济研究》1987 年第 4 期。

[69] 马晓河：《迈过"中等收入陷阱"的需求结构演变与产业结构调整》,《宏观经济研究》2010 年第 11 期。

[70] 马岩：《我国面对中等收入陷阱的挑战及对策》,《经济学动态》2009 年第 7 期。

[71] 毛盛志、张一林：《金融发展、产业升级与跨越中等收入陷阱——基于新结构经济学的视角》,《金融研究》2020 年第 12 期。

[72] 彭海阳、詹圣泽、郭英远：《基于厦门前沿的福建自贸区对台合作新探索》,《中国软科学》2015 年第 8 期。

[73] 任泽平、陈昌盛：《经济周期波动与行业景气变动：因果联系、传导机制与政策含义》,《经济学动态》2012 年第 1 期。

[74] 桑百川、邓寅、王园园：《欧盟扩张下各成员国经济增长收敛分析》,《国际经贸探索》2018 年第 4 期。

[75] 沈坤荣、马俊：《中国经济增长的"俱乐部收敛"特征及其成因研究》,《经济研究》2002 年第 1 期。

[76] 石胜民：《流通领域供给侧与需求侧改革的协同发展策略研究》,《商业经济研究》2021 年第 14 期。

[77] 宋玉华、吴聃：《从国际经济周期理论到世界经济周期理论》,《经济理论与经济管理》2006 年第 3 期。

[78] 孙琳、王姝黛：《中期支出框架与走出"顺周期陷阱"——基于 88 个国家的数据分析》,《中国工业经济》2019 年第 11 期。

[79] 孙向伟、陈斐：《中国区域经济增长的空间视角——来自空间扩展的新古典索洛增长模型的证据》,《河南大学学报（社会科学版）》2017 年第 2 期。

[80] 孙亚男、杨名彦、崔蓉、肖彩霞：《"一带一路"沿线国家全要素生产率的俱乐部收敛及其动态演进：兼论"六大经济走廊"框架在缩小国家间经济差距中的作用》,《世界经济研究》2018 年第 8 期。

［81］覃成林、杨霞:《先富地区带动了其他地区共同富裕吗——基于空间外溢效应的分析》,《中国工业经济》2017年第10期。

［82］童锦治、苏国灿、魏志华:《"营改增"、企业议价能力与企业实际流转税税负——基于中国上市公司的实证研究》,《财贸经济》2015年第11期。

［83］汪川:《"新常态"下我国货币政策转型的理论及政策分析》,《经济学家》2015年第5期。

［84］王俏茹、刘金全、刘达禹:《中国省级经济周期的一致波动、区域协同与异质分化》,《中国工业经济》2019年第10期。

［85］王自锋、孙浦阳、张伯伟、曹知修:《基础设施规模与利用效率对技术进步的影响:基于中国区域的实证分析》,《南开经济研究》2014年第2期。

［86］魏加宁、杨坤:《有关当前经济下行成因的综合分析》,《经济学家》2016年第9期。

［87］吴玉鸣:《中国省域经济增长趋同的空间计量经济分析》,《数量经济技术经济研究》2006年第12期。

［88］徐宁、丁一兵、张男:《利率管制、LPR与完全市场化下的货币政策传导机制:理论对比与实证检验》,《南方经济》2020年第5期。

［89］许光建、许坤、卢倩倩:《经济新常态下货币政策工具的创新:背景、内容与特点》,《宏观经济研究》2019年第4期。

［90］薛安伟:《国际直接投资与进出口对技术效率的影响——基于中国省际面板数据的实证分析》,《世界经济研究》2017年第2期。

［91］薛涧坡、张网:《积极财政政策:理论发展、政策实践与基本经验》,《财贸经济》2018年第10期。

［92］严成樑、龚六堂:《税收政策对经济增长影响的定量评价》,《世界经济》2012年第4期。

［93］杨友才:《金融发展与经济增长——基于我国金融发展门槛变量的分析》,《金融研究》2014年第2期。

［94］叶光:《基于混频数据的一致指数构建与经济波动分析》,《统计研究》2015年第8期。

［95］易纲:《中国的利率体系与利率市场化改革》,《金融研究》2021年第9期。

［96］于洪霞、龚六堂、陈玉宇:《出口固定成本融资约束与企业出口行为》,《经济研究》2011年第4期。

［97］〔英〕约翰·梅纳德·凯恩斯:《就业、利息与货币通论》,陆梦龙译,北京:中国社会科学出版社,2009年。

［98］〔英〕詹姆斯·爱德华·米德：《国际经济政策理论第一卷》，李翀译，北京：商务印书馆，2022年。

［99］张德荣：《"中等收入陷阱"发生机理与中国经济增长的阶段性动力》，《经济研究》2013年第9期。

［100］张欢、徐康宁、孙文远：《城镇化、教育质量与中等收入陷阱——基于跨国面板数据的实证分析》，《数量经济技术经济研究》2018年第5期。

［101］张来明：《中等收入国家成长为高收入国家的基本做法与思考》，《管理世界》2021年第2期。

［102］张连城、韩蓓：《中国潜在经济增长率分析——H-P滤波平滑参数的选择及应用》，《经济与管理研究》2009年第3期。

［103］张连城：《中国经济波动的新特点与宏观经济走势》，《经济与管理研究》2008年第3期。

［104］张同斌、高铁梅：《财税政策激励、高新技术产业发展与产业结构调整》，《经济研究》2012年第5期。

［105］张小宇、刘金全：《规则型货币政策与经济周期的非线性关联机制研究》，《世界经济》2013年第11期。

［106］张晓晶、李成、李育：《扭曲、赶超与可持续增长——对政府与市场关系的重新审视》，《经济研究》2018年第1期。

［107］张岩：《财政结构性调控、工具选择与宏观经济波动》，《现代经济探讨》2019年第8期。

［108］张屹山、张代强：《前瞻性货币政策反应函数在我国货币政策中的检验》，《经济研究》2007年第3期。

［109］章上峰、许冰：《时变弹性生产函数与全要素生产率》，《经济学（季刊）》2009年第2期。

［110］郑秉文：《"中等收入陷阱"与中国发展道路——基于国际经验教训的视角》，《中国人口科学》2011年第1期。

［111］郑挺国、刘金全：《区制转移形式的"泰勒规则"及其在中国货币政策中的应用》，《经济研究》2010年第3期。

［112］郑挺国、王霞、苏娜：《通货膨胀实时预测及菲利普斯曲线的适用性》，《经济研究》2012年第3期。

［113］郑挺国、王霞：《中国产出缺口的实时估计及其可靠性研究》，《经济研究》2010年第10期。

［114］郑挺国、王霞：《中国经济周期的混频数据测度及实时分析》，《经济研究》2013年第6期。

［115］郑挺国、夏凯：《宏观数据发布与经济周期实时测度方法研究》，《系统工程理论与实践》2017 年第 4 期。

［116］周凯、刘达禹：《信用扩张结构、LPR 改革与利率市场化：一个理论分析框架》，《经济体制改革》2021 年第 6 期。

［117］周绍东、钱书法：《拉美国家"中等收入陷阱"新诠释与再思考——基于"劳动—分工—所有制"框架的分析》，《当代经济研究》2014 年第 11 期。

［118］邹薇、代谦：《技术模仿、人力资本积累与经济赶超》，《中国社会科学》2003 年第 5 期。

［119］Abel，A. B.，1983："Optimal Investment under Uncertainty"，*American Economic Review*，73(1)：228-233.

［120］Acemoglu，D. et al.，2006："Distance to Frontier，Selection，and Economic Growth"，*Journal of the European Economic Association*，4(1)：37-74.

［121］Agénor，P. R. and Canuto，O.，2015："Middle-Income Growth Traps"，*Research in Economics*，69(4)：641-660.

［122］Aghion，P. and Howitt，P.，2006："Joseph Schumpeter Lecture：Appropriate Growth Policy：A Unifying Framework"，*Journal of the European Economic Association*，4(2-3)：269-314.

［123］Aghion，P. et al.，2005："The Effect of Financial Development on Convergence：Theory and Evidence"，*Quarterly Journal of Economics*，120(1)：173-222.

［124］Antolin-Diaz，J. et al.，2017："Tracking the Slowdown in Long-Run GDP Growth"，*The Review of Economics and Statistics*，99(2)：343-356.

［125］Arellano，C. et al.，2019："Financial Frictions and Fluctuations in Volatility"，*Journal of Political Economy*，127(5)：2049-2103.

［126］Arellano，M. and Bond，S.，1991："Some Tests of Specification for Panel Data：Monte Carlo Evidence and an Application to Employment Equations"，*The Review of Economic Studies*，58(2)：277-297.

［127］Asali，M.，2020："Vgets：A Command to Estimate General-to-Specific VARs，Granger Causality，Steady-State Effects，and Cumulative Impulse-Responses"，*The Stata Journal*，20(2)：426-434.

［128］Autor，D. et al.，2013："The China Syndrome：Local Labor Market Effects of Import Competition in the United States"，*American Eco-*

nomic Review，103(6):2121-2168.

[129] Backhouse, R. E. and Boianovsky, M., 2016: "Secular Stagnation: The History of a Macroeconomic Heresy", *The European Journal of the History of Economic Thought*, 23(6):946-970.

[130] Backus, D. K. and Kehoe, P. J., 1992: "International Evidence on the Historical Properties of Business Cycles", *American Economics Review*, 82(4):864-888.

[131] Banbura, M. and Modugno, M., 2014: "Maximum Likelihood Estimation of Factor Models on Datasets with Arbitrary Pattern of Missing Data", *Journal of Applied Econometrics*, 29:133-160.

[132] Bar-Ilan, A. and Strange, W. C., 1996: "Investment Lags", *American Economic Review*, 86(3):610-622.

[133] Barro, R. J. and Sala-I-Martin, X., 1992: "Convergence", *Journal of Political Economy*, 100(2):223-251.

[134] Barro, R. J. and Sala-I-Martin, X: *Economic Growth*, Cambridge: The MIT Press, 2004, 2nd Edition.

[135] Barro, R. J. et al., 1991: "Convergence across States and Regions", *Brookings Papers on Economic Activity*, 22(1):107-182.

[136] Barsky, R. B. et al., 2007: "Sticky-Price Models and Durable Goods", *American Economic Review*, 97(3):984-998.

[137] Baumeister, C. et al., 2013: "Changes in the Effects of Monetary Policy on Disaggregate Price Dynamics", *Journal of Economic Dynamics and Control*, 37(3):543-560.

[138] Baxter, M. and King, R. G., 1999: "Measuring Business Cycles: Approximate Band-Pass Filters for Economic Time Series", *Review of Economics and Statistics*, 81(4):575-593.

[139] Beetsma, R. M. W. and Bovenberg, A. L., 1998: "Monetary Union without Fiscal Coordination May Discipline Policymakers", *Journal of International Economics*, 45(2):239-258.

[140] Bernanke, B. M. et al., 1998: "The Financial Accelerator in a Quantitative Business Cycle Framework", *NBER Working Papers*, No.6455.

[141] Bernanke, B. S., 1983: "Irreversibility, Uncertainty, and Cyclical Investment", *The Quarterly Journal of Economics*, 98(1), 85-106.

[142] Bernard, A. B. and Durlauf, S. N., 1995: "Convergence in Inter-

national Output", *Journal of Applied Econometrics*, 10(2):97-108.

[143] Beveridge, S. and Nelson, C. R., 1981: "A New Approach to the Decomposition of Economic Time Series into Permanent and Transitory Components with Particular Attention to Measurement of the Business Cycle", *Journal of Monetary Economics*, 7(2):151-174.

[144] Blanchard, O. and Perotti, R., 2002: "An Empirical Characterization of the Dynamic Effects of Changes in Government Spending and Taxes on Output", *The Quarterly Journal of Economics*, 117(4):1329-1368.

[145] Blanchard, O. and Simon, J., 2001: "The Long and Large Decline in U.S. Output Volatility", *Brookings Papers on Economic Activity*, 32(1):135-164.

[146] Blinder, A. S. and Maccini, L. J., 1991: "Taking Stock: A Critical Assessment of Recent Research on Inventories", *Journal of Economic Perspectives*, 5(1):73-96.

[147] Blinder, A. S., 1982: "Issues in the Coordination of Monetary and Fiscal Policy", *NBER Working Papers*, No.0982.

[148] Bloom, N., 2014: "Fluctuations in Uncertainty", *Journal of Economic Perspectives*, 28(2):153-176.

[149] Bloom, N., 2009: "The Impact of Uncertainty Shocks", *Econometrica*, 77(3):623-685.

[150] Boinet, V. and Martin, C., 2008: "Targets, Zones, and Asymmetries: A Flexible Nonlinear Model of Recent UK Monetary Policy", *Oxford Economic Papers*, 60(3):423-439.

[151] Born, B. and Pfeifer, J., 2014: "Policy Risk and the Business Cycle", *Journal of Monetary Economics*, 68:68-85.

[152] Burns, A. F. and Mitchell, W. C.: *Measuring Business Cycles*, New York: NBER Books, 1946.

[153] Calderon, C. et al., 2007: "Trade Intensity and Business Cycle Synchronization: Are Developing Countries Any Different?", *Journal of International Economics*, 71(1):2-21.

[154] Camacho, M. and Perez-Quiros, G., 2010: "Introducing the Euro-Sting: Short-Term Indicator of Euro Area Growth", *Journal of Applied Econometrics*, 25(4):663-694.

[155] Carlino, G. and Defina, R., 1998: "The Differential Regional

Effects of Monetary Policy: Evidence from the U.S. States", *Review of Economics and Statistics*, 80(4):572-587.

[156] Cecchetti, S. G. et al., 2006: "Assessing the Sources of Changes in the Volatility of Real Growth", *NBER Working Papers*, No. W11946.

[157] Cermeño, R., 2002: "Growth Convergence Clubs: Evidence from Markov-Switching Models Using Panel Data", *New Economic Papers*, 1: 1-19.

[158] Cerqueira, P. A. and Martins, R., 2009: "Measuring the Determinants of Business Cycle Synchronization Using a Panel Approach", *Economics Letters*, 102(2):106-108.

[159] Chernis, T. et al., 2020: "Three-Frequency Dynamic Factor Model for Nowcasting Canadian Provincial GDP Growth", *International Journal of Forecasting*, 36(3):851-872.

[160] Chinn, M. D. and Fairlie, R. W., 2010: "ICT Use in the Developing World: An Analysis of Differences in Computer and Internet Penetration", *Review of International Economics*, 18(1):153-167.

[161] Choi, I., 2001: "Unit Root Tests for Panel Data", *Journal of International Money and Finance*, 20(2):249-272.

[162] Christensen, I. and Dib, A., 2008: "The Financial Accelerator in an Estimated New Keynesian Model", *Review of Economic Dynamics*, 11(1):155-178.

[163] Christiano, L. J. and Fitzgerald, T. J., 2003: "The Band-Pass Filter", *International Economic Review*, 44(2):435-465.

[164] Clarida, R. et al., 2000: "Monetary Policy Rules and Macroeconomic Stability: Evidence and Some Theory", *The Quarterly Journal of Economics*, 115(1):147-180.

[165] Clark, P., 1987: "The Cyclical Component of U.S. Economic Activity", *Quarterly Journal of Economics*, 102:797-814.

[166] Claus, I., 2003: "Estimating Potential Output for New Zealand", *Applied Economics*, 35(7):751-760.

[167] Cogley, T. and Sargent, T. J., 2005: "Drifts and Volatilities: Monetary Policies and Outcomes in the Post WWII US", *Review of Economic Dynamics*, 8(2):262-302.

[168] Creal, D. D. and Wu, J. C., 2017: "Monetary Policy Uncertainty

and Economic Fluctuations", *International Economic Review*, 58(4):1317-1354.

[169] Crone, T. M., 2005: "An Alternative Definition of Economic Regions in the United States Based on Similarities in State Business Cycles", *Review of Economics and Statistics*, 87:617-626.

[170] Diks, C. and Panchenko, V., 2006: "A New Statistic and Practical Guidelines for Nonparametric Granger Causality Testing", *Journal of Economic Dynamics and Control*, 30(9-10):1647-1669.

[171] Dinlersoz, E. M. and Fu, Z., 2022: "Infrastructure Investment and Growth in China: A Quantitative Assessment", *Journal of Development Economics*, 158:102916.

[172] Eichengreen, B. et al., 2013: "Growth Slowdown Redux: New Evidence on the Middle Income Trap", *NBER Working Papers*, No. W18673.

[173] Elbourne, A. and Haan, J., 2006: "Financial Structure and Monetary Policy Transmission in Transition Countries", *Journal of Comparative Economics*, 34(1):1-23.

[174] Ellis, C. et al., 2014: "What Lies Beneath? A Time-Varying FAVAR Model for the UK Transmission Mechanism", *The Economic Journal*, 124(576):668-699.

[175] Erceg, C. and Levin, A., 2005: "Optimal Monetary Policy with Durable Consumption Goods", *Journal of Monetary Economics*, 53(7):1341-1359.

[176] Faber, B., 2014: "Trade Integration, Market Size, and Industrialization: Evidence from China's National Trunk Highway System", *Review of Economic Studies*, 81(3):1046-1070.

[177] Fernández-Villaverde, J. et al., 2015: "Fiscal Volatility Shocks and Economic Activity", *American Economic Review*, 105(11):3352-3384.

[178] Friedman, M. A., 1948: "Monetary and Fiscal Framework for Economic Stability", *American Economic Review*, 38(3):245-264.

[179] Friedman, M. and Schwartz, A. J.: *A Monetary History of the United States, 1867-1960*, Princeton: Princeton University Press, 2008.

[180] Friedman, M.: *The Optimum Quantity of Money. The Optimum Quantity of Money and Other Essays*, Chicago: Aldine Press, 1969.

[181] Fund, I. M., 1998: "Coordination of Monetary and Fiscal

Policies", *IMF Working Papers*, No.025.

[182] Galor, O., 1996: "Convergence? Inferences from Theoretical Models", *The Economic Journal*, 106(437):1056-1069.

[183] Gertler, M. et al., 2007:"External Constraints on Monetary Policy and the Financial Accelerator", *Journal of Money, Credit and Banking*, 39(2-3):295-330.

[184] Geweke, J., 1991: "Evaluating the Accuracy of Sampling-Based Approaches to the Calculation of Posterior Moments", *Federal Reserve Bank of Minneapolis*, No.196.

[185] Gilchrist, S. et al., 2014: "Uncertainty, Financial Frictions, and Investment Dynamics", *NBER Working Papers*, No. W20038.

[186] Givens, G. E. and Reed, R. R., 2018: "Monetary Policy and Investment Dynamics: Evidence from Disaggregate Data", *Journal of Money, Credit and Banking*, 50(8):1851-1878.

[187] Glas, A. et al., 2016: "Catching up of Emerging Economies: The Role of Capital Goods Imports, FDI Inflows, Domestic Investment and Absorptive Capacity", *Applied Economics Letters*, 23(2):117-120.

[188] Greenwood, J. and Jovanovic, B., 1990: "Financial Development, Growth, and the Distribution of Income", *Journal of Political Economy*, 98(5):1076-1107.

[189] Groenewold, N. et al., 2007a: "Inter-Regional Spillovers in China: The Importance of Common Shocks and the Definition of the Regions", *China Economic Review*, 19(1):32-52.

[190] Groenewold, N. et al., 2007b: "Regional Output Spillovers in China: Estimates from a VAR Model", *Papers in Regional Science*, 86(1):101-122.

[191] Hall, B. H. and Lerner, J., 2010: "The Financing of R&D and Innovation", *Handbook of Economic Growth*, 1:609-639.

[192] Hall, R. E., 2007: "How Much do We Understand about the Modern Recession?", *Brookings Papers on Economic Activity*, 38(2):13-28.

[193] Hall, R. E., 2011: "The Long Slump", *American Economic Review*, 101(2):431-469.

[194] Hall, V. B. and McDermott, C. J., 2007: "Regional Business Cycles in New Zealand: Do They Exist? What Might Drive Them?", *Papers*

in Regional Science, 86(2):167-191.

[195] Hamilton, J. D., 2018: "Why You Should Never Use the Hodrick-Prescott Filter", *Review of Economics and Statistics*, 100(5):831-843.

[196] Hansen, B. E., 1996: "Inference When a Nuisance Parameter is not Identified Under the Null Hypothesis", *Econometrica: Journal of the Econometric Society*, 64(2):413-430.

[197] Harding, D. and Pagan, A., 2002: "Dissecting the Cycle: A Methodological Investigation", *Journal of Monetary Economics*, 49: 365-381.

[198] Harvey, A. C.:*Forecasting Structural Time Series Models and the Kalman Filter*, Cambridge: Cambridge University Press, 1989.

[199] Herrerias, M. J. et al., 2011: "Weighted Convergence and Regional Clusters across China", *Papers in Regional Science*, 90(4):703-734.

[200] Hiemstra, C. and Jones, J. D., 1994: "Testing for Linear and Nonlinear Granger Causality in the Stock Price-Volume Relation", *Journal of Finance*, 49(5):1639-1664.

[201] Hodrick, R. J. and Prescott, E. C., 1997: "Postwar U.S. Business Cycles: An Empirical Investigation", *Journal of Monetary, Credit and Banking*, 29(1):1-16.

[202] Hollmayr, J. and Matthes, C., 2015: "Learning about Fiscal Policy and the Effects of Policy Uncertainty", *Journal of Economic Dynamics and Control*, 59:142-162.

[203] Hsieh, C. T. and Ossa, R., 2016: "A Global View of Productivity Growth in China", *Journal of International Economics*, 102:209-224.

[204] Huang, H. C. et al., 2010: "Inflation and the Finance-Growth Nexus", *Economic Modelling*, 27(1):229-236.

[205] Huang, J. et al., 2019: "Technological Factors and Total Factor Productivity in China: Evidence Based on a Panel Threshold Model", *China Economic Review*, 54:271-285.

[206] Ibrahim, M. H., 2005: "Sectoral Effects of Monetary Policy: Evidence from Malaysia", *Asian Economic Journal*, 19(1):83-102.

[207] Ilkay, S. C. et al., 2021: "Technology Spillovers and Sustainable Environment: Evidence from Time-Series Analyses with Fourier Extension",

Journal of Environment Management, 294:113033.

[208] Im, K. S. et al., 2003: "Testing for Unit Roots in Heterogeneous Panels", *Journal of Econometrics*, 115(1):53-74.

[209] Islam, N., 1995: "Growth Empirics: A Panel Data Approach", *Quarterly Journal of Economics*, 110(4):1127-1170.

[210] Jarocinski, M. and Lenza, M., 2018: "An Inflation Predicting Measure of the Output Gap in the Euro Area", *Journal of Money, Credit and Banking*, 50:1189-1224.

[211] Jiang, Y. et al., 2017: "Forecasting China's GDP Growth Using Dynamic Factors and Mixed-Frequency Data", *Economic Modelling*, 66:132-138.

[212] Ju, J. et al., 2015: "Endowment Structures, Industrial Dynamics, and Economic Growth", *Journal of Monetary Economics*, 76:244-263.

[213] Justiniano, A. et al., 2010: "Investment Shocks and the Relative Price of Investment", *Review of Economic Dynamics*, 14(1):102-121.

[214] Kamber, G. et al., 2018: "Intuitive and Reliable Estimates of the Output Gap from a Beveridge-Nelson Filter", *Review of Economics and Statistics*, 99(3):550-566.

[215] Keynes, J. M.: *The General Theory of Money, Interest and Employment*, New York: Harcourt, 1936.

[216] Khan, A., 2001: "Financial Development and Economic Growth", *Macroeconomic Dynamics*, 5(3):413-433.

[217] Kim, C. J. and Nelson, C. R., 1999: "Has the U. S. Economy Become More Stable? A Bayesian Approach Based on a Markov-Switching Model of the Business Cycle", *Review of Economics and Statistics*, 81(4):608-616.

[218] King, R. G. and Levine, R., 1993: "Finance, Entrepreneurship and Growth", *Journal of Monetary Economics*, 32(3):513-542.

[219] Kitchin, J., 1923: "Cycles and Trends in Economic Factors", *The Review of Economics and Statistics*, 5(1):10-16.

[220] Kondratieff, N. D., 1935: "The Long Waves in Economic Life", *The Review of Economics and Statistics*, 17(6):105-115.

[221] Kouparitsas, M. A. and Nakajima, D. J., 2006: "Are U. S. and Seventh District Business Cycles Alike?", *Economic Perspectives*, 30

(3):45-60.

［222］Kouparitsas, M. A., 2002: "Understanding U.S. Regional Cyclical Comovement: How Important Are Spillovers and Common Shocks", *Economic Perspectives*, 26(4):30-41.

［223］Kumar, S. and Russell, R. R., 2002: "Technological Change, Technological Catch-up, and Capital Deepening: Relative Contributions to Growth and Convergence", *American Economic Review*, 92(3):527-548.

［224］Kydland, F. E. and Prescott, E. C., 1977: "Rules Rather than Discretion: The Inconsistency of Optimal Plans", *The Journal of Political Economy*, 85(3):473-492.

［225］Kydland, F. E. and Prescott, E. C., 1982: "Time to Build and Aggregate Fluctuations", *Econometrica*, 50(6):1345-1370.

［226］Leeper, E. M., 1991: "Equilibria under 'Active' and 'Passive' Monetary and Fiscal Policies", *Journal of Monetary Economics*, 27(1):129-147.

［227］Leukhina, O. and Turnovsky, S. J., 2016: "Population Size Effects in the Structural Development of England", *American Economic Journal: Macroeconomics*, 8:195-229.

［228］Levin, A. et al., 2002: "Unit Root Tests in Panel Data: Asymptotic and Finite-Sample Properties", *Journal of Econometrics*, 108(1):1-24.

［229］Levine, R., 2005: "Finance and Growth: Theory and Evidence", *Handbook of Economic Growth*, 1:865-934.

［230］Lewis, W. A.: *Growth and Fluctuations (1870-1913)*, London: George Allen and Unwin Press, 1978.

［231］Li, K. and Lin, B., 2018: "How to Promote Energy Efficiency through Technological Progress in China", *Energy*, 143:812-821.

［232］Li, X. et al., 2022: "Technological Progress for Sustainable Development: An Empirical Analysis from China", *Economic Analysis and Policy*, 76:146-155.

［233］Lin, J. and Monga, C., 2011: "Growth Identification and Facilitation: The Role of the State in the Dynamics of Structural Change", *Development Policy Review*, 29(3):264-290.

［234］Lin, Y. and Rosenblatt, D., 2012: "Shifting Patterns of Economic Growth and Rethinking Development", *Journal of Economic Policy Reform*,

15(3):171-194.

[235] Liu, C. and Xia, G., 2018: "Research on the Dynamic Interrelationship among R&D Investment, Technological Innovation, and Economic Growth in China", *Sustainability*, 10(11):42-60.

[236] Liu, G. and Zhang, C., 2020: "Does Financial Structure Matter for Economic Growth in China", *China Economic Review*, 61:101194.

[237] Loukil, K., 2016: "Foreign Direct Investment and Technological Innovation in Developing Countries", *Oradea Journal of Business and Economics*, 1(2):31-40.

[238] Lucas, R. E., 1976: "Econometric Policy Evaluation: A Critique", *Carnegie-Rochester Conference Series on Public Policy*, 1(1):19-46.

[239] Lucas, R. E., 1988: "On the Mechanics of Economic Development", *Journal of Monetary Economics*, 22(1):3-42.

[240] Mankiw, N. G. et al., 1992: "Contribution to the Empirics of Economic Growth", *Quarterly Journal of Economics*, 107(2):407-437.

[241] Marcellino, M. et al., 2016: "Short-Term GDP Forecasting with a Mixed Frequency Dynamic Factor Model with Stochastic Volatility", *Journal of Business and Economics Statistics*, 34:118-127.

[242] Mastromarco, C. and Woitek, U., 2007: "Regional Business Cycles in Italy", *Computational Statistics Data Analysis*, 52(2):907-918.

[243] Mayer, E. and Scharler, J., 2011: "Noisy Information, Interest Rate Shocks and the Great Moderation", *Journal of Macroeconomics*, 33:568-581.

[244] Minetti, R. and Peng, T., 2018: "Credit Policies, Macroeconomic Stability and Welfare: The Case of China", *Journal of Comparative Economics*, 46(1):35-52.

[245] Mishkin, F. S., 2011: "Over the Cliff: From the Subprime to the Global Financial Crisis", *Journal of Economic Perspectives*, 25(1):49-70.

[246] Morales, M. F., 2003: "Financial Intermediation in a Model of Growth Through Creative Destruction", *Macroeconomic Dynamics*, 7(3):363-393.

[247] Morley, J. C. et al., 2003: "Why Are the Beveridge-Nelson and Unobserved-Components Decompositions of GDP So Different?", *The Review of Economics and Statistics*, 85(2):235-243.

［248］Mumtaz, H. and Zanetti, F., 2013: "The Impact of the Volatility of Monetary Policy Shocks", *Journal of Money, Credit and Banking*, 45 (4):535-558.

［249］Muscatelli, V. A. et al., 2004: "Fiscal and Monetary Policy Interactions: Empirical Evidence and Optimal Policy Using a Structural New-Keynesian Model", *Journal of Macroeconomics*, 26(2):257-280.

［250］Nakajima, J. et al., 2011: "Bayesian Analysis of Time-Varying Parameter Vector Autoregressive Model for the Japanese Economy and Monetary Policy", *Journal of the Japanese and International Economics*, 25(3): 225-245.

［251］Nelson, C. R. and Plosser, C. I., 1982: "Trends and Random Walks in Macroeconomic Time Series: Some Evidence and Implications", *Journal of Monetary Economics*, 10(2):139-162.

［252］Ouyang, M., 2011: "On the Cyclicality of R&D", *Review of Economics and Statistics*, 93(2):542-553.

［253］Owyang, M. T. and Wall, H. J., 2005: "Business Cycle Phases in U.S. States", *Review of Economics and Statistics*, 87(4):604-616.

［254］Partridge, M. D. and Rickman, D. S., 2005: "Regional Cyclical Asymmetries in an Optimal Currency Area: An Analysis Using US State Data", *Oxford Economic Papers*, 57(3):373-397.

［255］Pavasuthipaisit, R., 2010: "Should Inflation-Targeting Central Banks Respond to Exchange Rate Movements?", *Journal of International Money and Finance*, 29(3):460-485.

［256］Peersman, G. and Smets, F., 2005: "The Industry Effects of Monetary Policy in the Euro Area", *Economic Journal*, 115(503):319-342.

［257］Perez-Trujillo M. and Lacalle-Calderon M., 2020: "The Impact of Knowledge Diffusion on Economic Growth across Countries", *World Development*, 132:1-14.

［258］Phillips, P. C. B. and Sul, D., 2007: "Transition Modeling and Econometric Convergence Tests", *Econometrica*, 75(6):1771-1855.

［259］Posner, M. V., 1961: "International Trade and Technical Change", *Oxford Economic Papers*, 13(3):323-341.

［260］Primiceri, G. E., 2005: "Time Varying Structural Vector Autoregressions and Monetary Policy", *The Review of Economic Studies*, 72(3):

821-852.

[261] Quah, D. T., 1996: "Twin Peaks: Growth and Convergence in Models of Distribution Dynamics", *The Economic Journal*, 106(437):1045-1055.

[262] Ram, R., 2018: "Comparison of Cross-Country Measures of Sigma-Convergence in Per-Capita Income, 1960-2010", *Applied Economics Letters*, 25(14):1010-1014.

[263] Ravn, M. O. and Uhlig, H., 2002: "On Adjusting the Hodrick-Prescott Filter for the Frequency of Observations", *Review of Economics and Statistics*, 84(2):371-376.

[264] Rey, S. J. and Dev, B., 2006: "Sigma-Convergence in the Presence of Spatial Effects", *Papers in Regional Science*, 85(2):217-234.

[265] Rojas, G. M., 2019: "Multivariate Quantile Impulse Response Functions", *Journal of Time Series Analysis*, 40(5):739-752.

[266] Romer, P. M., 1990: "Endogenous Technological Change", *Journal of Political Economy*, 98(5):71-102.

[267] Romer, P. M., 1987: "Growth Based on Increasing Returns Due to Specialization", *American Economic Review*, 77(2):56-62.

[268] Romer, P. M., 1986: "Increasing Returns and Long-Run Growth", *Journal of Political Economy*, 94(5):1002-1037.

[269] Roodman, D., 2009: "A Note on the Theme of Too Many Instruments", *Oxford Bulletin of Economics and Statistics*, 71(1):135-158.

[270] Saibu, O., 2011: "Sectoral Output Responses to Trade Openness, Oil Price and Policy Shocks in Nigeria: A CVAR Approach", *Journal of Social and Development Sciences*, 1(2):48-59.

[271] Samuelson, P. A., 1979: "Paul Douglas's Measurement of Production Functions and Marginal Productivities", *Journal of Political Economy*, 87(5):923-939.

[272] Sargent, T. J. and Wallace, N., 1975: "'Rational' Expectations, the Optimal Monetary Instrument, and the Optimal Money Supply Rule", *Journal of Political Economy*, 83:241-254.

[273] Scacciavillani, F. and Swagel, P., 2002: "Measures of Potential Output: An Application to Israel", *Applied Economics*, 34(8):945-957.

[274] Schnurbus, J. et al., 2017: "Economic Transition and Growth: A

Replication", *Journal of Applied Econometrics*, 32(5):1039-1042.

[275] Schumpeter, J. A.: *Business Cycles: A Theoretical, Historical, and Statistical Analysis of the Capitalist Process*, New York: McGraw-Hill Book Company, 1939.

[276] Seo, M. H. and Shin, Y., 2016: "Dynamic Panels with Threshold Effect and Endogeneity", *Journal of Econometrics*, 195(2):169-186.

[277] Shi, Z. et al., 2022: "Comparing the Efficiency of Regional Knowledge Innovation and Technological Innovation: A Case Study of China", *Technological and Economic Development of Economy*, 28(5):1392-1418.

[278] Solow, R. M., 1956: "A Contribution to the Theory of Economic Growth", *The Quarterly Journal of Economics*, 70(1):65-94.

[279] Solow, R. M., 1957: "Technical Change and The Aggregate Production Function", *Review of Economics and Statistics*, 39(3):312-320.

[280] Stock, J. H. and Watson, M. W., 2002: "Has the Business Cycle Changed and Why?", *NBER Macroeconomics Annual*, 17:159-218.

[281] Stock, J. H. and Watson, M. W., 2005: "Understanding Changes in International Business Cycle Dynamics", *Journal of European Economic Association*, 3(5):968-1006.

[282] Stockman, C. A. and Tesar, L. L., 1995: "Tests and Technology in a Two-Country Model of the Business Cycle: Explaining International Comovements", *American Economic Review*, 85(1):168-185.

[283] Sun, C. et al., 2015: "Economic Spillover Effects in the Bohai Rim Region of China: Is the Economic Growth of Coastal Counties Beneficial for the Whole Area", *China Economic Review*, 33:123-136.

[284] Svensson, L. E. O., 1999: "Inflation Targeting as a Monetary Policy Rule", *Journal of Monetary Economics*, 43(3):607-654.

[285] Talvi, E. and Végh, C. A., 2004: "Tax Base Variability and Procyclical Fiscal Policy in Developing Countries", *Journal of Development Economics*, 78(1):156-190.

[286] Taylor, J. B., 1993: "Discretion versus Policy Rules in Practice", *Carnegie-Rochester Conference Series on Public Policy*, 39:195-214.

[287] Tian, L. et al., 2010: "Spatial Externalities in China Regional Economic Growth", *China Economic Review*, 21:20-31.

[288] Wall, H. J., 2007: "Regional Business Cycle Phases in Japan",

Federal Reserve Bank of St. Review, 89(1):61-76.

[289] Woo, W. T., 2011: "Understanding the Middle-Income Trap in Economic Development: The Case of Malaysia", *World Economy Lecture delivered at the University of Nottingham*, *Globalization and Economic Policy (GEP) Conference*.

[290] Woodford, M., 2000: "Monetary Policy in a World without Money [Prepared f]", *International Finance*, 3(2):229-260.

[291] Woodford, M., 2011: "Simple Analytics of the Government Expenditure Multiplier", *American Economic Journal: Macroeconomics*, 3 (1):1-35.

[292] Wynne, M. A. and Koo, J., 2000: "Business Cycles under Monetary Union: A Comparison of the EU and US", *Economica*, 67(267): 347-374.

[293] Xu, B., 2000: "Multinational Enterprises, Technology Diffusion, and Host Country Productivity Growth", *Journal of Development Economics*, 62(2):477-493.

[294] Ying, L. G., 2000: "Measuring the Spillover Effects: Some Chinese Evidence", *Papers in Regional Science*, 79(1):75-89.

[295] Zhang, Q. and Felmingham, B., 2002: "The Role of FDI, Exports and Spillover Effects in the Regional Development of China", *Journal of Development Studies*, 38(4):157-178.

[296] Zhang, X. and Wang, X., 2021: "Measures of Human Capital and The Mechanics of Economic Growth", *China Economic Review*, 68:10164.

图书在版编目(CIP)数据

中国经济周期波动的基本态势、收敛特征与经济政策
调控机制研究 / 刘达禹著. -- 上海 ： 上海三联书店，
2025.1. -- ISBN 978-7-5426-8704-3
Ⅰ. F124.8
中国国家版本馆 CIP 数据核字第 20240VJ375 号

中国经济周期波动的基本态势、收敛特征与经济政策调控机制研究

著　　者 / 刘达禹

责任编辑 / 李　英
装帧设计 / 徐　徐
监　　制 / 姚　军
责任校对 / 王凌霄　章爱娜

出版发行 / 上海三联书店
　　　　　(200041)中国上海市静安区威海路 755 号 30 楼
邮　　箱 / sdxsanlian@sina.com
联系电话 / 编辑部：021－22895517
　　　　　发行部：021－22895559
印　　刷 / 上海颛辉印刷厂有限公司

版　　次 / 2025 年 1 月第 1 版
印　　次 / 2025 年 1 月第 1 次印刷
开　　本 / 710 mm×1000 mm　1/16
字　　数 / 320 千字
印　　张 / 16.5
书　　号 / ISBN 978－7－5426－8704－3/F·933
定　　价 / 88.00 元

敬启读者,如发现本书有印装质量问题,请与印刷厂联系 021－56152633